L'amour en Guerre

Données de catalogage avant publication (Canada)

Corneau, Guy

L'amour en guerre

1. Couples. 2. Amour. 3. Relations entre hommes et
femmes. 4. Famille. 5. Conflit interpersonnel.
I. Titre.

HQ801.C674 1996   306.872   C96-941007-7

Dépôt légal: 4ᵉ trimestre 1996
Bibliothèque nationale du Québec

ISBN 2-7619-1343-4

DISTRIBUTEURS EXCLUSIFS:

• Pour le Canada et les États-Unis:
  LES MESSAGERIES ADP*
  955, rue Amherst, Montréal
  H2L 3K4
  Tél.: (514) 523-1182
  Télécopieur: (514) 939-0406
  * Filiale de Sogides ltée

• Pour la Belgique et le Luxembourg:
  PRESSES DE BELGIQUE S.A.
  Boulevard de l'Europe 117
  B-1301 Wavre
  Tél.: (10) 41-59-66
       (10) 41-78-50
  Télécopieur: (10) 41-20-24

• Pour la Suisse:
  TRANSAT S.A.
  Route des Jeunes, 4 Ter, C.P. 125
  1211 Genève 26
  Tél.: (41-22) 342-77-40
  Télécopieur: (41-22) 343-46-46

• Pour la France et les autres pays:
  INTER FORUM
  Immeuble Paryseine, 3 Allée
  de la Seine, 94854
  Ivry Cedex
  Tél.: (1) 49-59-11-89/91
  Télécopieur: (1) 49-59-11-96
  Commandes: Tél.: (16) 38-32-71-00
                Télécopieur: (16) 38-32-71-28

GUY CORNEAU

auteur de *Père manquant, fils manqué*

L'amour en Guerre

Des rapports

hommes-femmes

mères-fils

pères-filles

LES ÉDITIONS DE
L'HOMME

*À ma mère, Cécile, pour son amour, sa force et sa
générosité*

À mon père, Alcide, pour son ouverture d'esprit

À mes sœurs, Line et Johanne, pour leur amitié

*À Marie-Ginette et à chacune des femmes qui, en
s'approchant de moi, dans la douleur ou dans la
joie de l'amour, ont contribué à ma difficile naissance*

*À mes compagnons de route du Réseau Hommes Québec
et des réseaux belges, suisses et français*

*À la Vie qui nous garde tous et toutes si gracieusement
en son sein*

Remerciements

Je tiens à remercier ma compagne, Marie-Ginette Landry, qui a cru dès le départ en ce projet et qui m'a facilité la tâche de toutes les façons possibles, dont la plus importante a sans doute été d'accepter que j'y consacre nombre de moments de vacances et de loisirs.

Je tiens également à remercier Christiane Blondeau, ma précieuse adjointe, pour avoir géré les affaires courantes du bureau pendant mes périodes de rédaction, pour avoir saisi le manuscrit dans sa première version et pour avoir veillé avec minutie à sa concrétisation finale. Marie-Claude Goodwin, mon agente, qui a négocié le contrat auprès des Éditions de l'Homme, mérite toute ma considération.

D'autres personnes m'ont également accompagné lors de ce long périple: Céline Bietlot et Shandra Lord ont toutes deux été des aides providentielles; ma gratitude va également à Hélène Deschesnes, une lectrice de la toute première heure, et à Nicole Plamondon, une lectrice de la dernière heure, pour leur enthousiasme par rapport à mes idées.

Je m'en voudrais aussi de passer sous silence l'intervention salvatrice de Jean Bernier qui m'a redonné confiance en mon texte et en moi-même alors que j'étais dans un creux de vague.

Ma gratitude va également à Janette Bertrand qui m'a fait une si généreuse place à sa populaire émission *Janette... tout court*. Plusieurs des idées contenues dans ce livre y ont trouvé un banc d'essai. Je la remercie également pour avoir pris la peine de lire la première version de mon manuscrit et pour m'avoir formulé ses commentaires autour d'un bon repas.

Je remercie également mes amis Jan Bauer, Robert Blondin, Tom Kelly, Danièle Morneau, Louis Plamondon, Camille Tessier et tous les membres de ma famille pour leurs encouragements répétés. Le soutien de mes amis et médiums, Pierre Lessard et Marie-Lise Labonté, m'a aussi été très précieux, ainsi que celui de toute ma «caravane» belge, Thomas d'Ansembourg, Louis Parez, Paul Marchandise, Bettina de Pauw, Régine Parez, Alexiane Gillis, Liliane Gandibleu, Véronique Boissin,

Pierre-Bernard Velge, qui suivent le développement de mes idées et de mes projets avec tellement d'intérêt et d'enthousiasme.

Finalement, les derniers mais non les moindres, ma gratitude éternelle va à tous ceux et celles qui ont fréquenté mon cabinet, mes conférences et mes séminaires pour ces bribes d'eux-mêmes sans lesquelles ce livre serait resté lettre morte.

*Il y a une fissure, une fissure dans tout
Comme ça, la lumière peut entrer.*

LEONARD COHEN

Introduction

Devant un café crème...

«Devant un café crème, je t'ai dit je t'aime...» Voilà l'air que fredonnait la première fille à qui j'ai volé un baiser, oh! un tout petit baiser, dans un bois près de la maison de mon enfance. Je devais avoir quatorze ans et mon cœur battait à tout rompre. La chanson, le désir, le parfum de la forêt humide, le sourire de ma bien-aimée, tout fusionnait parfaitement. Avec Jacques Brel chantant son premier amour, j'aurais pu entonner: «Je volais, je le jure. Je jure que je volais.»

J'étais jeune. Mes ailes s'ouvraient. Je n'entrevoyais aucun obstacle. L'élan de mon cœur me jetait dans les bras des filles où je croyais, comme le poète Aragon, trouver un pays. Tout était si facile. Je pensais qu'il me suffirait de trouver la bonne partenaire et que le tour serait joué. Mais c'est plutôt l'amour qui m'a joué un tour. Aujourd'hui, j'ai quarante-cinq ans, je vis seul et je n'ai pas d'enfant. J'ai une copine, mais nous ne partageons pas le même logement.

Je pensais que l'amour me faciliterait la vie, il me l'a compliquée infiniment. J'ai connu plusieurs femmes et, avec certaines, je me suis même aventuré à vivre en couple. Les partenaires que j'ai vraiment aimées ont eu peur de moi, et j'ai fui celles qui m'aimaient vraiment. Ma ferveur naïve est venue se briser sur les difficultés du quotidien, les jalousies et les trahisons. J'ai passé plusieurs années à vouloir aimer à tout prix, mais j'en ai passé autant à me fermer le cœur. J'ai juré d'être fidèle par amour, mais j'ai aussi juré d'être infidèle par dépit et par crainte de souffrir.

Si j'ai reconnu en moi l'amant lumineux et transporté, l'amoureux généreux et sensible, l'homme engagé et responsable, j'y ai aussi rencontré celui qui avait des comptes à régler avec les femmes. J'ai alors côtoyé le vengeur, l'agressif, le possessif, et même le violent, le fuyard, le menteur. Autant de personnages que je ne connaissais pas et que j'aurais souvent préféré ne pas connaître. Et pourtant, ils sont tous bien là, m'obligeant à nuancer chacun de mes jugements sur les autres, maintenant que je me sais capable du meilleur et du pire.

À la longue, je me suis rendu compte que j'aimais pour me débarrasser de mon sentiment de vide intérieur. J'offrais mon cœur à tout venant parce que je ne savais qu'en faire. Je désirais qu'une femme me prenne en charge pour ne pas avoir à le faire moi-même. J'ai dû replonger dans mon enfance pour mieux comprendre l'origine de mes difficultés. J'ai aussi exploré le passé de mes partenaires et analysé celui de mes patients.

Peu à peu, l'amour m'est apparu comme une immense force de cohésion qui nous soude les uns aux autres à travers le désir et la peine. Je sais maintenant qu'on y rencontre aussi bien soi-même que quelqu'un d'autre. Tous les obstacles que l'amour présente nous révèlent à nous-mêmes. Que ce soit en nous blessant, en nous ouvrant ou en nous pétrissant pour ainsi dire, il nous prépare simplement à l'accueillir dans toute sa splendeur, afin de nous rendre toujours plus humble et plus apte au bonheur.

Aujourd'hui, mon cœur chante à nouveau avec ferveur. Le voyage intérieur que j'ai fait m'a rassuré, rendu serein. L'amour est devenu pour moi un état intérieur qui ne dépend pas d'une partenaire, mais de ma capacité à le réinventer chaque jour. Aujourd'hui, je sais qu'il n'y a pas de tâche plus noble et plus urgente que celle de renouveler l'amour humain.

L'AMOUR EN GUERRE

La guerre a éclaté au pays de l'amour. Comment se fait-il qu'il y ait tant de conflits qui surgissent dans nos vies alors que nous cherchons tous et toutes le bonheur? Comment se fait-il que nous soyons précisément en guerre contre ceux et celles que nous aimons le plus? Cette guerre sert-elle à quelque chose? Qui l'a déclarée? Que pouvons-nous y gagner? Et surtout, comment y mettre fin?

À vrai dire, toutes les guerres du monde, quel que soit le prétexte invoqué, sont des guerres de territoire. La guerre éclate lorsque deux pays prétendent à la souveraineté sur une même portion de territoire dont les frontières ont été mal définies ou ont fini par se confondre avec le temps. Là où des limites claires ont été établies et respectées, il n'y a pas de confusion et il n'y a pas de conflit.

De même, lorsqu'une société est en plein bouleversement en ce qui concerne la définition des rôles et des limites de chaque individu, un climat d'incertitude s'installe et favorise la propagation d'un conflit, particulièrement sur les terrains de la famille et du couple. En osant remettre en question les rôles imposés par la société patriarcale, en osant demander ce qu'est un père, une mère, un homme, une femme, un hétérosexuel, un homosexuel, on risquait à coup sûr qu'un conflit se déclare ouvertement dans le domaine des relations affectives entre les hommes et les femmes.

Le patriarcat est un système idéologique qui a façonné les identités psychologiques et sociales des hommes et des femmes. Et cette idéologie préconise que la femme doit être soumise à l'homme. Elle se fonde sur le préjugé voulant que ce que produisent et pensent les hommes est socialement plus important que ce que font, pensent et ressentent les femmes. Cela a eu pour conséquence une dévalorisation de ce qui est féminin, sentimental et domestique. Voilà pourquoi la structure patriarcale s'est trouvée remise en question lorsque les femmes ont commencé à affirmer qu'elles étaient des êtres humains à part entière. Voilà pourquoi la guerre des sexes s'est menée et se mène encore aujourd'hui à l'intérieur comme à l'extérieur des foyers. D'ailleurs, cette lutte se résume à une interrogation très simple: *Qui est-ce qui sert et qui est-ce qui est servi?*

Nous pourrions d'ailleurs dire, à l'instar du sociologue Edgar Morin, que «les femmes sont les agents secrets de la modernité», car la remise en question du patriarcat et sa déstabilisation progressive correspondent aux étapes de leur marche vers l'autonomie. Bien qu'il y ait eu de tout temps des femmes qui revendiquaient un statut d'égalité[1], ce n'est que tout récemment que leur statut a commencé à changer de façon tangible. L'invention de la pilule contraceptive, qui a affranchi les femmes de la maternité, constitue sans conteste la première étape de la perte de pouvoir des hommes sur leurs compagnes. Grâce à cette évolution, la femme a commencé à s'émanciper sexuellement en créant son propre espace de plaisirs ou de désirs. La deuxième étape de cette déstabilisation est liée à l'arrivée massive des femmes sur le marché du travail dans les années soixante. Les femmes ont alors commencé à représenter une force économique et à se libérer de la dépendance financière par rapport à leur conjoint. Vint ensuite le féminisme actif et organisé des années soixante-dix, qui réclamait l'égalité des femmes dans toutes les sphères d'activité.

Comme il fallait s'y attendre, cette contestation a aussi profondément marqué le domaine des échanges amoureux. Ainsi, le couple moderne est devenu un champ de bataille où se joue le sort de la société patriarcale. Ce combat met en présence deux cultures opposées, la culture masculine et la culture féminine, dans la ferveur intense du quotidien. Le sort de la culture patriarcale est en train de se régler dans les cuisines et les chambres à coucher, là où les rapports sont plus informels qu'au travail ou dans l'arène politique.

LE PATRIARCAT EXISTE EN CHACUN DE NOUS

Il serait illusoire de penser que le combat se livre entre deux camps bien tranchés: les bons d'un côté et les méchants de l'autre. Car ce phénomène d'émancipation recouvre une autre réalité dont la majorité des hommes ont fait les frais. Le patriarcat n'a pas seulement opprimé les femmes, il a aussi aliéné les hommes d'une large partie d'eux-mêmes en leur proposant un modèle de mâle héroïque et dur qui n'exprime pas ce qu'il ressent. Si bien que nombre de femmes croient que les hommes ne ressentent rien et qu'ils n'ont aucune compétence en matière d'organisation familiale et d'éducation des enfants. Ce préjugé est l'inverse du préjugé masculin affirmant que les femmes ne peuvent penser.

Le maintien de tels préjugés ne fait que contribuer à perpétuer les inégalités engendrées par la société des patriarches. Ne vaudrait-il pas mieux reconnaître que les hommes comme les femmes sont solidaires au sein d'un même drame historique? Ne vaudrait-il pas mieux reconnaître qu'il y a des bourreaux et des victimes des deux côtés? Les hommes et les femmes n'auraient-ils pas avantage à sortir de l'inconscience de leur position respective?

Car force est de constater que de nombreuses femmes jouent elles aussi le jeu de la dureté en tentant de se tailler une place dans le monde des mâles. Pour chacun et chacune, la terrible loi du monde patriarcal demeure la même: détache-toi de tes émotions et de tes sentiments si tu veux survivre!

Le couple ne sera jamais viable tant qu'un tel esprit régnera dans nos sociétés. La masculinité patriarcale s'est établie sur la répression de la sensibilité et de la sensualité, et sur le blocage de l'expression spontanée des sentiments. Elle proposait comme remède à tous les maux la domination de la raison abstraite sur tous les autres registres de l'être. C'est notre participation à tous, hommes et femmes, à ce mythe collectif qui nous a éloignés de plus en plus de la vie et qui nous a enlevé toute possibilité d'intimité avec le monde et avec les êtres qui nous entourent.

Car le patriarcat représente bien plus qu'une organisation du pouvoir social et politique. Il n'existe pas de façon abstraite et indépendante de nous. Il existe d'abord et avant tout en nous. Par exemple, nous agissons selon les diktats du patriarcat lorsque nous faisons sans cesse passer nos obligations sociales avant nos besoins affectifs. Le patriarcat a causé un effroyable déchirement intérieur, une blessure intime dont souffre encore aujourd'hui chaque homme et chaque femme. Voilà pourquoi la création d'une intimité réelle entre les hommes et les femmes, dans l'égalité et la complémentarité, est le seul remède capable de guérir nos maux[2].

LE BONHEUR À INVENTER

Lorsque je donne une conférence sur l'intimité, je commence souvent en demandant aux gens s'ils connaissent au moins un couple heureux dans leur entourage. La plupart lèvent la main. Si je demande d'en trouver trois, je ne compte plus qu'une dizaine de mains levées dans un auditoire de 500 personnes. Au-delà de cinq couples, il n'y a plus guère de main levée.

Étonnantes statistiques! On finit par se demander si le couple n'est pas une chimère, voire une forme de masochisme. Presque tout le monde en fait l'expérience dans l'espoir d'y trouver un bonheur qui, malheureusement, ne cesse de nous échapper. Comme la carotte pendue au nez du cheval, le bonheur du couple nous attire, nous fait avancer, mais peut-on espérer l'atteindre un jour?

À l'instar de la psychanalyste Jan Bauer, j'ai tendance à penser que l'intimité entre les hommes et les femmes n'a jamais vraiment existé[3]. Tout au plus a-t-elle été le fait de quelques couples isolés. Ce n'est pas comme si le bonheur était derrière nous, comme si les générations précédentes avaient réussi là où nous-mêmes cafouillons misérablement. Non! Le bonheur du couple, l'intimité entre l'homme et la femme, est devant nous. Il est à inventer. Nous ne sommes pas en train de faire un constat d'échec, nous sommes en train de créer quelque chose de neuf. Nous participons à un nouvel apprentissage.

Cela fait peu de temps que l'on vit ensemble ou que l'on se marie par amour. Mis à part l'objectif de fonder une famille, nos grands-parents et arrière-grands-parents se sont souvent mariés pour survivre économiquement, pour améliorer leur statut social, ou encore pour préserver ou enrichir le patrimoine ancestral. Ils demeuraient souvent ensemble pour éviter que l'Église et les voisins ne les montrent du doigt. Pour eux, l'intimité ne faisait pas partie de la liste des devoirs conjugaux, ni d'ailleurs de leurs devoirs envers leurs enfants.

Dans les générations d'antan, les rôles de père et de mère, d'homme et de femme, étaient définis à l'avance. Voilà pourquoi tout devait un jour éclater. Cette conception tranquille de l'existence a fini par figer. Aujourd'hui, nous remettons tout en cause. Les rôles de mère et de père ne nous semblent plus aussi évidents. Nous nous interrogeons même sur ce qu'est un homme ou une femme, sur ce qu'est l'hétérosexualité ou l'homosexualité. La crise est sans précédent et elle nous offre une occasion inespérée de changements. Aucune civilisation n'a eu jusqu'à présent le loisir de se poser des questions d'une telle ampleur. Cela rend notre époque à la fois excitante et troublante. La journaliste et auteur

Ariane Émond croit d'ailleurs que le pessimisme qui pourrait nous acca-
bler devant l'hécatombe des échecs amoureux n'a pas sa raison d'être;
selon elle, ça n'a jamais aussi bien été entre les hommes et les femmes
puisque, pour la première fois de leur histoire, ils commencent à se parler en dehors des rôles prescrits[4].

Chose certaine, maintenant que tous et chacun en sont à revendiquer
leur autonomie respective, le nouvel enjeu sur le plan de l'intimité ne se
pose plus en termes de sacrifice de l'un pour l'autre, mais bien en
termes d'union. Être unis en continuant d'être deux individus à part
entière, être deux sans cesser d'être unis.

D'une certaine façon, nous pouvons dire que nous avions absolument besoin de cette guerre pour rompre avec les dynamiques périmées
qui définissaient nos vies à l'avance. Cependant, il est clair que toute
crise représente un risque. Pour les Chinois, le mot *crise* a d'ailleurs le
double sens d'occasion et de danger. La crise offre pour ainsi dire une
occasion dangereuse d'évolution. Pour nous, l'occasion consisterait à
profiter de l'ouverture afin de créer une nouvelle intimité entre les
hommes et les femmes; le danger serait de nous abrutir dans les blâmes
incessants d'un sexe envers l'autre.

VERS UNE NOUVELLE INTIMITÉ

Ce livre est avant tout une réflexion sur le défi que présente l'intimité
entre les hommes et les femmes à l'aube du troisième millénaire. Mon
but n'est nullement de proposer la formule magique du bonheur conjugal. Non seulement je ne la possède pas, mais en plus je ne crois pas
qu'elle existe. Au lieu de m'évertuer à inventer des trucs qui faciliteraient
cette aventure, j'essaie de dégager le sens des difficultés et de rendre visi-
bles certains conditionnements en espérant que cette prise de conscience aidera à les dépasser.

En guise de préliminaires, nous procéderons à l'éclaircissement des
notions théoriques que nous utiliserons tout au long du livre: la formation du moi et des complexes parentaux, l'estime de soi ainsi que les
archétypes de l'animus et de l'anima. Ensuite nous aborderons deux des
grands thèmes de cet ouvrage. Nous nous pencherons sur les relations
pères-filles et mères-fils parce qu'elles conditionnent directement les
dynamiques entre les sexes. En effet, les carences du passé expliquent
en grande partie les impasses du présent. Dans ces chapitres, nous expli-
querons comment le silence du père produit *la femme qui aime trop* et
comment le surcroît de sollicitude maternelle produit *l'homme qui a peur*

d'aimer. Nous y parlerons également du conflit intérieur que doivent assumer le *bon garçon* et la *bonne fille* dans leur tentative de retrouver, l'un la capacité d'aimer et l'autre, le sens de l'initiative. Je propose également quelques *réflexions sur le rôle de la mère* parce que j'ai souvent constaté combien mon livre *Père manquant, fils manqué*[5] avait pu inquiéter certaines mères, en particulier celles qui sont à la tête d'une famille monoparentale.

Plus loin, nous en viendrons au thème central de l'ouvrage: les rapports amoureux. Dans le chapitre *L'amour en peine,* nous parlerons des difficultés du couple qui a l'impression de piétiner dans des comportements répétitifs. Nous décrirons comment les hommes finissent par souffrir du *syndrome de la corde au cou* et les femmes du *syndrome du lasso.* Le chapitre *L'amour en joie* traite du défi actuel de l'intimité et propose des attitudes qui peuvent faciliter la création d'un couple viable.

Le dernier chapitre est consacré à la question de l'intimité avec soi-même dans le contexte contemporain, question qui pourrait se formuler ainsi: comment peut-il y avoir intimité avec l'autre s'il n'y a pas intimité avec soi? Le nouveau rapport amoureux y apparaît non seulement comme une magnifique occasion de retour sur soi, mais également comme un pont favorisant la communion avec l'autre et avec l'univers.

Dans ce livre, je parle principalement des couples hétérosexuels, mais les couples homosexuels y trouveront aussi leur compte, car la vie à deux présente d'étonnantes similarités, peu importe l'orientation sexuelle. De même, les axes classiques pères-filles et mères-fils que j'explore sont relatifs. Il va de soi qu'au jeu de l'amour un homme ne choisit pas toujours une partenaire qui ressemble à sa mère; il peut très bien en choisir une qui porte les traits caractéristiques de son père.

La réflexion psychologique n'est pas un dogme

Je ne prétends pas posséder *la vérité vraie,* comme on dit. Pour moi la vérité est ce qui fonctionne dans la réalité d'une vie. Elle est toujours relative à un contexte global. Les Indiens Pueblos se disaient fils et filles du Dieu Soleil à qui ils vouaient un culte quotidien. Ils croyaient que, s'ils négligeaient leurs pratiques religieuses, le soleil refuserait de se lever. Cette croyance donnait un sens à leur existence et leur permettait de vivre en communion étroite avec la nature. La perte de cette croyance les aurait rendus malades. Cette vérité psychologique collait à leur réalité, dans leur contexte de vie, mais elle fonctionnerait plutôt mal dans le contexte de la vie moderne. Chaque être a besoin d'un tel principe ou mythe directeur pour donner un sens à sa vie. L'important n'est pas que cette idée ou cette représentation du monde soit objective ou vérifiable, mais qu'elle génère chaque jour l'*enthousiasme* nécessaire pour continuer à avancer sur la route de la vie.

C'est donc une vérité comme celle-là que je cherche, une vérité psychologique qui nous permettrait de regarder la dynamique des couples sous un angle nouveau, une vérité qui donnerait un sens à nos difficultés et nous donnerait le goût de continuer à vivre et à aimer. Je vous prie donc d'utiliser ce livre comme s'il s'agissait d'un instrument de recherche. Employez ce qui vous convient, ce qui fait écho à quelque chose d'important en vous, et délaissez le reste.

L'AMOUR EN PAIX

Je ne connais pas le chemin qui mène à coup sûr en dehors du champ de bataille. Je sais seulement d'expérience que l'effort de se tourner vers l'intérieur assidûment, de réfléchir sur ce qui se passe en soi, d'examiner les mouvements de sa vie sans les juger et de se réconcilier avec soi-même, avec ses parents et avec tous ceux qui partagent sa vie, devient source de grande sérénité. Il fait en sorte que la souffrance et les drames prennent beaucoup moins d'emprise sur nous et que la vie devienne beaucoup plus agréable à vivre.

Pour arriver à cette liberté, nous avons un grand ménage intérieur à faire, une grande guerre d'amour à mener, une grande conquête à réaliser. Il s'agit d'une bataille contre la confusion pour obtenir le droit d'être soi-même. Entre le diable et le bon Dieu, entre le spiritualisme et le matérialisme, entre les valeurs féminines et masculines, se dessine un chemin qui permet de marcher les pieds bien en contact avec la terre. Lorsqu'il est bien enraciné dans la plénitude des sens, dans la béatitude du cœur et dans la paix de l'esprit, l'être humain peut enfin connaître la joie de participer à la grande communauté du monde. Nous ne sommes pas nés pour être des bêtes de sexe, des marionnettes pour les politiciens, des amoureux sans espoirs ou des ascètes lointains. Nous sommes conviés à la dignité de l'être humain.

Puissiez-vous trouver dans ce livre rempli de pleurs et d'illuminations, de cris et d'éclats de rire, l'esprit d'amour et de paix qui l'a guidé. Puissiez-vous y boire comme à une source rafraîchissante sur le chemin de la vie.

1

Elle et Lui sur le canapé

ELLE

Il vient tout juste de rentrer du boulot et il est assis là, sur le canapé du salon, fatigué mais content. Il bâille et s'étire après avoir enlevé ses chaussures. Il a beaucoup de choses à raconter ce soir. Il continue même de parler pendant que vous allez à la cuisine chercher deux verres de vin. Il porte la chemise qui vous plaît tant, d'ailleurs c'est vous qui l'avez choisie. Elle lui donne un petit air coquin, un air qui vient alléger tout le sérieux qu'il attache à sa vie. Vous aimez ces moments où il se laisse aller avec plus d'abandon, fatigue aidant, au jeu de la conversation. Ce qu'il raconte n'est pas particulièrement intéressant mais, au moins, il vous parle. Il est en relation...

Il parle, et vous vous approchez du divan, lascive et sensuelle. Vous avez envie de l'embrasser comme ça, pour rien, pour célébrer le moment. Pour une fois, vous allez prendre l'initiative des caresses alors que d'habitude c'est toujours lui, ce dont il se plaint amèrement d'ailleurs. Donc vous vous approchez du divan, lascive et sensuelle.

Il vous voit venir du coin de l'œil et vous sourit, prend les coupes de vin et les pose sur la table. Il répond à votre premier baiser avec un plaisir évident, mais plus vous insistez et plus ça se gâte. Vous devinez un certain malaise. Vous décelez une certaine raideur dans tout son corps, une sorte de refus de s'engager davantage. Il a toujours le sourire, mais son visage est figé. Il cesse de parler et tend le bras vers sa coupe de vin.

Visiblement il est mal à l'aise et vous n'y comprenez rien. Ou plutôt si, mais vous n'aimez pas ce que vous avez commencé à comprendre. Lorsque vous prenez l'initiative, en fait, ça ne va jamais très loin. Ce n'est jamais le bon moment. Il peut même prétexter qu'il a mal à la tête! On dirait un petit garçon qui a peur de sa mère. Mais vous n'êtes pas sa mère, justement, vous n'avez rien à voir avec sa mère. Vous n'avez plus qu'une envie: lui renvoyer son petit chéri dans un paquet bien ficelé avec une étiquette où l'on pourrait lire: *Marchandise endommagée.*

LUI

Elle est rentrée du boulot avant vous, et son odeur est déjà présente partout dans l'appartement. Son odeur et la lumière du soleil qui entre à pleines fenêtres à cette heure du jour. Elle vous demande si vous voulez boire du vin et vous répondez *pourquoi pas?* Vous aimez quand elle vous sert quelque chose, quand elle est de bonne humeur et pleine d'attentions. Dans ces moments-là, vous vous sentez choyé, privilégié, et vous trouvez que la vie est belle.

Pendant qu'elle va à la cuisine, vous lui dites un tas de trucs sans importance pour la faire rire, parce que vous savez qu'elle aime vous entendre parler. Vous parlez et, soudain, vous avez envie de faire l'amour avec elle. Ah! si elle pouvait faire les premiers pas, elle qui ne les fait presque jamais! Vous la mangeriez toute crue! Mais voilà justement qu'elle s'avance en s'offrant à vous, fantasme devenu réalité. Pourtant quelque chose ne va pas... C'est l'intensité qu'elle y met... Tant d'ardeur vous dérange. C'est comme si sa vie en dépendait. Comme si son besoin d'affection était tellement grand que jamais un homme ne pourrait le combler.

Elle a déposé son verre et elle se serre contre vous en vous embrassant. Maintenant, elle veut vous entendre dire *je t'aime.* Ah non! Ça recommence. Elle veut tout le temps que vous lui disiez *je t'aime.* Vous devriez enregistrer votre *je t'aime* sur cassette, comme ça elle pourrait l'écouter à longueur de journée. La situation commence à vous irriter. D'où lui vient ce besoin d'affection qui est si grand que, tel un gouffre, vous n'osez pas vous en approcher de peur d'y sombrer? «Pas eu de papa!» qu'elle vous répond immanquablement. Franchement! «Pas eu de papa!» Comme si vous en aviez eu un, vous...

Après le quatrième baiser, vous tendez le bras vers votre verre de vin. Vous espérez que votre malaise est passé inaperçu mais, à cause de son intuition, vous ne pouvez vraiment pas y compter. Il ne vous reste plus qu'à renverser votre verre de vin sur le tapis. Vous décidez plutôt d'aller aux toilettes afin d'avoir un peu de temps pour vous ressaisir.

ELLE

Tiens, le voilà encore qui se sauve! Mais cette fois vous n'allez pas lui courir après. Vous en avez assez! Vous en avez assez de cette indifférence d'homme. Vous en avez assez de faire la gentille fille. Vous en avez assez de lui préparer de bons petits plats et de satisfaire ses fantasmes au lit en échange d'une affection qui ne vient pas. Votre colère commence à monter, mais vous préférez vous taire parce que ce que vous avez à dire vous semble trop gros, trop méchant. Il y a cinq minutes, vous vouliez l'embrasser; maintenant, vous voulez régler vos comptes. S'il peut sortir des toilettes...

LUI

Dans la salle de bains, vous vous reprochez votre attitude. Après tout, elle a fait tout cela pour vous faire plaisir. Si vous suiviez son initiative, pour une fois... Si vous lui donniez l'affection qu'elle désire... Cela mettrait fin à cette petite guerre que vous vous livrez depuis quelques jours. Alors, vous retournez au salon rempli de bonnes intentions.

Vous la retrouvez distante, froide, cassante, toute ramassée à l'autre extrémité du divan. Vos bonnes intentions s'envolent aussitôt. «Si c'est la guerre qu'elle veut, elle va l'avoir», pensez-vous. Vous ne vous laisserez pas faire! D'ailleurs, depuis qu'elle a entrepris une thérapie et qu'elle a commencé à s'affirmer, il vous semble que les problèmes n'ont fait qu'augmenter. Elle ne laisse plus rien passer.

Au moment où elle se lance dans l'une de ses tirades habituelles sur le couple et l'engagement amoureux, votre sang ne fait qu'un tour. Vous avalez une gorgée de vin pour vous calmer, mais il goûte le vinaigre. Du vinaigre, bien sûr, du vinaigre! En un éclair, il vous semble avoir saisi le cœur du problème. C'est une pisse-vinaigre! Tout ce qu'elle touche goûte le vinaigre. Encore une fois la soirée est gâchée. Vous n'avez plus qu'une idée en tête: partir. Vous allez l'interrompre pour le lui dire, mais elle vous enlève les mots de la bouche: «Je gage que tu veux encore partir. Tu me trouves *dérangée*, peut-être, mais ça serait pas plutôt que je suis *dérangeante*? Nuance, mon cher! Et puis, penses-tu vraiment que les autres sont différentes de moi? Penses-tu que tu vas finir par la trouver, la femme idéale? T'es-tu déjà vraiment regardé?»

LE POIDS D'UN RÊVE

Et voilà, c'est reparti! La valse des blâmes et des accusations vient de recommencer. Le ton va monter. Il va y avoir quelques coups d'éclat, quelqu'un va claquer la porte, partir, puis revenir. Il y aura aussi quelques cris, quelques larmes, de l'amertume, des regrets, de petits baisers et, si c'est un bon soir, on terminera tout ça en faisant l'amour! Et dans quelques jours, ça recommencera.

Je sais, vous pensiez que ça n'arrivait que chez vous... Désolé de vous décevoir, ça arrive partout! Bien entendu, vous pouvez y ajouter votre touche personnelle. Parfois il s'agit de deux hommes sur le canapé, parfois de deux femmes. Souvent, c'est elle qui ne veut pas qu'on l'approche. Quelquefois, ça va jusqu'aux coups... Mais, en général, le scénario ne varie pas beaucoup, à tel point qu'on a parfois l'impression que, chez les humains, les relations de couple suivent un programme établi à l'avance.

On peut toujours faire semblant. On peut se distraire par le sexe ou par autre chose. Comme *Elle* et *Lui,* nous attendons tous l'amour. Au fond de nous-mêmes, nous espérons que l'amour viendra illuminer nos jours et leur donner un sens. Nous attendons que cette émotion extraordinaire nous révèle le meilleur de ce que nous pouvons être. *Elle* se dit prête et recherche un homme capable de s'engager. Elle veut recevoir de *Lui* ce que le siècle n'a pas su lui donner, ce que papa non plus n'a pas su lui offrir.

Mais le poids d'une telle attente *Lui* fait peur. D'autant plus qu'il n'a aucune idée de ce qu'est l'intimité, avec autrui ou avec soi-même. Il connaît le pouvoir, la gloire, la mécanique, les idées. Pour ce qui est des sentiments, c'est autre chose. Il lui manque l'élément essentiel de la recette amoureuse, élément qu'*Elle* prétend posséder. Du coup, il se sent comme un moins que rien sur le terrain affectif. L'emprise maternelle a été tellement forte qu'il voudrait aimer de façon libre et légère, mais pour elle cela serait tout à fait inacceptable. Alors, elle le traite d'irresponsable et d'égoïste. Ce qui le fait fuir encore plus loin.

Et si ce que *Lui* avait à dire était recevable? Et si ce qu'*Elle* avait à dire l'était tout autant? Si l'une connaît si bien l'art de s'engager et l'autre, l'art de se dégager, pourquoi ne pourraient-ils pas, ensemble, inventer un amour nouveau, sans contrainte ni dépendance, mais néanmoins durable et solidaire?

Forte de son rêve d'amour, *Elle* se sent tellement dans son droit qu'elle risque d'écraser, de façon tout à fait inconsciente, sa sensibilité à *Lui*. En raison de son intense culpabilité, il risque de se laisser faire, convaincu qu'il ne comprendra jamais rien à l'amour. Pour acheter la paix du couple, il risque de se taire, comme son père l'a toujours fait en laissant à l'épouse le soin de tenir maison et conversation.

Quand sortira-t-il du silence? Quand sortira-t-elle de l'attente? Car ce silence et cette attente les enferment tous les deux. *Lui* se sent coupable de ne pas réaliser le rêve qu'elle poursuit depuis longtemps et pour lequel il ne peut être qu'inadéquat. *Elle* se sent malheureuse de ne pas arriver à le rendre heureux, elle qui a fait tant d'efforts pour l'aider à devenir le prince charmant qu'elle recherchait. *Lui* se sent contrôlé, manipulé, pressé d'être ce qu'il n'est pas. Il ressentait le même désarroi devant sa mère. Elle aussi voulait faire de lui son petit prince. Le même rêve, la même attente, la même emprise qu'*Elle* a sur lui sans même s'en rendre compte. *Elle* ne se rend pas compte du poids de son rêve...

Lui ne se rend pas compte du poids de ses exigences. Il ne se rend pas compte du poids de ses négligences. Il ne se rend pas compte que c'est sa façon de lui faire payer le rêve qu'elle a fait pour lui. C'est avec ça qu'il la manipule, qu'il lui fait parcourir tout ce chemin vers lui. C'est comme ça que, tranquillement, ça devient insupportable. *Elle* qui attend et qui le suit. *Lui* qui se tait et qui la fuit. Sans cesse, il la fuit. Sans cesse, il lui défait son rêve au nom de son rêve à lui. Chacun de leurs gestes trahit leurs attentes, mais ils se déçoivent toujours. Ils continuent tout de même par jeu, par malice, pour voir jusqu'où l'autre va aller dans l'anéantissement de son rêve. Ils continuent malgré leur impuissance, leur incapacité de répondre à tant d'attentes. Malgré l'impossibilité d'incarner chacun un idéal aussi élevé.

Et lorsqu'ils se seront assez querellés, lorsqu'ils se seront assez piétinés, ils se laisseront, dégoûtés. *Elle* dira qu'elle s'est encore fait rouler. *Lui* qu'il s'est fait piéger, encore une fois. Et tous les deux souffriront de ce cuisant échec. Ne croyez-vous pas que seule une crise fondamentale puisse mettre fin à cette valse des soupirs, réglée au quart de tour depuis tant de siècles?

2

Naître homme ou femme

La notion d'identité

LA RESPIRATION FONDAMENTALE DE L'ÊTRE

Comment être unis sans cesser d'être deux entités séparées? Comment être deux sans cesser d'être unis? Telles sont les questions fondamentales qui, sur le plan psychologique, sont posées non seulement au couple mais aussi à l'individu.

Pour répondre à ces questions, qui sous-tendent cet ouvrage en entier, nous avons besoin de quelques repères théoriques. Nous allons donc, dans ce chapitre, définir les notions de base suivantes: la formation du moi et des complexes, les racines de l'estime de soi, l'identité sexuelle et les archétypes de l'animus et de l'anima. Au préalable, nous allons parler de la respiration fondamentale de l'être qui est à la base de l'identité.

Dès le départ, l'identité tient à un double mouvement: s'approcher des autres pour obtenir de l'amour, et se tenir à distance pour affirmer sa différence. Dans le mouvement de rapprochement, nous cherchons une appartenance; dans le mouvement d'éloignement, nous cherchons à explorer notre individualité. La façon dont nous intégrons ce double mouvement aura une influence déterminante sur notre vie amoureuse, car tout se déroule entre ces deux pôles de fusion et de séparation.

Au début de la vie, tout est Un pour l'enfant. Il vit en symbiose totale avec ce qui l'environne, comme il le faisait dans le ventre de sa mère. La naissance est le premier choc qui vient stimuler sa conscience individuelle dans le grand Tout. Mais il ne s'agit que d'un premier balbutiement, rien n'est encore cristallisé. Pendant plusieurs mois, l'enfant vivra encore dans la sensation d'être uni à ce qui l'entoure, sans sentiment de séparation. Il ressent la mère comme une partie de lui-même ou encore il se perçoit vaguement comme une extension de son sein[1].

Aussitôt qu'apparaissent les petites frustrations telles que le biberon qui ne vient pas à temps ou le manque de réponse à ses cris de détresse, l'enfant prend conscience que son individualité est séparée de celle des autres. Dès les premiers heurts qui le ramènent à lui-même, il a conscience que son existence prend forme. Il n'y aurait pas de vie subjective, c'est-à-dire de vie consciente d'elle-même, sans cette friction entre soi et les autres. Il est à noter cependant que ce n'est pas la frustration en elle-même qui est créatrice de la conscience de soi: elle sert plutôt à révéler à l'enfant qu'il existe.

La conscience de soi est donc le produit d'un repli sur soi, d'une contraction, en réaction à l'impact de l'environnement extérieur sur nous. Mais ce repli sur soi se fait en vue d'un déploiement de l'être dans le champ universel. Car l'individu a pour fonction de transformer ses réactions primaires en de nouvelles productions qui seront projetées à leur tour dans l'univers. C'est pour cela que nous pouvons parler du formidable potentiel créateur de l'individu humain. Ainsi le circuit de la vie est établi: action, réaction, transformation, action. L'enfant transforme en cris sa sensation de faim, ses cris agissent sur les parents, qui transforment en action de donner à manger leur réaction de bienveillance envers l'enfant.

La tension entre soi et l'univers, entre soi et les autres détermine la vie psychologique de l'individu. Elle est la respiration fondamentale de l'être. L'individu doit accepter cette tension, car elle assure l'équilibre de sa personne, dans le mouvement et le changement. L'identité humaine naît en quelque sorte du chaos. Elle se trouve au départ agglutinée à d'autres identités dont elle doit se différencier graduellement pour prendre forme. Si cette tension de base qui pousse tous les êtres à sortir du magma originel pour devenir eux-mêmes n'était pas présente, nous resterions englués, sans conscience de notre existence propre et indépendante. Le bourgeon ne pourrait pas devenir feuille.

LA FORMATION DU MOI[2]

À mesure que le bébé grandit, la conscience de soi se stabilise, et l'impression de continuité dans le temps se crée. Peu à peu, le moi de l'enfant se cristallise. Ce dernier voit maintenant sa réflexion dans un miroir où il se reconnaît. Il jouit de sa propre présence comme Narcisse tombant amoureux de son image reflétée par les eaux d'un lac. C'est le fameux *stade du miroir* élaboré par le psychanalyste français Jacques Lacan. Le moi occupe désormais le centre du champ de la conscience et son émergence permet la véritable naissance psychologique du sujet: l'être peut enfin parler de son expérience subjective et dire *je* en se référant à lui-même.

Cette fascination à l'égard de sa propre image constitue ce que la psychanalyse appelle le *narcissisme*. L'enfant est naturellement narcissique, c'est-à-dire centré sur lui-même. Cette phase est absolument nécessaire, car elle est la racine de l'amour de soi dont nous parlerons en détail plus loin.

Par la suite, le moi de l'enfant va en s'affermissant, permettant ainsi à sa personnalité d'émerger de façon de plus en plus consciente. Emmêlé à la mère, emmêlé au père, formé aux valeurs de ses parents, l'enfant se distinguera progressivement de leurs désirs, puis de ceux de l'environnement familial lorsqu'il ira à l'école. Ce changement important lui permettra de se différencier de sa famille, mais le confrontera à d'autres valeurs par rapport auxquelles il devra de nouveau trouver une distance adéquate afin de poursuivre sa route. Plus tard, l'identité sera encore mise à l'épreuve lors de l'exercice d'un métier ou d'une profession qui risque de submerger l'être et de faire taire l'originalité du moi. Il en sera ainsi à chaque nouvelle étape… l'individu tentant à la fois de s'adapter et de rester lui-même à travers le tissu des relations humaines.

Il convient de préciser que le moi ne pourrait pas se développer sans les autres, nous pourrions même dire sans l'amour. Notre individualité a constamment besoin d'autrui pour se reconnaître, se former, se développer, s'appuyer et se distinguer, c'est-à-dire pour affirmer des différences et épouser des similarités.

Plus que cela, tout le long de notre vie, nos relations avec les autres stimulent en nous des émotions que nous devons transformer et extérioriser. Les rapports avec les autres nous gardent en vie et excitent notre créativité, qu'ils soient négatifs ou positifs. La présence d'autrui s'avère plus qu'une commodité avec laquelle nous devons composer. Elle nous permet véritablement de devenir nous-mêmes.

DEVENIR SOI-MÊME

On constate cependant que nombre de gens inhibent le développement de leur personnalité et refoulent leur originalité par peur de déplaire aux autres. Chacun de nous éprouve sans cesse la tentation de se cantonner à une étape et d'arrêter de progresser. Ainsi, certaines personnes ne s'affranchissent jamais de leur famille ou de leur image professionnelle. Elles demeurent des membres anonymes d'un clan, d'un couple ou d'une profession. Cela leur procure une certaine sécurité mais leur originalité profonde en souffre à tel point qu'elle réclamera tôt au tard son dû sous forme de maladie psychologique ou physique.

Devenir soi-même est beaucoup plus qu'un devoir psychologique, c'est un besoin fondamental qu'on ne peut nier sans avoir à le payer chèrement. En effet, la satisfaction de ce besoin fonde le sentiment d'accomplissement de soi. Elle procure la sensation intime d'avoir trouvé sa place dans l'univers et un sens à sa vie. Ce besoin inaliénable de devenir soi-même, cette véritable pulsion d'autonomie, constitue ce que le psychanalyste suisse Carl Gustav Jung appelle le *processus d'individuation*[3].

Pour Jung, le processus d'individuation pousse un être à devenir le plus possible fondamentalement lui-même tout en étant indéniablement uni au monde qui l'entoure. Il se déroule en quatre étapes: premièrement, l'individu devient graduellement indépendant de ses parents et il se libère des complexes qu'il a développés dans ses relations avec eux; deuxièmement, l'individu devient de plus en plus compétent dans ses relations avec les autres; à la troisième étape, il devient de plus en plus conforme à ce qu'il se sent être; enfin, au cours de la quatrième étape, il devient plus *entier*, c'est-à-dire qu'il se sent à la fois plus centré sur lui-même et unifié au processus même de la vie, sous tous ses aspects[4].

Lors de la dernière étape du processus d'individuation, le paradoxe de la fusion et de la séparation est enfin résolu: le moi est en rapport avec le niveau le plus profond de l'être, à savoir le *soi,* et la division entre soi-même et autrui n'existe plus. Le moi est alors à la fois le plus originalement lui-même et en communion avec tout ce qui est. Il s'agit là du mystère même de notre identité. Nous sommes à la fois personnalité et communauté, individualité et universalité. Mais avant d'en arriver là, il y a un long chemin à parcourir. Demeurer soi-même en compagnie de quelqu'un et se sentir accompagné tout en étant seul sont les balises paradoxales mais non contradictoires de notre vie. Cette friction inévitable entre l'individualité et l'universalité est l'essence même de la créativité. Elle produit l'énergie vitale de l'être.

LA FORMATION DES COMPLEXES

L'affranchissement du moi par rapport aux complexes parentaux semble une des tâches les plus ardues du processus d'individuation. Ce sont ces complexes qui empêchent souvent les êtres d'affirmer leur individualité profonde. Ce sont également eux qui mettent des bâtons dans les roues de notre vie amoureuse. Il vaut donc la peine de consacrer quelques lignes à la formation des complexes en général et des complexes parentaux en particulier.

Les *complexes*[5] consistent en une intériorisation des dynamiques que nous avons vécues avec nos proches durant l'enfance. Ils se forgent habituellement en rapport avec des événements à forte charge émotive, à partir desquels ils établissent pour longtemps leur niche en nous. Ils deviennent de véritables voix intérieures qui nous poussent à répéter les mêmes comportements et ils finissent par nous enfermer dans des patterns négatifs.

Pourtant, les complexes ne sont pas négatifs en tant que tels, comme le veut la langue populaire lorsqu'elle parle d'un «complexe d'infériorité», par exemple. Ils forment plutôt les blocs de construction de notre psychisme, lequel englobe l'ensemble de nos réactions mentales et sentimentales. Chaque complexe a sa propre tonalité affective basée sur un événement à caractère émotif. Cette émotion agit comme un aimant vers lequel les événements, les pensées et les fantasmes qui ont la même teneur affective seront attirés. Ces éléments se mélangent les uns aux autres dans l'inconscient et s'organisent en chaînes associatives. À ce propos, Freud disait qu'à partir de n'importe quelle représentation mentale, on pouvait remonter au complexe qui la générait. Il a d'ailleurs basé sa méthode d'exploration des profondeurs de la psyché sur cette découverte et il lui a donné le nom d'*association libre.*

Pour avoir une idée de l'association libre, concentrez-vous par exemple sur le mot *dégoût*; laissez-le résonner en vous. Vous sentirez peu à peu les éléments et les expériences qui ont provoqué du dédain en vous depuis votre enfance remonter à la surface. Si je considère personnellement ce mot, je vois tout de suite apparaître dans mon esprit des représentations de rats et de poubelles. Je pense aussi à la maison infestée de souris et de couleuvres que j'avais louée à la campagne, il y a quelques années. Je pense encore à des amis d'enfance qui mangeaient des vers de terre, etc. Vous pouvez faire le même exercice avec le mot *joie* ou tout autre mot.

Vous constaterez alors que certains mots sont plus équivoques que d'autres; pensez par exemple à *tuyau* et à *trou*. C'est parce qu'ils renvoient à des expériences auxquelles vous n'aimez pas songer ou auxquelles vous vous interdisez de penser. Cette tension est le signe de ce qu'il est convenu d'appeler en psychanalyse une *résistance*, car le moi n'aime pas songer aux choses désagréables (ou trop agréables). Il aime avoir un beau terrain propre autour de sa maison. Il se défend donc contre certaines pensées et certaines expériences en les *refoulant* dans l'inconscient. Il les juge «négatives». C'est ce qui a donné aux complexes leur mauvaise réputation. En fait, lorsque les complexes sont positifs, nous ne les remarquons même pas. Ils contribuent tout simplement à l'harmonie générale de notre vie en servant d'intermédiaires entre l'intérieur et l'extérieur.

LES COMPLEXES PARENTAUX

Les remarques précédentes valent aussi pour les complexes parentaux. Le complexe paternel et le complexe maternel font partie des complexes les plus puissants de notre psyché. Ils ont eux aussi leur tonalité affective particulière selon que notre expérience du père ou de la mère fut adéquate ou désastreuse. Il est important de comprendre cependant que ces complexes nous appartiennent en propre: ils sont la mémoire de nos relations avec nos parents. Ils ne disent rien d'objectif sur eux.

Le complexe maternel ne concerne pas seulement la mère, il est le condensé de toute notre expérience du monde maternel. Nombre des événements qui le constituent peuvent avoir été vécus en rapport avec une grand-mère, une tante ou même une gardienne, si ces personnes ont joué un rôle significatif dans notre vie. La même observation s'applique au complexe paternel qui synthétise toute notre expérience en rapport avec les diverses figures de père.

Par exemple, j'ai connu en thérapie une femme que ses parents avaient placée en foyer d'accueil à plusieurs reprises pendant la guerre pour éviter qu'elle ne soit tuée. Elle était venue me consulter parce qu'elle craignait sans cesse d'être abandonnée. Ses voix intérieures la jugeaient sévèrement au lieu de la soutenir. Elle avait peu confiance en elle et se sentait persécutée. Ses complexes parentaux avaient une teneur particulièrement négative, l'amenant à penser qu'elle ne valait rien et qu'il était inutile de tenter quoi que ce soit pour s'en sortir. De leur côté, ses véritables parents étaient plutôt de bons parents. C'étaient les expériences d'abandon en bas âge, alors que l'enfant dépend tellement du regard de ses parents pour vivre, qui avaient laissé en elle une empreinte difficile à effacer.

À l'instar de tous les complexes, les complexes parentaux peuvent être positifs ou négatifs. Une enfance sans grands incidents, où un être s'est senti accueilli et aimé, engendrera des complexes parentaux positifs. Ils soutiendront l'affirmation du moi et donneront à l'individu la confiance nécessaire pour avancer dans la vie. Comme ils permettent un développement général harmonieux, les complexes positifs ne feront jamais l'objet d'une psychothérapie. Même si une personne a connu des expériences négatives avec les figures parentales de son enfance, elle réussira à vaincre son sort si elle a la chance d'entrer en contact avec des figures parentales positives.

En outre, il est important de rappeler que les complexes ne sont pas des choses mortes. Le psychisme n'est pas un musée. Il a la force d'un océan qui brasse sans cesse ses éléments. Les complexes sont les poissons qu'on y rencontre. Ils sont parfois aimables, parfois terrifiants. Le fait que les complexes soient vivants permet l'évolution personnelle. Ils peuvent se modifier, et le rapport conscient que nous avons avec eux les rend moins déroutants.

LE MOI EST LUI AUSSI UN COMPLEXE

Vous serez peut-être surpris d'apprendre que, pour la psychanalyse et pour la psychologie, le moi est lui aussi un complexe. Le moi représente notre personnalité consciente, la façon dont nous nous connaissons. L'émotion centrale qui le constitue est précisément cette impression d'identité et de durée dans le temps. Le moi a à sa disposition une certaine dose d'énergie qu'il utilise comme bon lui semble, par le bienfait de la volonté.

Si le moi occupe une place centrale et définit la personnalité consciente, les autres complexes consituent des sous-personnalités avec lesquelles le moi est en lien plus ou moins étroit. Chacun de ces *alter ego* possède sa mémoire propre et une certaine dose d'autonomie. Cela se vérifie chez les gens qui souffrent du syndrome de personnalités multiples ou de schizophrénie. Des fragments de personnalité relativement structurés font soudain irruption dans le champ de la conscience et viennent prendre la place du moi habituel. La personne change alors complètement de personnalité. Elle ne dit pas: «Je me sens comme Jules César ce matin!» Elle déclare: «Je suis Jules César!» et elle y croit.

Si le moi n'était pas un complexe au même titre que les autres éléments plus inconscients de la personnalité, de tels renversements ne seraient pas possibles. D'ailleurs, si quelqu'un vous fait fâcher au point de vous mettre réellement hors de vous, hors de vos gonds, ce qui veut dire hors de votre moi habituel, vous verrez qu'il n'est nullement besoin d'être schizophrène pour se découvrir une personnalité tout autre et une énergie insoupçonnée!

Pour Jung, la formation du moi et des complexes dévoile les structures inhérentes de la psyché. Il a donné le nom d'*archétypes*[6] à ces structures impersonnelles communes à toute l'humanité. Cela signifie que la psyché humaine a tendance à se structurer de la même façon chez tous les êtres et dans toutes les cultures. Par exemple, l'archétype de la mère amène l'enfant à développer un complexe maternel, comme s'il était déjà programmé pour reconnaître dans son environnement immédiat ce qui est de l'ordre du maternel. En somme, l'archétype est une prédisposition qui s'active, s'humanise et se personnalise en fonction de l'expérience concrète. Le complexe qui se forme en réaction au vécu personnel n'actualise cependant qu'une partie du champ archétypal. Par exemple, l'archétype de la mère contient les pôles extrêmes, qui vont de la mère terrible et dévorante à la mère accueillante et bienveillante. C'est ce qui permet d'ailleurs l'espoir thérapeutique; il s'agit en somme d'éveiller la partie dormante de l'archétype.

NOUS PROJETONS DES PARTIES DE NOUS-MÊMES SUR LES AUTRES

Les complexes sont en général inconscients et ils le demeurent souvent parce que nous les *projetons* en dehors de nous. La *projection*[7] fait partie des mécanismes de défense que le moi conscient utilise pour se protéger de certains affects qui risquent de le perturber s'ils surgissent de l'inconscient. Le moi se débarrasse de ces dimensions d'*ombre*[8] souvent refoulées en les prêtant à d'autres personnes. Il projette ces aspects sur autrui à la manière de projectiles. Nous nous trouvons alors à blâmer les autres pour des tares qui sont nôtres mais dont nous sommes tout simplement inconscients. L'irritation est en général le signe qu'une partie de soi a été projetée sur autrui. Voilà pourquoi ce sont toujours les autres qui ont tort et qui portent tous les défauts du monde.

On voit tout de suite comment ce mécanisme joue à plein dans les relations amoureuses, d'autant plus qu'il est stimulé par la friction intense du quotidien. On voit aussi comment le couple peut devenir le lieu d'un travail intense sur soi à partir du moment où chacun accepte de considérer que tout ce qui l'agace chez l'autre puisse être une partie inconnue de soi. Ce mouvement de *retrait des projections* permet de comprendre que ce que nous vivons extérieurement reflète une dynamique intérieure orchestrée par les complexes. Le processus d'individuation exige ainsi un constant travail de mise en conscience des forces actives de l'inconscient.

S'aimer soi-même

L'AMOUR-PROPRE EST UN FACTEUR D'ÉQUILIBRE PSYCHOLOGIQUE

Explorons maintenant un des pôles de notre identité, à savoir l'amour de soi. L'amour que nous nous accordons est une dimension fondamentale de notre identité et une clé de son développement. L'amour ou l'estime de soi est d'ailleurs un facteur déterminant de nos relations affectives. En nous accordant suffisamment de valeur, nous évitons de tomber dans les relations de dépendance où nous quêtons le regard de l'autre pour avoir le droit d'exister. Dans le contexte général de cette recherche, il est important de saisir combien l'amour de soi et l'amour d'autrui sont fortement liés. Les êtres qui aiment au point de se perdre ne s'aiment pas suffisamment. Ils ont oublié la seconde partie du précepte chrétien qui dit: «Aime ton prochain *comme toi-même.*»

Une identité saine repose sur une saine estime de soi. La confiance en soi, la valeur que l'on s'accorde, tout est là! L'amour de soi permet de s'autoriser à être soi-même sans attendre l'approbation des autres, à rechercher et à expérimenter ce qui nous attire et nous fait plaisir sans jugements. Bref, s'aimer soi-même, c'est se permettre d'exister, de respirer à l'aise et de prendre la place dont on a besoin pour évoluer, tout en respectant celle des autres.

Lorsque nous ne nous estimons pas suffisamment, nous n'allons pas chercher ce dont nous avons réellement besoin pour évoluer positivement. Nous croyons tout simplement que nous ne méritons pas le meilleur de ce que la vie a à offrir. Certaines personnes croient même qu'elles ne méritent pas d'exister ou que leur vie ne vaut pas la peine d'être vécue.

Cesser d'attendre l'approbation d'autrui pour s'apprécier et apprécier la vie est sans aucun doute la décision la plus fondamentale qui puisse affecter une vie. Choisir de vivre, d'aimer et de célébrer la joie d'exister, devenir pleinement responsable de sa vitalité et de son propre bonheur constituent sans contredit les actes les plus créateurs qu'un individu puisse faire.

Mais il n'en va pas ainsi facilement. Pour la plupart, nous sommes encore submergés par notre passé et nos problèmes non résolus avec nos parents, par les heurts inévitables de la vie amoureuse et par les voix négatives qui nous habitent. En réalité, pour avoir la capacité d'aimer et de s'aimer, il faut avoir pleinement senti que l'on nous aimait. Les miroirs que nos parents et les autres figures parentales nous ont tendus à travers leurs gestes et leurs regards sont les éléments essentiels de la fondation d'une saine estime de soi[9].

Voyant la lueur d'admiration, d'enthousiasme et d'amour dans l'œil de nos proches, nous intégrons progressivement ce miroir positif et apprenons à nous aimer. Cette intégration contribue à la formation de complexes parentaux positifs qui nous rehaussent au lieu de nous dénigrer. L'amour de soi permet à un être d'avoir confiance en lui-même, d'être fidèle aux aspects de sa personnalité que les autres n'apprécient pas, de se tenir debout dans l'adversité et de vivre la vie comme une grande aventure. Ce miroir interne positif constitue la base d'un narcissisme sain.

Certaines circonstances de la vie telles que la maladie de la mère, l'alcoolisme du père ou une hospitalisation en bas âge peuvent nous amener à construire un miroir négatif. Si personne ne veillait sur nous, ou si nos parents ne prenaient pas plaisir à élever leurs enfants, nous risquons de développer une pauvre estime de nous-mêmes. Au lieu d'avoir confiance en nos capacités, nous nous sentons alors assaillis par des doutes perpétuels. Les expériences difficiles où nous ne nous sommes pas sentis accueillis dans notre milieu naturel contribuent à la formation de complexes parentaux négatifs qui nous chuchotent la liste de nos incapacités.

On dirait qu'un méchant miroir placé à l'intérieur de nous-mêmes nous soupire comme dans le conte: «C'est Blanche-Neige qui est la plus belle[10]!» Nous commençons alors à nous sentir honteux d'être ce que nous sommes et à haïr toutes les personnes qui ont plus de facilité que nous dans la vie. Nous rivalisons avec elles, les envions, tentons de les détruire, ou encore nous nous accrochons à elles et les imitons afin de recevoir l'attention dont elles nous semblent être l'objet. Nous entrons ainsi dans une sorte de rapport d'amour qui peut se changer rapidement en haine, si nous ne recevons pas l'approbation de la personne élue comme modèle de perfection ou si celle-ci nous impose une désillusion trop amère en ne reconnaissant pas nos talents.

Les gens qui souffrent d'une profonde blessure d'amour-propre donneront l'impression d'être égocentriques. L'estime d'elle-même de la personne narcissique est tellement vacillante qu'elle a sans cesse besoin d'être rehaussée par des remarques positives et des compliments. Cela explique pourquoi une telle personne ramène sans cesse toute sa vie à ce qu'elle est et à ce qu'elle fait, comme l'enfant qui veut faire approuver son dessin à tout prix. Si elle arrive à lutter contre les représentations négatives que lui suggèrent ses complexes impitoyables, elle reprendra confiance en elle et son comportement s'améliorera. Mais cela se fait souvent au prix d'une longue démarche thérapeutique, car un tel problème est profond. Ce qui nous amène à parler plus en détail des racines de l'estime de soi.

DE LA TOUTE-PUISSANCE À L'ESTIME DE SOI

Comme nous l'avons dit précédemment, l'enfant naît dans le monde de l'unité totale. Pendant longtemps, il va résister de toutes ses forces à la perception de la réalité des autres, car cela amoindrirait son fantasme de toute-puissance. Les enfants naissent rois et se prennent pour le centre du monde. Il est même très important qu'il en soit ainsi. Pour quelques mois, l'individu doit se sentir le centre de la vie qui bat autour de lui, car l'amour ressenti dès les premiers moments de l'existence procure une assise de sécurité à l'enfant, assise sur laquelle peut s'établir le sentiment de sa valeur propre.

Peu à peu pourtant, l'enfant doit accepter de ne pas être le centre de l'univers. Il se rend compte que ses parents ont des intérêts différents des siens et que les autres personnes n'évoluent pas nécessairement en fonction de lui. La question à cent mille dollars devient donc la suivante: comment les parents peuvent-ils permettre à l'enfant de passer de sa toute-puissance imaginaire à une perception plus exacte de la réalité? Autrement dit, comment l'aider à développer une saine estime de lui-même et une confiance adéquate à l'égard de son pouvoir personnel? Car la valeur que l'on s'accorde est le résultat d'un compromis entre ses besoins de toute-puissance et les limites imposées par la réalité. Comment conserver la sensation de son pouvoir personnel, même si ce dernier sera à jamais relatif?

Théoriquement, nous le savons très bien: d'une part, les parents peuvent établir les limites nécessaires au sentiment d'omnipotence de l'enfant sans brimer son assurance en lui imposant de petites frustrations qu'il acceptera sans se sentir totalement rejeté ou démoralisé; d'autre part, il est bon qu'ils abandonnent peu à peu leur propre toute-puissance de parents pour faire de plus en plus confiance à l'enfant. Il est même souhaitable qu'ils puissent laisser voir graduellement leur propre humanité, avec ses forces et ses faiblesses.

Nous savons tout cela théoriquement, mais dans la vie ça se passe rarement tel que souhaité, si peu en fait que si je devais évaluer ce qui constitue le principal motif de consultation psychologique, je répondrais qu'il s'agit à coup sûr du manque d'estime de soi. Il est effarant de constater jusqu'à quel point nous pouvons manquer d'amour envers nous-mêmes. Les comportements les plus communs qui se présentent sont décrits ci-après. Ce sont eux qui conduisent à la formation de problèmes dits narcissiques.

Certaines personnes qui, pour diverses raisons, ont vécu des frustrations trop intenses ou même traumatisantes dès la prime enfance réagiront en tentant d'imposer leur loi à tout prix afin de prouver qu'elles valent quelque chose. Elles ne vivent pas dans le monde de l'amour, mais dans celui du pouvoir. Il est d'ailleurs étonnant de constater à quel point le besoin d'amour frustré se transforme presque invariablement en volonté de puissance. Sur le terrain du couple par exemple, il n'est pas rare de voir apparaître les luttes de pouvoir à mesure que s'éteint l'amour romantique. Cette terrible loi se vérifie tant chez les petits dictateurs domestiques que chez ceux qui tyrannisent leur pays. Tous et toutes portent une grande blessure d'amour.

Le psychanalyste Gérard Adler a d'ailleurs basé toute sa théorie sociale de l'instinct de pouvoir des individus sur ce qu'il a appelé une *infériorité d'organe*[11]. Que cette infériorité d'organe soit réelle ou imaginaire, elle stimule souvent un besoin de s'affirmer qui connaît peu de limites. Par exemple, Napoléon a réagi à sa petite taille en développant une ambition dévorante. Il voulut conquérir le monde entier. Chaque fois, la toute-puissance blessée tente de prendre sa revanche. Pensons à un homme qui est convaincu que son pénis est trop petit et qui compense en s'achetant des bolides puissants. Il veut faire éclater sa puissance frustrée au grand jour.

On peut aussi s'effondrer au lieu de se pavaner, en réaction aux traumatismes de l'enfance. Lorsque notre milieu n'a pas su apprécier ou accepter certains aspects de notre personne, lorsqu'il souligne par des taquineries humiliantes nos tares apparentes, une malformation physique ou une insuffisance intellectuelle, il devient difficile d'aimer ces parties de nous-mêmes. Nous continuons à les déprécier et nous craignons sans cesse d'être rejetés, que ces handicaps soient réels ou imaginaires. Se forme alors un complexe d'infériorité, signe par excellence du manque d'estime de soi.

En effet, on ne compense pas toujours une infériorité ressentie en s'affirmant outre mesure. On peut très bien crouler sous le poids de la honte. On se replie alors sur soi-même, en disant qu'on mérite le triste sort qui nous est dévolu, que de toute façon la vie est souffrance et que c'est tout ce qu'il y a à espérer ici-bas. Une telle résignation conduit à une vie morne et à une haine de soi pouvant conduire jusqu'à l'autodestruction.

Cela se produit fréquemment lorsque les parents se montrent autoritaires en affirmant par leurs gestes et leurs comportements qu'ils ont toujours raison. Leurs enfants seront convaincus d'être sans valeur; ils tenteront de prouver à tout le monde qu'ils valent quelque chose en adoptant des comportements exagérés ou, au contraire, ils se réfugieront dans la médiocrité et le défaitisme. Ils seront de perpétuels enfants qui cherchent des modèles de perfection et qui s'accrochent aux personnes qui leur semblent puissantes. Ils ne feront jamais que nier leur pouvoir personnel en l'abandonnant à qui aura la sagacité de l'utiliser.

Pareils comportements engendrent ce qu'il est convenu d'appeler de la dépendance. Ces gens peuvent dépendre tout autant de leurs partenaires amoureux et de leur environnement familial que de la dernière mode affichée par une vedette des médias. C'est ainsi qu'ils tentent de réparer la blessure du passé et qu'ils font échec au rejet. À ce petit jeu, on devient rapidement conformiste en n'affichant aucune opinion qui pourrait déplaire à la majorité du groupe auquel on appartient. L'appartenance à une secte, à une bande de rue ou à un club social peut ainsi servir à nous donner une identité sur mesure lorsque nous n'osons pas assumer notre pouvoir individuel. Notre identité est alors prise en charge par une collectivité qui s'affirme à notre place.

Si, au contraire, les parents n'osent pas assumer leur autorité en imposant des limites, l'enfant risque de devenir tyrannique envers eux et mal adapté à la vie. Sans le savoir, ces parents livrent leur rejeton à la merci d'événements catastrophiques qui ne manqueront pas de lui prouver qu'il n'est pas omnipotent. Il risque fort de se résigner ou de s'effondrer dès les premiers échecs simplement parce qu'il n'a jamais appris à résister aux épreuves. Il pourra tenter de trouver refuge dans des rêveries illusoires sur son avenir et sa puissance, ou sombrer dans l'alcoolisme ou la drogue afin de rétablir pour un temps sa toute-puissance menacée. De tout temps, certaines substances ont servi de moyens pour rétablir ce sentiment vacillant de bien-être intérieur que la vie vient frustrer sans arrêt.

Comme on le constate, le passage de la toute-puissance fantasmée à une estime de soi équilibrée est délicat. Nombre d'événements peuvent survenir et faire qu'un être se réfugie dans un sentiment illusoire de supériorité ou dans la honte. En réalité, entre toute-puissance et dépression, la ligne est souvent mince. Mais à mesure qu'un être exerce ses talents et ose être lui-même, qu'il reçoit approbation et amour, un équilibre s'établit et une sécurité s'installe. L'important est d'instaurer une connexion avec les sources mêmes de la vie qui sont amour et qui n'ont certes pas l'aspect vengeur de la belle-mère de Blanche-Neige. Il s'agit de faire en sorte que la fleur que chacun porte en soi puisse s'épanouir.

Unœil, Deuxyeux, Troisyeux

Un conte recueilli par les frères Grimm permettra de mieux saisir sur le vif la dynamique psychique qui se met en place entre le moi et les complexes. Ce conte s'intitule *Unœil, Deuxyeux, Troisyeux*[12]. Non seulement l'héroïne n'y a pas de père, mais de plus elle est affligée d'une mère cruelle. Le problème central élaboré dans ce conte concerne justement le manque d'estime de soi. Comme nous venons de le voir, il s'agit d'un problème crucial pour les êtres dont le développement n'a pas été encouragé. Le moi conscient demeure alors faible et mal affirmé.

La mère dévorante vit avec ses trois filles dont une seule est normale. La première a un œil, la deuxième a deux yeux et la troisième a trois yeux. Pour cette raison, on les prénomme: Unœil, Deuxyeux, Troisyeux. La mère et les sœurs traitent Deuxyeux comme une véritable bonne à rien. Celle-ci s'occupe des corvées et du ménage, et c'est elle qu'on envoie aux champs pour garder la petite chèvre.

Pour interpréter cette histoire sur le plan psychologique, nous devons imaginer qu'il s'agit d'un drame où tous les personnages mettent en images ce qui se déroule à l'intérieur de l'héroïne Deuxyeux. Les événements arrivent pour ainsi dire à son moi en pleine transformation. Deuxyeux représente une femme dont le moi n'arrive pas à trouver assez de force pour s'affirmer. Les complexes enlèvent tout pouvoir au moi, le jalousent et l'envient. Ces complexes psychologiques sont figurés dans le récit par Unœil, Troisyeux et la mère, qui reflètent toutes les trois des dimensions intérieures de Deuxyeux. La mère représente le complexe maternel négatif. Les deux sœurs représentent des sous-personnalités de Deuxyeux qui prennent le dessus sur sa personnalité consciente.

Si nous avons un seul œil, notre vue s'en trouve réduite. Sur le plan psychologique, nous pourrions dire que cela trahit une attitude unilatérale, une visions à œillères, qui se manifeste par une rigidité d'opinion. Unœil représente cette attitude: elle manque de perspective. Elle ne voit qu'un seul côté de la médaille. Elle alimente son point de vue rigide avec une passion obscure et démesurée, digne du cyclope qui lui aussi n'a qu'un œil au milieu du front. Unœil pourra même nourrir des pensées méchantes et nuisibles à l'égard de ceux qui s'opposent à elle.

Troisyeux, l'autre sœur, représente au contraire une attitude d'hypervigilance. Quand on a trois yeux, il y a toujours un œil qui ne dort pas. Troisyeux symbolise un souci permanent par rapport à soi-même. Un tel être se surveille sans arrêt et doute constamment de lui-même. La personne qui n'a pas développé un moi fort en raison de complexes parentaux négatifs masque sa faiblesse en affichant des opinions catégoriques et en exerçant une vigilance pointilleuse à l'égard de sa personne. Ce comportement a pour but de se protéger contre les jugements éventuels provenant de l'extérieur.

Dans les contes de fées, la pauvreté de l'héroïne symbolise un moi qui manque de force. Le moi faible y est souvent représenté sous les traits de la petite servante qu'on relègue à des tâches exclusivement secondaires. *Cendrillon* en demeure l'exemple par excellence. Dans cette fable-ci, le moi affaibli a cependant un atout: il a gardé un rapport sain avec la nature instinctive figurée par la petite chèvre que Deuxyeux mène brouter chaque jour.

Un jour où elle est aux champs, Deuxyeux se plaint à voix haute de son malheur, car on ne lui a donné qu'un petit quignon de pain pour se rassasier. Elle s'assoit et se met à pleurer sur son pauvre sort. Alors une fée apparaît et lui montre une formule magique lui permettant de faire apparaître un repas à son gré, de manger à satiété et ensuite, à l'aide de cette même formule, de faire disparaître ce repas. La formule commence avec le nom de la chèvre «Méhéhé la Biquette, etc.», preuve s'il en est du rapport entre la nourriture et la nature instinctive.

Comme Deuxyeux dédaigne maintenant le morceau de pain qu'on lui donne à la maison, sa mère et ses sœurs finissent par se douter qu'il y a anguille sous roche. Alors les sœurs l'accompagnent aux champs tour à tour et bientôt Troisyeux, qui ne dort jamais, découvre le stratagème. La mère décide alors de tuer la petite chèvre pour que sa fille n'aille plus aux champs. Elles la mangent toutes les trois alors que Deuxyeux reste à l'écart. L'aspect cruel et démoniaque des complexes de l'héroïne éclate ici au grand jour.

Le pouvoir des complexes négatifs chez une personne qui manque d'amour-propre est tel qu'il détruit tout ce qui la réconforte. Aussitôt que la personne trouve quelque chose ou quelqu'un qui est bon pour elle, les complexes s'en mêlent et font naître des doutes qui réduisent à néant l'espoir de s'en sortir de cette façon.

La bonne fée apparaît de nouveau à Deuxyeux et lui dit de réclamer les entrailles de l'animal, ces déchets qu'on ne mange pas. Elle lui ordonne ensuite de les planter dans la terre et, de ce germe, naît un arbre qui produit des pommes d'or auxquelles seule l'héroïne a accès. Par la suite, un beau prince remarque ce pommier, en réclame la propriétaire et lui offre tout ce qu'elle désire. Deuxyeux lui dit alors qu'elle veut simplement l'accompagner dans son royaume. Elle devient sa femme et plus tard, bonne reine, elle accueille sa mère et ses deux sœurs qui sont tombées dans la pauvreté la plus sordide. Cette pauvreté signifie que les complexes ont perdu leur pouvoir. Ils n'ont plus la capacité de nuire au développement du moi.

Le thème des entrailles qu'on plante dans la terre présente aussi un intérêt psychologique. Dans ce conte, la solution pour le moi se trouve dans les déchets rejetés. On doit les enterrer pour les laisser croître. Ainsi on leur donne de la valeur. Cela signifie qu'il est souhaitable de rester en contact avec notre «merde» intérieure pour réaliser l'œuvre d'intégration de soi. Cette «merde» est constituée de ce que l'environnement familial négatif a rejeté, parce qu'il ne pouvait pas le digérer. Il en naît un pommier aux fruits d'or, ce qui montre combien le rapport avec la nature et son cycle est fécond. On remarquera d'ailleurs que dans ce conte, comme dans *La jeune fille sans mains* que nous analyserons plus tard, la nature et ses rythmes sont grandement valorisés. C'est comme si la rupture du patriarcat avec l'environnement naturel constituait une perte notoire.

Dans ce conte, l'héroïne n'a pas grand-chose à faire pour appeler la transformation. Il ne s'agit pas de travailler, il s'agit de *porter attention* au processus naturel. La bonne fée qui représente le complexe maternel positif intervient les deux fois où la jeune fille pleure. La première fois, lorsqu'elle meurt de faim, et la deuxième, lorsqu'on tue sa chèvre. On nous suggère aussi que reconnaître sa souffrance et l'exprimer ouvertement en s'abandonnant au mystère des profondeurs constituent le point de départ du processus créateur qui guérira la blessure de l'enfance. La demande d'aide du moi qui reconnaît sa propre désuétude constitue toujours un élément décisif dans une situation de malheur psychologique. Il faut reconnaître sa souffrance pour que quelque chose puisse changer.

On vient de voir dans ce conte à quel point les complexes négatifs sont actifs et nuisent au développement de la personnalité. Je voudrais cependant faire une dernière remarque: il est surprenant de constater que, dans les contes où des femmes sont les héros, il leur suffit parfois de devenir de simples témoins de l'impasse pour que le développement puisse reprendre son cours. Dans les contes masculins au contraire, les héros doivent souvent aller par monts et par vaux pour finalement trouver le trésor. Cela exprime peut-être une différence essentielle entre la psychologie de l'homme et la psychologie de la femme et nous amène à parler de l'identité sexuelle. Car il n'y a pas que l'amour de soi, il y a l'amour de l'autre que soi!

Identité et différence sexuelle

L'IDENTITÉ SEXUELLE EST UNE CONSTRUCTION PSYCHOLOGIQUE

Le rapprochement avec autrui à travers l'amour et la sexualité constitue la seconde balise de notre identité psychologique. Que nous le voulions ou non, chaque fois que nous disons *je,* c'est un homme ou une femme qui parle. Nous naissons tous et toutes dans un corps masculin ou féminin. Chez l'être humain, cependant, si le genre sexuel est déterminé génétiquement comme chez l'animal, l'identité sexuelle n'est pas fixée de façon aussi rigide, ce qui permet une expression beaucoup plus étendue de la sexualité. L'activité sexuelle peut même se démarquer du déterminisme génétique primaire, comme dans l'homosexualité. Autrement dit, chez l'être humain, l'identité sexuelle psychique est différente de l'identité sexuelle biologique. Là comme ailleurs, la culture influence si fortement la nature que les effets de l'une et de l'autre sont difficiles à distinguer.

Nous pouvons considérer l'identité sexuelle comme une construction culturelle établie à partir d'une donnée de la nature, à savoir le sexe biologique[13]. Cette conception de l'identité sexuelle offre le grand avantage de nous épargner des débats stériles sur certains types de sexualité considérés comme n'étant pas «naturels». Dans cette optique, tous les types de sexualité humaine sont, en partie du moins, influencés par la culture, et aucun n'est dit purement naturel, ou bien ils le sont tous si nous admettons que rien n'échappe à la nature.

En 1948, le rapport Kinsey[14] proposait déjà une échelle d'évaluation de l'orientation sexuelle qui comportait six degrés plutôt que seulement deux. À une extrémité de l'échelle, le chercheur situait les homosexuels purs et à l'autre, les hétérosexuels purs. D'après son enquête, seulement 10 p. 100 de la population se situait dans chacune de ces catégories extrêmes. Par exemple, la majorité des hommes oscillaient entre l'homosexualité et l'hétérosexualité à des degrés divers. L'enquête révélait également que le tiers des hommes avaient eu une relation homosexuelle complète avec orgasme peu après l'âge de la puberté. Bref, la notion d'identité sexuelle n'était pas aussi claire que le laissent habituellement entendre les conversations de gymnase et de salon.

Malgré nos résistances morales ou religieuses, ou tout simplement notre propre orientation sexuelle, nous nous devons, sur le seul plan psychologique, de considérer l'identité sexuelle comme quelque chose de flexible. Il s'agit en quelque sorte d'un échafaudage où se mêlent des éléments pulsionnels, psychologiques, voire même politiques et idéologiques. Par exemple, une déception amoureuse ou une longue période de proximité avec des gens de même sexe que soi peut très bien entraîner un changement de cap de l'hétérosexualité vers l'homosexualité, ou vice versa. Dans les cultures de l'Afrique du Nord, où les hommes vivent longtemps ensemble, un homme peut très bien faire l'amour avec un autre homme sans penser qu'il est homosexuel pour autant.

On ne réalise pas à quel point notre culture et nos blessures psychologiques influencent notre façon même de regarder un pénis, une vulve, des seins, ainsi que notre manière de faire l'amour. La sexualité exprime notre être entier, y compris notre histoire psychologique. Je peux être très centré sur mon propre plaisir si je suis fragile sur le plan de l'amour-propre ou, au contraire, j'accorderai plus d'attention à mon partenaire si je me sens en confiance.

À QUOI SERT LE PARENT DE MÊME SEXE QUE SOI?

L'élaboration de notre sexualité confère d'emblée des rôles différents à chacun de nos parents selon leur sexe. De façon générale, le parent de même sexe que soi est celui qui joue le rôle le plus important dans la construction de notre identité sexuelle. Le parent de sexe opposé nous permet, quant à lui, de nous différencier sexuellement. À travers leurs yeux, nous apprendrons que nous sommes homme ou femme[15].

L'enfant se reconnaît d'emblée dans le parent du même sexe que lui. C'est le parent auquel il est semblable, pareil, identique. C'est ce parent-là qu'il voudra imiter. Il le prendra pour modèle. La pierre angulaire de l'identité sexuelle se situe donc dans le rapport au père pour le garçon et dans le rapport à la mère pour la fille. On voit tout de suite les complications qu'entraîne une telle loi psychologique.

Si le parent de même sexe est absent ou s'il rejette l'enfant, s'il ne renvoie pas à l'enfant un miroir positif de son propre sexe, le petit garçon ou la petite fille ne parviendra pas à assumer le fait d'être homme ou femme. Lorsqu'un enfant n'est pas confirmé dans son identité sexuelle par le parent du même sexe et que ce manque n'est pas compensé par une autre présence maternelle ou paternelle, il y a un risque élevé qu'il en vienne à se détester et à avoir honte de lui-même et de son propre sexe. À cause de ce manque d'amour de soi, il éprouvera une constante difficulté à reconnaître ce qui est bon pour lui dans la vie.

À cet égard il faut éviter de s'enfermer dans la vision psychologique réductrice qui exige la présence obligatoire du père ou de la mère naturels auprès de l'enfant. Certes, les enfants ont besoin de maternage et de *paternage*[16], ils ont besoin de la présence d'hommes et de femmes qui les traitent paternellement et maternellement pour modeler leur identité. Le besoin d'être en rapport avec des éléments féminins et masculins doit être satisfait. Cependant, le véritable père de l'enfant et sa véritable mère ne sont pas obligatoirement son géniteur et sa génitrice, mais celui et celle qui en prennent soin.

À QUOI SERT LE PARENT DE SEXE OPPOSÉ?

Le parent de sexe opposé nous fait prendre conscience de la réalité sexuelle en révélant par sa simple présence notre différence fondamentale. C'est pour cela que, la plupart du temps, les premières fantaisies érotiques ou les petites histoires d'amour ont pour trame de fond le rapport avec le père chez les filles et le rapport avec la mère chez les garçons. À trois ou quatre ans, presque tous les petits garçons veulent épouser leur maman, et les petites filles veulent épouser leur papa.

Pour avoir une idée plus précise de l'influence que l'on peut attribuer au genre de chaque parent, il suffit de comparer les types de blessures qui affectent les hommes et les femmes. Dans les cas de personnes issues de familles traditionnelles où la mère est présente et le père relativement absent, les garçons souffrent d'une blessure d'identité en raison du manque de modèle masculin, mais leurs rapports avec les femmes ont été facilités par la présence attentive de la mère. En caricaturant, nous pourrions affirmer que les garçons sont convaincus qu'il y aura toujours une femme pour eux quelque part dans le monde; par contre, dans leurs relations avec les hommes, ils manifestent beaucoup de méfiance.

Chez les filles, c'est l'inverse. La blessure laissée par le père est une blessure relationnelle, affective. Elles ne sont pas certaines qu'il y a vraiment un homme pour elles dans l'univers, et sa recherche devient primordiale. Cette conviction les entraînera parfois à tolérer des situations intimes inacceptables tellement elles sont sûres qu'elles ne trouveront jamais d'autre partenaire. Par contre, les filles peuvent compter sur la présence des copines. La complicité maternelle a facilité le rapport avec les autres femmes. Cependant, lorsque le rapport avec la mère n'a pas été bon, les liens d'amitié entre femmes se noueront difficilement. Malgré le manque de soutien paternel, certaines femmes se sentent alors plus à l'aise en compagnie des hommes.

L'ÉPREUVE DE LA DIFFÉRENCIATION SEXUELLE

La différenciation sexuelle est nécessaire parce qu'elle procure l'éveil de soi, mais elle représente une épreuve. Comme je le disais plus tôt, l'enfant vit en unité profonde avec l'univers qui l'entoure, joyeusement, douloureusement, et surtout inconsciemment. Pour sortir de cette inconscience, la différenciation entre lui et le monde doit s'effectuer. La différence indéniable et primordiale qu'il devra affronter, parce qu'elle est d'une évidence criante, est celle qui existe entre les mâles et les femelles. Cette expérience permettra par la suite à l'enfant de retourner au monde de l'unité, mais cette fois avec la conscience de sa différence.

Dans un premier temps, bien qu'il soit fasciné par la différence sexuelle, l'enfant aura tendance à résister de toutes ses forces. En effet, la prise de conscience de l'existence des deux sexes constitue une épreuve fondamentale pour le sentiment de toute-puissance du petit garçon ou de la petite fille. Prendre conscience de n'être à jamais qu'un homme ou qu'une femme le confronte au fait de ne pas être complet, donc d'être imparfait. Cette entrée dans le monde de l'interdépendance et de la complémentarité ne s'accepte pas d'emblée.

À partir de ce moment, l'enfant s'activera à se prouver qu'il est un garçon et pas une fille, ou vice versa. Il essaiera de prouver que son sexe est supérieur à l'autre en force, en intelligence, en finesse, afin de maintenir intacte une partie de son fantasme de puissance, ébranlé par la découverte de la différence sexuelle. Il se collera alors au parent de même sexe pour se rassurer, le plus souvent en l'imitant. Et quoi de mieux pour affirmer sa ressemblance au parent de même sexe et sa différence avec le parent de sexe opposé que de jouer aux rôles domestiques et sociaux qu'ils remplissent?

Cela revient-il à dire que les parents devraient observer une stricte division des rôles à la maison pour aider l'enfant dans sa phase de différenciation? Absolument pas. Par contre, il importe de respecter les comportements naturellement différents du père et de la mère. Par exemple, les pères ne changent pas les couches de la même façon que les mères, et les enfants perçoivent ces différences, si minimes soient-elles. À l'âge de la différenciation, l'enfant fait tout pour ressembler au parent du même sexe et pour se rassurer. Il est à l'affût des différences qui lui paraîtront assez solides pour y accrocher son identité sexuelle. Il a besoin d'agir ainsi pour s'inventer homme ou femme.

Une bonne différenciation sexuelle sert de base à la reconnaissance ultérieure des similarités profondes entre les sexes. Plus un être se sent sécurisé dans le sentiment d'appartenance à son propre sexe, plus il est en mesure d'affronter les différences sans se sentir menacé. L'homme confiant en sa virilité accepte l'idée qu'il possède des qualités soi-disant féminines, comme la femme admet qu'elle porte des éléments masculins en elle. Si la différenciation n'a pas été proprement établie, un individu risque de passer sa vie à prouver qu'il est différent du sexe opposé en exprimant sa différence par un comportement ultraféminin ou ultra-masculin.

En guise de remerciements pour une conférence que je venais de donner, un professeur d'université me remit un jour un poème où il était question de ses vieux jours. Il y disait combien il prendrait alors plaisir à porter un anneau à l'oreille sans avoir crainte de passer pour *gay*. Ce geste lui paraissait impensable pour un professeur en pleine carrière; il aurait pu nuire dangereusement à son image publique. C'eût été trahir sa grande sensibilité et se retrancher du groupe des hommes.

Lorsqu'un homme est bien dans sa peau, quand il a été reconnu comme tel par suffisamment d'hommes qui avaient de l'importance à ses yeux, il peut avoir l'audace d'exprimer sa sensibilité sans se sentir menacé. Il peut même relâcher sa rigidité et afficher des goûts ou des comportements considérés comme féminins dans sa culture d'origine.

La différenciation sexuelle crée une collision avec l'incomplétude de base. Elle fait ressortir le fait qu'il nous manque irrémédiablement quelque chose. La réalité de ce manque suscite chez l'être humain le désir de complétude et le lance à la poursuite de sa partie manquante dans l'aventure de l'amour romantique. Ce faisant, l'individu remplace pour ainsi dire son fantasme d'être l'univers à lui tout seul par celui d'être tout à deux!

L'animus et l'anima

LA DOUCE MOITIÉ

Nous avons parlé jusqu'ici de soi et de l'autre que soi. Parlons maintenant de l'autre en soi.

Est-ce vraiment la blessure narcissique causée par le fait de n'être à jamais qu'un homme ou qu'une femme qui nous pousse à vouloir être ensemble malgré les différences et les difficultés? Le fait de vouloir être tout à deux explique-t-il pourquoi le couple nous semble si naturel? Est-ce pour cela que nous regardons chaque homme et chaque femme en nous demandant secrètement: «Est-ce que c'est bien lui qui m'est destiné? Est-ce bien elle?» Ce serait là une vision très réductrice de l'existence.

En réalité, *Elle* et *Lui* ne sont pas seuls sur le canapé du salon. Ils ont des compagnons intérieurs qui mènent le bal des attirances et des répulsions à leur insu. Il s'agit de *l'animus* et de *l'anima*. Dès la puberté, un archétype s'active en nous qui nous incite à nous séparer de nos parents et à poursuivre notre vie psychologique en toute autonomie. La preuve en est que chaque être humain porte en lui une représentation plus ou moins claire du partenaire idéal. Cette image le fait rêver, fantasmer et courir après l'amour pour former un couple.

Il y a une disposition innée dans l'inconscient à produire une telle représentation. Comme je le disais précédemment, Jung a donné le nom d'archétype à de telles tendances universelles. Dans le cas particulier qui nous occupe, il a donné le nom d'archétype de l'anima à la représentation fantasmée du féminin chez l'homme et d'archétype de l'animus à celle du masculin chez la femme[17].

C'est en observant les rêves d'un grand nombre d'hommes et de femmes que le psychanalyste suisse en est venu à de telles conclusions. Il a constaté que les hommes rêvaient souvent à des femmes mystérieuses et inconnues qui les fascinaient et qui leur inspiraient du respect. Les femmes, de leur côté, rêvaient fréquemment à des groupes d'hommes qui exerçaient la même fascination sur elles. Jung en est venu à la conclusion que notre contrepartie sexuelle, celle qui a été réprimée en raison de notre genre sexuel manifeste, continuait de vivre en nous sous les traits d'une personne de sexe opposé.

Il s'agit là de notre véritable *douce moitié,* partie intégrante de notre personnalité intérieure; comme nous ne la connaissons pas, nous la cherchons à l'extérieur de nous. Nous appelons de tous nos vœux cette âme sœur ou cette âme frère. Cet appel est à la base de tout le jeu des attentes et des malentendus qui se forment en amour, car nous désirons ardemment que nos partenaires se plient à notre image idéale.

Tout se passe comme si *l'animus* et *l'anima* nous lançaient dans l'aventure de l'amour, bien qu'ils aient pour véritable fonction d'être reconnus comme des dimensions intérieures de nous-mêmes. En réalité, nos partenaires ne sauront jamais incarner cette part manquante. Voilà ce que les échecs amoureux nous font découvrir progressivement. Lorsque nous exigeons de nos partenaires qu'ils changent, nous leur demandons en réalité d'incarner fidèlement notre *animus* ou notre *anima.* Ce qui, bien entendu, leur est impossible.

En réalité, l'animus et l'anima invitent tout aussi bien à l'aventure sentimentale extérieure qu'à l'aventure créatrice intérieure. Dans les premières années de la vie, alors que nous cherchons à connaître l'amour et à fonder une famille, ils nous tirent hors du giron familial pour nous amener à créer une nouvelle unité familiale. À partir de l'âge mûr, ils nous invitent à nous pencher vers l'intérieur pour répondre aux dimensions les plus profondes de notre inconscient, qui veulent s'épanouir autrement qu'au moyen du couple, du travail et des enfants.

À QUI RESSEMBLENT L'ANIMUS ET L'ANIMA?

Si le parent de même sexe que soi influence fortement la façon dont on se comportera en tant qu'homme ou en tant que femme, l'image de l'homme ou de la femme que l'on porte en soi sera marquée en retour par la personnalité du parent de sexe opposé, tout simplement parce qu'il s'agit du premier homme et de la première femme que l'on a connus intimement. C'est d'ailleurs parce que l'animus et l'anima sont influencés dans leur formation par les figures parentales que l'on devient souvent amoureux de quelqu'un dont les traits de caractère évoquent ceux de notre père ou de notre mère.

L'animus et l'anima représentent l'archétype fondamental de la vie qui nous appelle à évoluer loin de nos parents, mais l'élan amoureux qu'ils inspirent peut demeurer prisonnier de complexes parentaux puissants et négatifs. Ces complexes inhibent alors la pulsion d'autonomie du jeune homme ou de la jeune femme. Le thème de l'inhibition est d'ailleurs souvent exploité dans les contes de fées, où l'on voit une jeune fille emprisonnée dans la tour du château de son père. Symboliquement, le chevalier qui vient la délivrer représente aussi bien l'animus de la jeune fille qui s'éveille que l'amour qui l'amène à quitter le milieu parental.

Lorsque la pulsion d'autonomie n'arrive pas à faire son chemin en raison de complexes parentaux qui inhibent le moi, l'animus et l'anima se changent en leur contraire. Alors la capacité de la femme à prendre des initiatives devient attente passive. Si la situation perdure, son animus, comme enfermé en cage, s'énerve ou s'aigrit.

Si l'animus représente la capacité de la femme à prendre des initiatives, l'anima pour sa part représente la capacité de l'homme à aimer. Lorsque l'homme n'exprime pas suffisamment sa sensibilité, celle-ci réclame en quelque sorte son dû en se faisant capricieuse et tumultueuse. L'homme aura alors l'impression d'être victime d'humeurs irrationnelles qui risquent de le mener à la dépression ou au désespoir sans qu'il oppose de résistance.

Lorsque l'animus et l'anima sont prisonniers des complexes parentaux, ils se retrouvent immanquablement projetés sur des figures qui ressemblent aux parents. C'est comme si la nature nous obligeait alors à régler ce problème pour dégager notre créativité et poursuivre notre développement.

Dans la vie de tous les jours, rares sont les êtres dont l'animus et l'anima sont parfaitement dégagés des complexes parentaux. La plupart en sont au stade où leur créativité est encore prisonnière du complexe paternel ou maternel. Ces êtres auront tendance à reproduire dans leurs rapports amoureux le drame de l'enfance. Et cela durera tant que ce drame n'aura pas eu de dénouement. En ce sens, la vie est parfaite puisqu'elle nous ressert toujours le même plat jusqu'à ce que nous prenions conscience de ce que nous sommes en train de manger.

L'ASPECT COLLECTIF DE L'ARCHÉTYPE

Sur un plan plus large, l'animus et l'anima ne sont pas marqués uniquement par le père personnel ou la mère personnelle. La façon dont on a été homme ou femme depuis le début des temps a aussi sa part d'influence. Une couche de notre inconscient possède une dimension collective qui sert d'assise à l'inconscient personnel. Cet inconscient collectif se manifeste en nous par des réactions typiques aux hommes ou aux femmes de notre culture, de notre race et de l'espèce humaine en général. Par exemple, personne n'a à nous enseigner comment avoir de la peine ou devenir amoureux; pourtant, nos comportements en ces domaines obéissent souvent à des schémas prédéterminés. De même, l'inconscient collectif influence nos façons de concevoir et de nous représenter le sexe opposé.

D'une façon générale, l'*animus* représente les valeurs positives telles que le courage, l'initiative, la fermeté, l'action, le verbe et la spiritualité; ses représentations sont l'homme de courage et d'action, l'artiste, le leader au verbe charismatique ou le maître spirituel. Ce sont ces qualités que les femmes ont tendance à rechercher chez les hommes. L'*anima* incarne les sentiments, les humeurs vagues, les intuitions, la capacité d'amour de soi, l'instinct naturel et les relations avec l'inconscient[18]. Elle apparaît dans la culture sous les traits de la femme évanescente et mystérieuse, de la terrienne sensuelle et sexuelle, de la femme poétique et cultivée, de l'initiatrice spirituelle ou de la prêtresse. Ce sont là également les types de femmes que les hommes recherchent.

Jung a noté que, chez l'homme qui s'identifie fortement à sa raison et qui ne respecte pas ses besoins relationnels, l'anima s'exprime sous la forme d'humeurs incontrôlables et irrationnelles. Cette véritable *possession* par des humeurs irréfléchies, dans le sens d'être *possédé* par un esprit, persistera tant que l'individu n'aura pas établi un rapport conscient avec sa féminité intérieure. Ce type d'homme est également sujet aux «coups de foudre», moments où il reconnaît inconsciemment une partie de lui-même dans une autre personne.

Autrement dit, la sensibilité inconsciente a le pouvoir de s'emparer de cet homme parce qu'il ne lui accorde pas suffisamment de place dans sa vie consciente. À son insu, un féminin caricatural le tient constamment sous son emprise. Quand un homme a la grippe, par exemple, et qu'il se plaint comme s'il allait mourir, ou quand il déclare un amour fou à une femme qu'il vient tout juste de rencontrer, il agit sous l'influence de son anima. Il sera d'autant plus sensible à cette influence qu'il n'aura pas su respecter sa vie intérieure et sentimentale. C'est le truc que l'inconscient a trouvé pour l'amener à rencontrer sa sensibilité intérieure.

La même loi se vérifie chez la femme identifiée à la féminité traditionnelle. Celle-ci exprimera des opinions indéfendables sur le plan de la raison, sans se soucier d'apporter des preuves pour soutenir ses dires. Elle *sait,* et cela devrait suffire. Il s'agit là d'une attaque de son animus comparable à l'attaque de l'anima chez l'homme. Elle ne pourra se débarrasser de ce «monsieur» en elle qui prétend tout savoir que le jour où elle lui aura donné l'occasion de confronter ouvertement ses opinions avec la réalité commune et objective.

Il est intéressant de noter aussi que dans les rêves, l'animus se présente souvent sous les traits de groupes d'hommes ou d'enfants, d'assemblées de juges, de professeurs, etc., alors que l'anima s'incarne sous les traits d'une femme mystérieuse et singulière. Jung en concluait que l'homme cherche *la* femme à travers toutes les femmes, alors que la femme cherche *tous* les hommes chez un seul homme. Cela expliquerait pourquoi les femmes sont en général plus fidèles que les hommes. La femme aurait tendance à avoir peur *des* hommes qu'elle associe à un groupe indifférencié alors qu'elle se sent rassurée en la présence d'un seul homme; à l'opposé, l'homme aurait peur de l'intimité avec *une* femme, mais ne craindrait pas les femmes dans leur ensemble.

LA FEMME DANS L'HOMME, L'HOMME DANS LA FEMME

Afin d'éviter toute confusion, j'aimerais profiter de cet exposé sur l'animus et l'anima pour préciser certains termes. Lorsque je parle du *féminin* en général, j'entends par là les valeurs féminines présentes aussi bien dans l'homme que dans la femme et dans la société. La même remarque vaut pour l'emploi du terme *masculin;* il renvoie aux valeurs masculines présentes chez *Elle* comme chez *Lui*. Pour parler de la réceptivité féminine chez l'homme, j'emploie le terme *anima*; pour parler de l'énergie masculine chez la femme, j'emploie le terme *animus*.

Je voudrais dire aussi que la théorie de Jung a donné lieu à de nombreux abus. En effet, le *féminin* et le *masculin* que l'on entrevoit lorsqu'on parle de l'*animus* ou de l'*anima* prennent toujours une connotation typée et conventionnelle. Pourtant, ces concepts ont plus de substance. Pour Jung, l'animus et l'anima sont des représentations psychiques qui s'élaborent en compensation de l'attitude consciente extérieure. Un exemple nous le fera rapidement comprendre.

Dans le livre de Chrétien de Troyes, *Perceval ou le conte du Graal,* la femme du héros, Perceval, s'appelle Blanchefleur. Cette dernière incarne la figure féminine sur laquelle le héros a projeté son anima. On peut en déduire que la féminité intérieure de Perceval porte des traits d'innocence, de naïveté et de délicatesse, comme le nom Blanchefleur le suggère. En effet, Perceval est un chevalier gallois qui ne fait pas dans la dentelle. Son courage, sa force, mais aussi sa violence et sa brutalité le rendent redoutable. Voilà pourquoi son anima est si délicate. Elle vient compenser ce qui manque à l'attitude consciente pour être complète. Pour Jung, cette loi de compensation est universelle. Ainsi, Hitler avait des visions de la Vierge Marie, et les gros machos apprécient les minettes.

Cette conception est mieux ajustée à la réalité psychique et nous permet de sortir des stéréotypes. Elle aide à comprendre qu'un garçon doux cache en lui une image d'âme tranchante, peut-être même brutale. On ne doit pas s'étonner qu'il ait choisi une femme catégorique comme partenaire. La même chose vaut pour une fille très rigide; elle pourra fort bien éprouver de l'amour pour un garçon doux puisqu'il représente l'image de son âme, à savoir les qualités qu'elle a besoin d'intégrer pour être davantage elle-même. La projection à l'extérieur d'une part si intime de soi explique en grande partie la profondeur de nos attachements et les complications inévitables qui en résultent. Nous avons souvent besoin que l'autre se plie à notre âme inconsciente. Bon nombre de querelles et de ruptures surviennent lorsque notre partenaire ne répond plus à notre image intérieure d'homme ou de femme.

La loi de compensation entre l'image de l'âme et la personnalité extérieure, ce que Jung appelle la *persona*[19], incite donc à la prudence; ainsi, lorsque nous parlons du *féminin dans l'homme* et du *masculin dans la femme,* nous devons être conscients que ces concepts varient passablement d'une culture à l'autre et d'un individu à l'autre. On peut bien entendu parler de tendances psychologiques générales, comme celles qui veulent qu'un homme soit plus éloigné de ses sentiments et qu'une femme possède un sens de l'action et du but moins aiguisé; cependant, il faut être bien conscient que les exceptions à ces règles sont loin d'être rares. En effet, nombre de femmes ne sont pas très habiles à exprimer leurs véritables émotions dans le cadre d'une relation amoureuse, et bien des hommes n'ont pas un sens très développé de l'initiative. Il n'est pas juste non plus de dire que nous ne recherchons que le parent de sexe opposé sous le couvert de nos relations amoureuses. Un homme peut très bien se retrouver avec une femme qui incarne les traits de son propre père, et une femme peut aimer un homme qui ressemble à sa propre mère.

En résumé, l'*anima* est cette énergie en l'homme qui inspire le besoin d'aimer et d'être aimé, de prendre soin des autres et d'être apprécié. Elle est cette capacité d'amour et d'accueil, de tolérance au-delà de la raison et de compassion infinie. Pervertie, elle devient dépendance, soumission, servitude, esclavage et masochisme. Rejetée, elle se fait froideur, agressivité, dureté. *L'anima,* c'est ce qui pousse un homme à rechercher inconsciemment des partenaires qui incarnent l'un ou l'autre de ces aspects lui permettant la découverte de lui-même.

L'*animus* est cette énergie qui a besoin de s'accomplir en transformant la matière au gré de sa volonté. Il est cette puissance d'action, de mouvement, d'impulsion. Perverti, il devient frénésie maniaque, autoritarisme, dictature, sadisme. Rejeté, il se fait mollesse, manque de rigueur, autodestruction. La femme aura elle aussi tendance à rechercher des partenaires qui incarnent ces dimensions inconscientes d'elle-même pour apprendre à se connaître.

Le *féminin* et le *masculin* conjugués en chaque être forment ce miracle merveilleux et inexplicable qu'est l'être humain, ils lui permettent l'expérience de l'amour sous toutes ses formes, des plus sordides aux plus sublimes, dont aucune ne fait frémir la vie.

Triangle familial ou triangle infernal?

LE PAYSAGE FAMILIAL

Avant de poursuivre et d'entrer encore plus profondément dans les relations parents-enfants, il nous faut maintenant relativiser l'influence des parents et montrer qu'ils sont rarement seuls en cause dans les déboires des enfants.

La réalité psychologique de l'enfant ne se situe pas dans un axe pères-filles ou mères-fils. Elle se situe plutôt dans un triangle père-mère-enfant. En effet, l'enfant participe de tout son être à la relation conjugale et il est très important qu'il en soit ainsi, car à trois, il y a déjà une minisociété.

L'enfant vit à ce point en symbiose avec le couple parental qu'il peut très bien en arriver à penser qu'il est responsable par ses actions de la séparation de ses parents ou de l'harmonie de leur couple. L'enfant tient à l'unité du couple parental parce qu'elle symbolise pour lui la complémentarité des opposés qui assure l'équilibre du monde. C'est pour cela que les enfants du divorce gardent longtemps le fantasme de réunir à nouveau leurs parents et qu'ils éprouvent une grande satisfaction quand ils réussissent à le faire temporairement, que ce soit à l'occasion d'un événement heureux comme un anniversaire, ou malheureux comme un accident.

De plus, ce triangle apparaît lui-même comme une division artificielle des relations qui s'établissent dans la réalité familiale. En effet, l'enfant ne se situe pas dans un simple triangle, mais dans un système familial auquel participent tout autant les frères et les sœurs. Même des proches parents comme un grand-père, une grand-mère ou toute autre personne qui occupe de l'espace sur le territoire familial peuvent devenir psychologiquement importants pour l'enfant. Autrement dit, les frontières de la réalité psychologique de l'enfant sont très poreuses.

Si on invite un enfant à dessiner un *paysage familial,* en lui proposant de symboliser chaque personne sous la forme d'un objet et de représenter également les relations entre les différents personnages, on verra alors combien les frontières de la réalité psychologique de l'enfant sont floues. S'il est clair que le père et la mère occupent toujours des positions centrales dans de tels paysages, on se rend vite compte que la notion de père ou de mère ne se limite pas au père ou à la mère biologique. Tout naturellement, l'enfant inclut un père de substitution ou une mère de remplacement en lui accordant la même importance qu'à un parent biologique.

Il s'ensuit que toutes les figures qui ont participé de près ou de loin au paternage ou au maternage de l'enfant sont associées à la formation des complexes parentaux. Un grand-père chaleureux peut compenser la figure d'un père froid, et ainsi rééquilibrer la charge émotionnelle du complexe paternel.

En fait, l'enfant s'accommode très bien d'une mixité d'influences à condition qu'il sache qui est responsable en premier lieu des relations qu'on établit avec lui. Le drame de plusieurs enfants contemporains se situe là. Les enfants d'aujourd'hui manquent de points de repère. Lorsque les deux parents travaillent dur, ils ne passent pas assez de temps avec eux. Les enfants grandissent dans une sorte de vide psychologique, et les images parentales positives n'ont jamais l'occasion de prendre forme. Leur identité masculine ou féminine demeure indéfinie. La confiance en soi et la force d'affirmation de l'enfant s'en ressentent.

Plus on travaille avec des jeunes, plus on se rend compte qu'une nounou, un gardien, une gardienne, ou même des voisins, occupent une place prédominante dans le paysage familial. Cela vaut certainement mieux que le vide total. Certains enfants n'ont que les modèles télévisuels pour apprendre à se développer et leurs parents ne passent pas suffisamment de temps en leur compagnie pour leur permettre d'humaniser ces modèles stéréotypés.

Dans ces conditions, l'aventure familiale risque facilement de tourner à la catastrophe en ce qui a trait à la construction de l'identité de l'enfant. Le triangle familial peut se transformer en triangle infernal. Le mot *enfer* voisine d'ailleurs le mot *enfermement*. Une enfance meurtrie aboutit presque immanquablement au repli sur soi. Des croyances négatives sur ses propres capacités isolent le moi dans la morosité et l'empêchent de s'extérioriser.

Lorsqu'on possède une identité saine, on est capable d'avoir confiance en soi, de faire des choix, de satisfaire ses goûts et ses envies, de vivre selon ses sentiments et ses besoins et, enfin, de créer des liens affectifs. La personne dont l'identité demeure fragile est remplie de doutes. Elle a l'impression de vivre dans un monde hostile qui la juge et la critique sans cesse, et elle se sent en général séparée d'elle-même. Elle se sent souvent coupable d'avoir des besoins et n'a pas l'impression d'avoir le droit de les exprimer. L'enfance réussie est celle où un être s'est senti soutenu dans l'exploration du monde qui l'entourait ainsi que dans l'affirmation et la manifestation de ses sentiments et besoins.

Tout dans l'expérience humaine tend vers l'expression des talents et de l'originalité de la personne. Les êtres les plus heureux sont ceux qui trouvent le mode d'affirmation qui les satisfait, qu'il s'agisse de jardinage, de bricolage ou encore de manifestations artistiques. Ils savent souvent exprimer leur être véritable à travers la sexualité, le couple, la famille ou le travail. Leur pouvoir d'extériorisation les a mis en communion avec leur environnement humain et naturel.

La joie de vivre serait donc la récompense de celui ou celle qui est parvenu à satisfaire ses besoins fondamentaux et à affirmer son identité fondamentale. Ce que l'on appelle l'amour est le résultat de ce contentement. L'être qui a vaincu ses contraintes intérieures et qui a eu la chance de pouvoir s'exprimer librement vit dans un monde de plénitude et de gratitude. La désolation peut d'ailleurs régner autour de lui, quelque chose de fondamental continue à le nourrir et à le rendre heureux.

Le devoir parental consiste donc à soutenir les expérimentations de l'enfant ainsi qu'à encourager les expressions de son individualité. Le milieu familial doit offrir un cadre sécurisant pour l'enfant, sans être trop protecteur ou trop rigide, car il brimera sa créativité. Il le castrera de son outil le plus précieux: la capacité d'expression de soi.

À cet égard, il semble d'ailleurs que les meilleurs parents ne sont pas ceux qui s'attachent à être de parfaits modèles, mais ceux qui ont nourri une passion créatrice pour la vie. Il est rare de rencontrer des êtres qui ont vraiment suivi les conseils de leurs parents ou de leurs éducateurs. Par contre, ils sont nombreux ceux dont l'énergie vitale a été éveillée par la rencontre d'un être passionné. Ce qui marque le plus l'enfant, c'est aussi l'attitude de ses parents devant les revers de l'existence. Le défaitisme d'un parent se reflétera presque inévitablement chez le petit garçon ou la petite fille lorsqu'ils seront devenus adultes. Si au contraire les parents font face aux épreuves avec un optimisme inébranlable, leurs enfants adopteront la même attitude. Ils aborderont les difficultés en disant: «Ce n'est pas la fin du monde! Mes parents ont survécu, je survivrai à mon tour. Demain est un autre jour.»

L'ENFANT N'EST PAS UNE FEUILLE BLANCHE

Il est pratiquement impossible de nier le caractère original d'un enfant tellement son individualité est présente dès les premiers jours de la vie. L'enfant n'est pas une feuille blanche sur laquelle les parents écrivent un scénario. D'ailleurs, les parents sont les premiers à s'étonner devant les différences marquées que manifestent les enfants dès la naissance.

À l'expérience, on se rend compte que quelque chose de l'individualité d'un être échappe à toute analyse. Bien qu'il soit juste d'affirmer qu'une bonne présence contribue assurément à la formation d'une identité saine chez l'enfant, une telle règle n'embrasse pas à elle seule la complexité du vivant. Certains facteurs d'influence demeurent incompréhensibles. Un garçon venu d'un milieu défavorisé sur le plan psychologique peut très bien réagir en développant une force d'affirmation exemplaire. Une fille ayant joui de toute l'attention et de toute la bienveillance requise peut très bien sombrer dans la dépression.

En dernière analyse, on ne sait pas pourquoi un adolescent a choisi de se suicider en réaction à sa première peine de cœur, alors qu'il a eu de bons parents, qu'il était capable de s'exprimer et qu'il avait de bonnes notes à l'école. Même si l'on pouvait expliquer un tel geste par une faiblesse intérieure causée par un milieu qui ne lui permettait pas de prendre conscience de lui-même, on ne peut vraiment incriminer les parents qui souvent ont fait de leur mieux.

Il semble à propos de citer ici le sage Khalil Gibran qui, dans *Le prophète,* parle ainsi aux parents:

> *Vos enfants ne sont pas vos enfants. Ils sont les fils et les filles de l'appel de la Vie à elle-même. Ils viennent à travers vous mais non de vous. Et bien qu'ils soient avec vous, ils ne vous appartiennent pas[20].*

À l'écoute du poète, il paraît souhaitable d'adopter une psychologie qui rend à l'enfant tout son pouvoir personnel. Le rôle des parents ne s'en trouve pas changé pour autant, mais il se trouve allégé de sa toute-puissance. Si les parents doivent veiller à préserver et à stimuler l'élan vital de l'enfant, ils ne sont cependant pas responsables de son destin. Toujours, ils s'efforceront d'être à l'écoute de cette individualité en devenir, de respecter ses besoins d'expression, tout en sachant que cet être a une destinée dont il est lui-même l'artisan et dont il a toute la responsabilité.

On peut même se demander si les tensions entre parents et enfants n'ont pas pour but d'amener tous les protagonistes à une meilleure connaissance d'eux-mêmes, à travers la joie comme à travers la peine. Vue sous cet angle, aucune expérience n'est véritablement négative. Tout sert en définitive à mieux se connaître et à s'orienter dans le vaste champ de la vie.

Confronté à toute la variété des destins individuels, Jung concluait déjà que certains êtres ont besoin de s'exprimer à travers des expériences éminemment sombres, comme le meurtre, pour arriver à assumer le tréfonds de leur inconscient. Une telle perspective fait frémir et invite à beaucoup de tolérance dans les jugements posés sur les êtres humains. Marie-Louise von Franz, disciple de Jung, parlait elle-même des criminels comme de rédempteurs négatifs qui portent pour nous les meurtrissures et les souffrances que nous cachons au fond de nous-mêmes. Si chacun de nous osait assumer sa part d'ombre, peut-être y aurait-il moins de conflits sanglants sur la planète. Notre fascination pour les grands criminels révèle combien nous participons intimement de leur nature, que nous le voulions ou non.

Si on considère les expériences négatives comme des révélateurs de la joie fondamentale d'exister, on considère également les grandes crises individuelles comme des occasions privilégiées de changement. Il est indéniable qu'une enfance difficile, des années d'alcoolisme ou même un épisode de violence peuvent agir comme des stimulants qui aident un individu à trouver le chemin d'une vie plus satisfaisante. Il serait cynique de penser que des parents aient pu avoir le sadisme de souhaiter de telles épreuves à leurs enfants et de leur en imputer du même coup la responsabilité.

Nul ne peut éviter la souffrance. Nous pouvons même la saluer, car elle nous confronte aux questions essentielles de l'existence. Elle constitue un facteur fondamental de la vie puisque personne n'y échappe. C'est l'aiguillon qui tire les êtres vers une attitude juste. Elle éveille tout autant qu'elle détruit. Devant une telle perspective, il devient mesquin d'accuser les parents d'être responsables de la souffrance de leurs enfants ou, à l'inverse, d'accuser les enfants d'être responsables de la souffrance de leurs parents. Les êtres humains ont besoin de la souffrance pour grandir; il devient même parfois malsain que des parents essaient de l'épargner à tout prix à leurs enfants.

Les principaux jalons ayant trait à l'identité étant posés, dirigeons-nous maintenant du côté des relations pères-filles pour mieux saisir le drame que vivent *Elle* et *Lui* sur le canapé.

3

Pères et filles:
l'amour en silence

Le père silencieux

PRISONNIERS DES STÉRÉOTYPES

Si nous voulions résumer la situation de *Elle* et *Lui* sur le canapé du salon, nous pourrions dire qu'*Elle* est *une femme qui aime trop*[1] alors que *Lui* est *un homme qui a peur d'aimer*[2]. Ces personnages bien connus de la psychologie populaire ont cependant une histoire. Ils ne sont pas le résultat de phénomènes spontanés. Ils prennent racine dans le triangle déséquilibré de la famille traditionnelle où le père est manquant et où la mère tente de compenser cette absence en jouant plusieurs rôles à la fois. Nous allons donc, dans les prochains chapitres, procéder à la genèse de ces images stéréotypées en nous penchant sur les relations pères-filles et mères-fils. En bref, c'est le silence du père qui crée *la femme qui aime trop* et c'est la sollicitude maternelle qui produit *l'homme qui a peur d'aimer*.

Naturellement, on risque de verser dans les récriminations et les jugements sommaires lorsqu'on se permet d'analyser les relations entre parents et enfants. C'est le danger inhérent à ce livre. En fait, personne ne peut changer le passé, et un tel exercice n'a de sens que s'il permet de mieux comprendre les comportements présents. Analyser le passé pour le passé n'est pas intéressant. Par contre, le passé qui est encore actif dans notre vie quotidienne, celui qui motive nos choix à notre insu, est du plus haut intérêt. Mais, encore là, on analyse le passé uniquement s'il permet de comprendre certains conditionnements néfastes et de nous en libérer.

Au début d'un atelier portant sur la relation avec le père, atelier donné en plein Sahara, une participante me demanda s'il était vraiment nécessaire de *vider son sac*. Je la priai de me dire si elle poserait cette question à un voyageur qui, épuisé et assoiffé par de longues heures de marche dans le désert, traînerait dans son sac à dos quantité d'objets lourds et inutiles. Elle lui proposerait sans doute d'abandonner sur place quelques-uns de ces objets encombrants, même si cela risquait de retarder son périple. Immanquablement, il faudrait qu'il fasse l'inventaire des objets, qu'il prenne conscience que certains d'entre eux ne servent à rien, qu'il accepte de les abandonner et finalement, dernière étape mais non des moindres, qu'il s'habitue à marcher avec une charge plus légère. Car la peur de la liberté et de la légèreté n'est-elle pas le plus grand obstacle à notre évolution?

Pour cesser de définir le couple uniquement à partir des plaies de l'enfance, il est essentiel de reconnaître et de clarifier les dynamiques du passé. Encore une fois, cette clarification n'a pas pour but d'identifier les *vrais coupables* de notre malheur et de jeter le blâme sur quiconque. Elle a plutôt pour objet de comprendre les blessures que nous avons subies dans nos relations avec certaines personnes dans un même drame, afin de pouvoir les dépasser. En effet, dans la pratique thérapeutique, on remarque constamment que, selon la formule de Freud, le passé qui n'est pas mis en conscience se répète ou que, selon la formule de Jung, le monde de l'inconscient semble nous *arriver* de l'extérieur comme un destin étranger alors qu'il reflète simplement notre condition de vie intérieure.

Nulle part cela ne se vérifie plus éloquemment que dans le domaine du couple. On s'étonne souvent du fait que les êtres choisissent des partenaires qui ressemblent à leur père ou à leur mère. On peut même dire que plus les relations d'intimité font souffrir, plus elles reflètent des dynamiques de l'enfance qui n'ont pas été suffisamment éclaircies. Lorsque les liens entre parents et enfants n'ont pas été correctement dénoués, les drames anciens viennent tout simplement se rejouer à l'avant-scène des relations affectives, au point où ces conditionnements peuvent rendre toute vie de couple impossible.

L'AMOUR EN SILENCE

Chaque fois que j'anime une discussion ayant pour thème *la relation au père,* je suis impressionné par la grande tendresse que la plupart des femmes portent à leur père malgré la prison de silence qui a entouré leur relation. Je suis témoin de leur colère, parfois de leur indignation lorsqu'elles ont été violentées, mais je perçois presque immanquablement, en arrière-plan, la douleur aigre-douce de cet amour qui n'a pas pu s'exprimer. Des années d'amour en silence, d'un amour vécu comme en pénitence. Cela ressemble à une peine d'amour qu'on a appris à apprivoiser avec le temps. Une peine d'amour à laquelle on ne peut se résoudre, mais avec laquelle il faut bien vivre. Une peine d'amour où la rencontre profonde n'a pas eu lieu. Celle à laquelle on reste accroché parce que, au fond de soi, on se dit encore que ç'aurait pu être différent. Et cet amour qui aurait pu être différent, on le cherche encore auprès d'autres hommes, presque désespérément.

Nous allons donc voir dans ce chapitre comment une partie du malaise qu'*Elle* ressent sur le canapé vient de la déficience des rapports entre pères et filles.

Un vide à combler

Selon Christiane Olivier[3], la petite fille se trouve, dès les premières années de sa vie, dans une position plus difficile encore que le garçon, étant donné qu'elle ne peut s'identifier ni à son père ni à sa mère. Ne possédant les attributs sexuels d'aucun de ses parents, la petite fille commence sa vie dans un véritable vide d'identité.

Cela explique sans doute pourquoi le sentiment du vide est si fréquent chez les femmes. Lorsqu'elles se sentent comblées, elles sont heureuses; lorsqu'elles se sentent vides, elles sont malheureuses. Comblées lorsqu'elles ont de l'amour et de l'attention, vides lorsqu'elles n'en ont pas. Physiquement autant que psychologiquement, elles sentent que le vide et le trop-plein, le manque et l'excédent sont les pôles autour desquels leur vie est condamnée à tourner: tantôt, elles ont trop de kilos, trop de buste ou trop de fesses; tantôt, elles sont trop maigres, trop plates, trop petites ou trop grandes. Ou encore, elles ont en même temps trop d'une chose et pas assez d'une autre: trop de fesses et pas assez de seins, trop de ventre et pas assez de fesses. Parfois, un manque s'explique par l'autre: «Si j'avais plus de poitrine, il me semble que j'aurais plus d'audace.»

Ce sentiment de vide, on s'en doute, le silence du père ne fera que l'aggraver. La petite fille en vient à penser que son papa ne lui parle pas parce qu'elle n'est pas assez belle, pas assez intelligente, etc. Avec le temps, le vide se remplit de toutes sortes de convictions négatives. Au bout du compte, l'enfant se sent coupable du silence paternel et se déprécie totalement: «Je n'en vaux pas la peine. Je ne suis pas intéressante. Je ne serai jamais à la hauteur.»

L'IDÉALISATION DU PÈRE

On pourrait presque dire que, à ce stade, la jeune fille a déjà scellé son destin amoureux, car si d'un côté elle se déprécie, de l'autre elle idéalise l'homme en comblant le vide avec le fantasme du Prince Charmant. «Un jour, mon prince viendra» pourrait dans de nombreux cas se traduire par «Un jour, mon père viendra, un jour il me parlera, et enfin j'existerai comme femme». Bien entendu, ce fantasme conduit, dès les premiers contacts avec les hommes, à une catastrophe prévisible. Aucun homme ne saurait supplanter une figure aussi idéale. Mais la jeune femme maintient cet idéal et l'impose aux hommes qui l'entourent; elle ira d'échec en échec, parce que le vide que cet idéal masque est encore plus difficile à affronter.

Le manque de père exacerbe le rêve de la jeune fille d'être choisie par un homme qu'elle pourra rendre heureux et combler. Lorsque le père a été absent, l'aspect mythique de ce fantasme n'est jamais humanisé. La jeune fille demeure prisonnière de son romantisme: tantôt, elle est une pauvresse qui attend son sauveur et, tantôt, une princesse enfermée dans sa tour qui attend son chevalier. Sur le plan psychique, cette prison de fantasmes s'exprime dans des rêves où la femme est victime d'un vampire ou séquestrée par un monstre digne de Barbe-Bleue. Le filet des rêves a en effet le pouvoir de vampiriser la force de vie. La libido se dilue alors en rêveries romantiques au lieu d'être canalisée dans un amour réel et possible. On peut vraiment affirmer que la force de l'animus est désormais prisonnière d'un complexe paternel négatif.

Tant que le besoin d'affection n'a pas été comblé par le père, la jeune fille reste à la merci de sa fantasmagorie. J'ai connu plusieurs jeunes filles qui ne rêvaient que d'aller à Hollywood afin d'être remarquées par un producteur qui reconnaîtrait enfin leur talent et les mènerait au sommet de la gloire. Ce fantasme mythique est stimulé par le fait que la beauté féminine est divinisée dans notre société. Certains grands mannequins ont uniquement besoin d'être belles pour être projetées à l'avant-scène de l'actualité mondiale.

LE DESTIN NOIR

Il faut dire que le vide et les idées noires qu'il génère ne sont pas faciles à maîtriser. Pendant plusieurs années, j'ai eu, en thérapie, une femme provenant d'une famille qui comptait plusieurs filles et un seul garçon. Sa mère souffrait d'une sorte de jalousie maladive qu'elle dirigeait tout autant sur l'attention que son mari portait à leurs filles que sur les regards furtifs qu'il aurait pu échanger avec des voisines. Elle lui inventait des aventures extraconjugales et éclatait en crise à l'heure des repas. Dans un tel contexte, le pauvre homme se retrouvait pour ainsi dire castré. Il se tenait coi au bout de la table et distribuait regards et paroles avec parcimonie. De leur côté, les filles rivalisaient pour obtenir son attention.

Je ne fus pas surpris d'entendre ma patiente déclarer qu'elle s'était mariée avec un homme aussi silencieux que son père. Au moment de commencer la thérapie, elle vivait avec son mari depuis une dizaine d'années. Le couple avait eu une petite fille dont le père s'occupait peu. Depuis trois ans, ils n'avaient pas fait l'amour, et monsieur passait la plupart de ses soirées hors de la maison ou réfugié dans un roman de science-fiction. Malgré son insatisfaction, cette femme me déclara, inquiète, à la fin de notre première séance: «Je ne veux pas me séparer!»

Ma patiente n'avait pas assez confiance en elle pour rompre cette relation qui l'enfermait dans la morosité. En réaction au silence du père, un doute constant s'était installé en elle. Une voix lui soupirait sans cesse à l'oreille: «Tu n'en trouveras jamais d'autre!» Toute sa créativité était employée à imaginer les scénarios les plus sombres et les plus néfastes qui suivraient le divorce. Sa fille occupait bien sûr le centre de ces récits imaginaires. Elle la voyait déjà à l'adolescence, obligée de consulter un psychothérapeute parce que ses parents s'étaient séparés. Un jour, elle comprit pourtant que sa fille aimerait mieux suivre l'exemple d'une mère courageuse qui avait risqué la séparation plutôt que celui d'une femme qui s'était résignée.

Le silence du père avait provoqué chez cette femme la formation d'un complexe qui avait fini par saper toute confiance en elle-même. La voix qui lui prédisait ce destin noir et incontournable était celle d'un animus négatif prisonnier du complexe paternel. Ce n'est qu'après la séparation qu'elle retrouva sa créativité et que la voix noire se calma. Elle dut faire preuve de beaucoup de courage pour reprendre la maîtrise de sa destinée. Symboliquement, la difficulté de la relation au père avait fini par «couper les mains» de cette femme et par inhiber sa capacité de prendre des initiatives.

La femme blessée

LA JEUNE FILLE SANS MAINS

Le conte suivant, recueilli par les frères Grimm, s'intitule *La jeune fille sans mains*[4]. Il traite de la mutilation psychologique infligée par l'indifférence paternelle.

Un meunier tombé dans la pauvreté accepte de vendre au diable ce qui se trouve derrière son moulin. Il n'y a là qu'un vieux pommier auquel il ne tient pas. En échange, Satan lui promet toutes les richesses qu'il désire. Rentré à la maison, le meunier constate son heureuse fortune, mais apprend avec horreur que sa fille balayait la cour derrière le moulin au moment de la transaction. Comme il a peur de perdre sa propre vie, il se résigne à donner sa fille au malin. Il demande à celle-ci de se préparer pour que le démon vienne la chercher dans trois ans.

Le temps convenu étant écoulé, le diable revient pour prendre son butin, mais la jeune fille s'est lavée et elle est si pure de piété qu'il ne peut la prendre. Il demande au père de ne pas permettre à sa fille de se purifier par l'eau. Il revient une deuxième fois sans plus de succès, car cette fois-ci la jeune fille a versé une grande quantité de larmes pures sur ses mains. Il ordonne alors au père de trancher les mains de sa fille sinon il devra l'emporter à la place de son enfant. Le père exécute par lâcheté le vœu de Satan mais la jeune fille pure pleure à nouveau tant et tant sur ses poignets que le malin ne peut pas plus l'emporter. Il perd alors ses droits sur elle. Le père soulagé promet à sa fille tout le luxe voulu jusqu'à la fin de ses jours mais elle, dégoûtée par son attitude, décide de quitter la maison parentale et de trouver refuge dans l'exil malgré son infirmité.

Bientôt, elle se retrouve dans un pays où un bon roi, pris d'amour et de compassion, l'épouse et lui fait fabriquer des mains en argent. Hélas, il doit peu de temps après partir pour la guerre alors que sa femme est enceinte. Le diable, qui n'a pas digéré sa défaite, en profite pour s'acharner sur elle et veiller à ce qu'elle soit répudiée et expatriée avec son enfant en l'absence de son bien-aimé. Elle se réfugie en forêt sous la tutelle d'un ange. Au fond de sa retraite, ses véritables mains repoussent grâce à sa piété. Revenu de guerre, le roi part à sa recherche et la retrouve. Finalement leur union peut se prolonger dans la paix de l'amour.

Je ne vous raconte pas les péripéties de ce conte en détail, car je veux m'en tenir à sa signification générale. La psychanalyste Marie-Louise von Franz aborde l'interprétation de ce conte sur deux plans. Le premier concerne le sort du féminin et des femmes dans la société patriarcale. Le second concerne les processus psychologiques en jeu chez le meunier et chez la jeune fille.

Parlons d'abord de la psychologie de l'homme représentée par le meunier. Von Franz souligne d'abord l'inconscience de ce père qui vend sa fille par inadvertance afin de se procurer des richesses[5]. Elle compare son attitude à celle des pères contemporains qui, trop préoccupés par leurs affaires, négligent les liens affectifs avec leur partenaire et avec leurs enfants. Métaphoriquement, c'est comme s'ils *vendaient leurs filles au diable,* c'est-à-dire qu'ils tentaient de se débarrasser de leur anima. Autrement dit, le père trahit son propre inconscient pour réussir sa vie professionnelle et sociale. Il délaisse sa capacité de relation et esquive le conflit intérieur lié à l'expression de sa propre sensibilité. C'est pour cela que sa fille se retrouve victime de l'ombre de son père, faite de cupidité et d'insensibilité.

Avec finesse, von Franz souligne aussi comment le conte lie la jeune fille au vieux pommier, comment il associe la femme à la nature. En se débarrassant du vieil arbre auquel il ne tient plus, le meunier rompt symboliquement le contact avec la nature et, du même coup, le contact avec sa féminité intérieure représentée par sa fille. Autrement dit, il peut nouer des relations impersonnelles et abstraites, mais il ne peut pas s'engager dans des relations concrètes et individuelles.

Sur un plan plus large, l'analyste remarque que, dans les contes de fées, ce sont toujours les héroïnes qui se font couper les mains et jamais les héros parce que c'est la créativité du féminin qui a été réprimée par la culture patriarcale. Dans son essence, la créativité féminine produit en laissant croître et germer, à l'opposé de la créativité masculine qui s'accomplit en agissant et en s'activant. La créativité féminine consiste à porter quelque chose en soi et à le laisser venir à terme selon le rythme de la nature. La mutilation de la jeune fille signifie que la société patriarcale n'accorde aucune valeur à ce genre de créativité. D'ailleurs, dans notre for intérieur, nous souffrons presque tous de ce genre de mutilation: nous connaissons la production qui répond à la volonté, mais nous ignorons presque tout de la créativité qui vient des entrailles et dont les produits ne naissent que lorsqu'ils sont mûrs.

Plus spécifiquement, les contes de ce type symbolisent la perte d'autonomie des femmes au sein de la société des patriarches. Mutilées, les femmes ne peuvent plus *prendre en main* leur propre destinée. La critique de la civilisation patriarcale se faisait par le biais des contes populaires.

Comme les rêves, les contes expriment de façon imagée ce qui se trame dans le fond de l'inconscient collectif d'une société; certains servaient à avertir les pères de ne pas délaisser leur famille pour courir après la richesse. Dans le conte qui nous occupe, il est significatif que le père de la jeune fille soit un meunier, un des premiers hommes à vivre de la transformation de ce que les autres produisent, un des premiers industriels. Les contes laissaient déjà envisager que l'industrialisation pouvait engendrer un fossé entre l'homme et la nature ainsi qu'entre l'homme et la femme.

Venons-en maintenant à la psychologie de la jeune fille. La négligence et la lâcheté du père symbolisent à coup sûr le complexe paternel négatif dont souffre la jeune fille. Mais que peut bien signifier le danger pour celle-ci d'être *vendue au diable*? Psychologiquement parlant, cela veut dire qu'elle va entrer dans un état de *possession* où elle ne s'appartiendra plus. Bien des femmes, *vendues au diable* par l'indifférence de leur père, tombent dans pareil état. Leur créativité blessée se retourne contre elles et leur entourage. Elles adoptent des comportements incompréhensibles aux yeux des leurs. Crises, caprices, discipline pointilleuse, tentatives de contrôle et de manipulation, soupirs et culpabilisation sont autant d'éléments caractéristiques du tableau de la possession. L'animus ne peut trouver son expression adéquate à l'extérieur et ainsi enfermé, il devient franchement diabolique. Il fait les cent pas dans sa prison et effraie tous ceux qui tentent de l'approcher.

Comme je l'ai expliqué plus tôt, lorsque la force créatrice demeure prisonnière du complexe paternel négatif, la pulsion d'autonomie se retourne alors contre l'individu et cherche à entraîner le reste de sa personnalité avec elle. Les femmes aux prises avec un tel complexe sentent la présence d'un nuage noir en permanence au-dessus de leur tête. Même dans les événements heureux, elles trouvent à redire. Leur vie se tisse au fil des crises et des souffrances. Ayant manqué de la chaleur du père, elles se réfugient dans le malheur pour mériter l'attention de leur entourage. On se demande parfois si elles ne s'y complaisent pas. En réalité, elles souffrent de l'emprise de ce sombre animus, qui ne les relâchera pas tant que leur force vitale n'aura pas repris son cours normal.

Von Franz précise encore plus la signification de l'animus diabolique qui tente de s'emparer de la jeune fille, en ajoutant:

> *Qu'elle s'essaie à quelque chose dans le domaine intellectuel ou qu'elle s'affirme en tant que personne autonome, elle risque d'être possédée par son propre animus négatif ou par un accès de volonté de puissance et de devenir aussi froide, impitoyable et brutale que l'était son père*[6].

Selon la psychanalyste, la fille qui n'a pas été suffisamment nourrie par le sentiment paternel et qui est demeurée insatisfaite sur le plan affectif risque d'être possédée par un intellectualisme destructeur. Si elle cède à cet animus diabolique, elle deviendra ambitieuse et froide. Elle prendra la relève de son père, en adoptant des comportements encore plus durs. Elle deviendra efficace et calculatrice et, à l'instar de son papa, elle refoulera sa propre libido.

L'héroïne du conte ne suit pas ce développement. Pour se défendre d'un tel sort, elle n'a pour ressource que de se laisser couper les mains, c'est-à-dire renoncer à sa créativité et à sa capacité de prendre des initiatives. Elle part donc dans la vie en se sentant orpheline et handicapée sur le plan psychologique. Elle accepte d'être mutilée pour se soustraire au démon et de s'exiler pour échapper à son père.

Sur le plan symbolique, les mains ont une signification importante dans l'évolution de l'espèce humaine. La dextérité manuelle a permis à l'homme de fabriquer des outils pour transformer la matière et de s'affranchir de nombreux déterminismes. Mais les mains ont aussi une dimension psychologique. La mutilation ne symbolise pas seulement une perte de pouvoir de l'individu sur son environnement, mais aussi une perte de contact humain avec celui-ci. On peut encore voir et entendre, mais on ne peut plus toucher ni marcher *la main dans la main* avec son enfant ou son partenaire. Pour la femme, l'acceptation de la mutilation signifie une mise en veilleuse de ses capacités d'action au profit d'une vie végétative ainsi qu'une perte de contact avec autrui. C'est comme si la femme se retrouvait étrangère dans son propre monde et qu'elle renonçait à tout effort d'autonomie. Heureusement, dans ce cas-ci, le sacrifice de la jeune fille est volontaire: il amènera celle-ci à refaire ses forces au sein de la nature et à redécouvrir sa capacité d'action.

LE PÈRE INCESTUEUX

Le complexe paternel cruel et l'animus diabolique du conte précédent pourraient très bien décrire le drame intérieur d'une fille qui a subi une autre sorte de mutilation exercée par le père: l'inceste. L'inceste est l'un de ces crimes qui se passent dans le silence, un silence qui cache d'horribles mensonges. Dans une conférence qu'il livrait lors d'un congrès international en analyse bioénergétique, le psychologue Réjean Simard faisait les réflexions suivantes à propos d'une victime d'inceste qu'il avait suivie pendant 12 ans. Il notait que «ce n'est pas tant dans son identité sexuelle que dans le fait d'exister que la personne victime d'abus sexuels importants est la plus affectée[7]». Les victimes ont de la difficulté à rester en contact avec leur propre vécu et à entretenir des relations d'intimité avec leurs proches. La difficulté qu'elles éprouvent à simplement «exister» trahit une estime de soi qui a été complètement anéantie par le geste du père. Nous le verrons bien à travers l'exemple qui suit. Il donne un visage encore plus atroce au conte *La jeune fille sans mains*.

Dans un livre publié il y a quelques années, Gabrielle Lavallée relate l'aventure qu'elle a vécue au sein d'une secte dénommée l'Alliance de la Brebis[8]. Roch Thériault, rebaptisé Moïse, dominait ce groupuscule. Il attendait la fin du monde avec ses trois femmes, ses enfants et deux couples; tous vivaient retirés dans une région du Québec.

Mme Lavallée raconte comment cet homme fou et sadique lui a amputé un bras à froid parce qu'un de ses doigts risquait de s'infecter. Elle nous parle de la douleur intenable qu'elle a ressentie à ce moment-là et des visions qui l'ont assaillie. D'abord, elle a vu cet être qu'elle adorait devenir l'incarnation même de Satan; puis une sorte de grâce est descendue en elle et l'a délivrée de la douleur, comme le racontent de nombreux martyrs. Les yeux de son bourreau sont alors devenus le regard même de Dieu. Elle a cru que la justice divine était enfin rendue parce que le bras qu'on venait de lui arracher était le même qui lui avait servi à accomplir des actes sexuels avec son père. Ce dernier avait abusé d'elle alors qu'elle était jeune. Elle a cru que cette mutilation la délivrait enfin de la culpabilité qui l'avait accablée depuis lors.

Comme de nombreuses victimes d'inceste, Gabrielle se tenait responsable des abus de son père. Depuis son adolescence, elle recherchait une figure paternelle qui, par son amour, la rendrait capable de se pardonner et de s'accorder un peu de valeur. Elle pensait l'avoir trouvée chez Moïse. Mais celui-ci, au lieu de l'aider à rehausser son estime d'elle-même, l'a mutilée. La culpabilité intense qu'elle ressentait l'a poussée à se comporter comme une victime sacrificielle dans le but de se purger de son enfance.

Lorsqu'une fille est victime d'inceste, la blessure infligée à son intégrité corporelle peut même la conduire à prêter à «tous les hommes» son corps souillé par le père. Elle se réfugie dans une toute petite partie d'elle-même qu'elle conserve vierge et qu'elle offrira à un amant ou à un souteneur. La majorité des prostituées seraient des victimes d'inceste[9]. Parce qu'elles n'ont pas été respectées, elles n'arrivent pas à se respecter elles-mêmes. Elles haïssent souvent leur père et tous les hommes qui les fréquentent.

L'une d'elles racontait à la radio[10] qu'elle était maintenant mère d'un petit garçon de quatre ans. Elle avait 28 ans et venait de cesser de se prostituer. La travailleuse sociale qui l'accompagnait pendant l'entrevue lui faisait remarquer que, pour une mère qui avouait détester son père et la «maudite race des hommes», elle prenait très bien soin de son enfant. La mère répondit que pour le moment ça allait, mais qu'elle craignait le jour où la sexualité de son fils s'éveillerait, car il deviendrait alors un homme semblable à tous ceux qu'elle haïssait.

À des degrés moindres, on voit les mêmes phénomènes de mépris des hommes et de faible estime de soi apparaître chez une fille qui, sans avoir connu l'inceste, a eu un père «collant» qui la désirait trop manifestement. Un tel comportement provoque en général du dégoût chez l'enfant; cela peut entraîner la jeune fille à se barricader de telle sorte qu'elle devienne froide et qu'elle déserte son corps. Elle doit en effet ériger elle-même la barrière contre l'inceste. Puisque le père ne le fait pas, et que bien souvent la mère n'intervient pas, il revient à elle de se défendre en se construisant une armure de rejet.

La victime pourra aussi se faire exhibitionniste, ce qui est une autre façon de défendre son intégrité. En effet, pour ne pas appartenir au père, elle décide de s'offrir au regard de tous. La vedette d'un film érotique européen m'a raconté qu'à l'adolescence elle était allée chercher son père dans un bistrot où il buvait avec ses copains. Devant la beauté de cette jeune femme plantureuse, l'un d'eux esquissa un geste indécent. Le père se leva alors et, en guise de protection, il mit son bras en travers de la poitrine de sa fille en déclarant, au grand dam de celle-ci qui ne l'avait jamais entendu parler de la sorte: «Bas les pattes! Ceci m'appartient!» À compter de ce jour, elle se méfia de son père et décida de lui prouver qu'elle ne lui appartiendrait jamais sexuellement.

Les pères incestueux ne sont pas toujours ceux qu'on pense. Ce sont souvent ceux qui n'entretenaient pas de rapports affectifs avec leur fille jusqu'à ce que celle-ci atteigne la puberté. Ou encore il s'agit de beaux-pères qui, dans des familles reconstituées, abusent de jeunes filles avec lesquelles ils n'ont pas de lien du sang[11]. En réalité, le rapport affectueux entre une fille et son père doit commencer le plus tôt possible afin d'assurer la meilleure protection contre l'inceste. Qui désirerait en effet que la plante dont il a longtemps pris soin soit abîmée par l'inconscience et la négligence?

LE DÉSIR D'INCESTE

Parce qu'il répugne naturellement aux êtres, parce qu'il permet d'éviter les désastres liés à la consanguinité et parce que les mâles des hordes primitives ne voulaient pas se quereller à propos des femmes qui avaient appartenu au père, l'inceste est devenu l'un des tabous les plus universels[12]. Des millénaires d'interdits ont conféré à cet acte un pouvoir d'attraction immense. Ce potentiel énergétique se décharge sous la forme de fantasmes intenses. Parce qu'elle ne peut trouver une issue du côté de la réalité concrète, l'émotion se refoule et alimente l'imagination. Le meurtre, un autre interdit universel, exerce lui aussi un attrait puissant, ce qui explique notre fascination pour les grands procès criminels et les romans noirs.

L'envie de faire l'amour avec sa fille ou avec son fils, avec sa mère ou avec son père, se révèle en thérapie dès que l'on questionne les êtres en profondeur. La plupart du temps, cette envie trouve sa satisfaction sur le plan imaginaire dans le fantasme de faire l'amour avec une personne plus jeune ou plus vieille. Les revues pornographiques adressées aux hommes exploitent ce créneau en présentant de jeunes filles en tenue d'écolière ou des femmes plus âgées avec de gros seins.

Le désir incestueux trouve aussi une façon détournée de se satisfaire dans l'union avec un partenaire plus jeune ou plus vieux. Il s'agit d'une manière de vivre l'interdit qui n'entraîne pas la réprobation sociale. Au Moyen Âge, par exemple, les mariages dits traditionnels entre jeunes filles et messieurs plus âgés légitimaient ce déplacement du désir incestueux.

L'éclatement des valeurs traditionnelles dans notre société facilite les unions entre hommes d'âge mûr et femmes plus jeunes ainsi qu'entre femmes mûres et jeunes hommes. Ce phénomène s'observe aussi chez les homosexuels. Les partenaires peuvent ainsi explorer des sentiments qui sont demeurés longtemps défendus. Même si ces unions n'ont rien d'un inceste proprement dit, elles constituent néanmoins une métaphore de la situation incestueuse qui en renforce l'intensité émotive[13].

Je pense aussi que l'éclatement des familles et l'abandon des enfants en bas âge par le père ou par la mère obligent pratiquement certaines personnes à reproduire sur le plan de l'amour les relations déficientes de l'enfance. On tente de guérir une estime de soi défaillante en obtenant de la reconnaissance auprès d'une figure qui rappelle le parent manquant. Il peut alors être salutaire pour une jeune femme ou un jeune homme de fréquenter une personne plus expérimentée et bienveillante. La personne trouve ainsi une figure parentale de transition qui soutient son autonomie. Mais il faut admettre que l'entreprise est parfois fort périlleuse.

L'INCESTE AFFECTIF

La question de l'inceste amène à s'interroger sur la distance adéquate entre un père et sa fille. Car parfois l'inceste n'est pas sexuel, il se déroule plutôt sur le plan affectif. Le père parasite alors la vie affective de sa fille en se montrant incapable de lui laisser son autonomie. Une jeune femme dans le début de la vingtaine m'a parlé ainsi de la situation qu'elle vivait avec son père.

Elle m'expliqua d'abord que son père avait quitté la maison familiale très tôt pour entreprendre une carrière artistique. Celui-ci buvait beaucoup, pour ne pas dire qu'il était franchement alcoolique. Avec verve, elle me raconta que lorsqu'elle avait atteint l'adolescence, son père s'était tout à coup rendu compte qu'elle existait. Il s'était alors remis en contact avec elle, tout repentant. Mais alors, au lieu d'obtenir enfin l'affection qui lui avait manqué, la jeune fille assista à un drôle de renversement des rôles. Son père se mit à se comporter comme un fils envers elle, mettant son sort entre ses mains comme si elle était sa mère. Elle s'insurgeait contre cette façon de faire. Cette situation était encore plus difficile à supporter que celle qui avait prévalu depuis son enfance.

La jeune femme était choquée, mais elle taisait sa révolte. Le père était incapable de vivre en solitaire et rendait sa fille coupable de sa misère. Il la faisait chanter en lui disant: «Tu m'abandonnes dans mon coin de pays, tu me laisses tout seul.» Lorsque je demandai à cette femme pourquoi elle acceptait un tel chantage, elle me répondit tout simplement: «Je ne veux pas avoir le poids de sa mort sur la conscience. Je veux entendre de sa part: "T'es pas responsable de moi."» Le père n'arrivait pas plus à maintenir une distance juste vis-à-vis de sa fille que celle-ci n'arrivait à définir son propre territoire. L'inconscience du père et la culpabilité de la fille constituaient les ingrédients majeurs de cet inceste affectif.

La situation vécue par cette femme se rencontre fréquemment chez les enfants qui ont dû «parenter» leurs parents, c'est-à-dire devenir les parents de leurs propres parents. Les enfants n'arrivent pas à se séparer de leurs parents parce qu'ils sont pris dans les filets de la culpabilité. La plupart du temps, ils entretiennent des relations affectives avec des personnes extrêmement dépendantes qui sont exactement à l'image de leurs parents. Ainsi, la jeune femme dont je vous parle rédigeait les travaux universitaires de son ami et ne se décidait pas à le quitter. Elle devait se convaincre sans cesse que son partenaire était un être autonome qui pourrait survivre à la séparation. Elle tentait de résoudre le problème qu'elle vivait avec son père dans sa relation avec son copain.

LE PÈRE PRUDE

Au père incestueux, on peut opposer le père prude. Cette pudeur extrême est motivée au fond par le même désir d'inceste. Chez le père incestueux, il y a passage à l'acte, chez le père prude il y a inhibition de l'acte. Cette inhibition est le juste retour des choses. La plupart du temps, le père souhaite ainsi protéger sa fille de ses désirs éventuels, voire même de ses réactions physiologiques spontanées. Mais la réserve et le silence qui entourent cette attitude ont aussi des effets négatifs. Ils empêchent beaucoup de pères d'entretenir des relations affectueuses normales avec leurs filles, qui ne comprennent pas toujours le comportement de retrait du père.

En effet, dans la grande majorité des cas, le père ne touche pas à sa fille adolescente et ne lui parle pas. À partir du moment où elle atteint la puberté, il ne sait plus ou n'arrive plus à lui dire: «Tu es belle et je veux que tu saches que je t'aime» sans ressentir un profond malaise devant l'ambiguïté de ces paroles — d'autant plus qu'il a lui-même souvent tendance à sexualiser toute marque d'affection ou de tendresse envers les femmes. Pour ce père-là, la sensibilité est un monde si étrange et si inquiétant qu'il a tendance à confondre tendresse et sexualité, chaleur humaine et fièvre amoureuse. Par son silence, il s'apprête à infliger à sa fille adolescente sa première et sa plus grande peine d'amour.

De nombreuses femmes m'ont raconté qu'elles entretenaient avec leur père des rapports tout à fait normaux et chaleureux jusqu'au moment où tout à coup, vers l'âge de 13 ou 14 ans, leur monde a basculé. Dans un texte publié dans un magazine féministe, la poétesse québécoise Hélène Pedneault raconte son enfance auprès d'un père qui l'emmenait à la pêche et à la chasse[14]. Elle était fière de cette relation particulière. Elle se sentait confiante et aimée. Mais du jour au lendemain ce même père lui interdit de s'asseoir sur ses genoux et de l'embrasser. L'écrivain nous confie son désarroi d'alors; elle ne comprit absolument rien au changement d'attitude de son père. Celui-ci, en tentant de la protéger, venait de blesser l'éros naissant de sa fille pubère.

S'il avait peur de ses propres réactions, le père était bien entendu en droit d'interdire à sa fille de s'asseoir sur ses genoux. Cependant, s'il avait su qu'une simple explication de son comportement aurait pu empêcher sa fille d'être blessée, il aurait sans doute adopté une attitude différente. La thérapeute française Dominique Hautreux affirme que bien des heurts pourraient être évités si un père prenait simplement la peine de dire à sa fille: «Tu es belle et tu es en train de devenir femme. Tu es en train de devenir désirable aux yeux d'un homme et je suis un homme. Je préférerais que nous respections une certaine distance[15].» Ces paroles auraient pour effet de lui confirmer qu'elle peut entrer de plain-pied dans le monde du désir parce qu'elle peut plaire à un homme. Dans ces mots se trouve la confirmation de la différence sexuelle que la jeune fille attend. Il ne faut jamais oublier combien les silences peuvent blesser vivement le développement de la jeune fille en train de devenir femme.

Lorsque les mots ne sont pas dits, lorsque le père prude n'explique pas son comportement, sa fille souffre. Alors qu'elle est en train de devenir femme, que ses seins prennent forme, que ses rondeurs s'accentuent, alors qu'elle en est toute fière parce qu'enfin elle peut ressembler à maman, le père, par son silence, est en train de lui dire qu'il trouve ses attributs dangereux. La jeune fille pubère a alors deux types de réaction: ou bien elle mettra ses atouts en évidence afin de séduire et d'attirer l'attention ou, au contraire, elle tentera de nier la différence sexuelle en portant des vêtements amples qui cachent ses seins et ses fesses.

À l'évidence, beaucoup d'hommes confondent désir d'inceste et ce que nous pourrions appeler *éros paternel*. J'entends par là une capacité de relation, d'amour personnalisé, de chaleur et d'affection venant du père. Il ne s'agit pas de sexualité, il s'agit bien d'affection. J'entends encore le psychanalyste zurichois Adolf Guggenbühl[16] professer dans ses cours qu'un petit flirt entre le père et sa fille n'est pas mauvais si le père sait bien marquer les limites.

Lorsque le père n'est pas complètement absorbé par son travail, lorsqu'il a suffisamment développé sa sensibilité pour reconnaître l'importance des relations individuelles, et lorsqu'il sait faire la différence entre *éros* et désir d'inceste, il n'éprouve aucune difficulté à nouer avec sa fille des relations chaleureuses et affectueuses. Lorsque l'enfant est tout jeune, cet éros fera naître en elle le désir d'épouser son papa; la petite fille veut rendre à son père un peu de l'amour et de l'affection qu'il lui donne. Plus tard, c'est encore sur son père que la jeune fille fera ses premières tentatives de séduction. Arrivée à ce stade, elle sait que son père ne sera pas l'homme de sa vie, mais elle a encore besoin de lui, de ses sentiments et de son affection, pour corroborer le droit à ses propres désirs et à sa propre vie sentimentale.

On peut facilement comprendre que l'éros paternel soit l'un des facteurs déterminants dans l'évolution d'une fille. Lorsqu'il est adéquatement exprimé, il contribue au développement d'un animus positif, qui apporte la confiance en soi et la prise d'initiative. Fort heureusement, il semble y avoir de plus en plus de pères conscients de leur rôle. Pourtant, ils demeurent une minorité. Rares sont ceux qui sont en mesure d'offrir le cadeau d'une présence chaleureuse et soutenue à leurs filles. Comme nous venons de le voir, nous assistons plutôt au règne du père manquant. Qu'il soit absent physiquement, absent d'esprit, distant ou carrément agresseur, le père entretient une relation qui blesse sa fille; celle-ci réagira par la suite en adoptant un comportement qui vise à réparer l'écorchure, mais qui ne la guérira pas nécessairement.

Filles du silence

Les filles qui ont manqué de père pour les soutenir dans leur développement psychologique demeurent prisonnières du besoin de plaire ou se cantonnent dans la révolte. Elles s'enferment dans leur monde intérieur ou bien, comme les garçons, elles se construisent une armure. Elles refusent toute coquetterie ou tentent de ressembler aux filles évanescentes des magazines, laissant de côté la femme réelle, celle qui naît et qui vieillit, qui aime et qui meurt. Leur véritable personnalité ne s'actualise pas.

Dans son très beau livre intitulé *La fille de son père*[17], la psychanalyste américaine Linda Schierse Leonard décrit de brillante façon les différentes attitudes qu'adoptent les femmes en réaction à la blessure causée par le père. Ces attitudes sont autant de manières de chercher l'attention de l'homme lorsque la relation pères-filles a laissé un grand vide. Elles correspondent à deux types psychologiques de femmes: celles qui demeurent d'*éternelles adolescentes* et celles qui deviennent des *amazones*. On ne doit pas considérer ces catégories comme fixes et immuables; on peut même s'amuser à reconnaître des parties de soi chez l'une et chez l'autre. Je vous invite donc à suivre la pensée de Leonard dans les pages qui suivent.

LES ÉTERNELLES ADOLESCENTES

À l'instar de *La Belle au bois dormant,* qui fait de passivité vertu, ou de *Cendrillon,* qui se contente d'un rôle subalterne en rêvant au prince charmant, les *éternelles adolescentes* abdiquent leurs pouvoirs dans le but de plaire aux hommes. Qu'elles soient femmes mariées ou femmes fatales, qu'elles deviennent de parfaites maîtresses de maison ou des muses au destin tragique, les éternelles adolescentes ont une attitude commune: elles se trahissent elles-mêmes en fabriquant leur identité à partir des images que les autres, en particulier les hommes, projettent sur elles.

L'éternelle adolescente exprime son refus de grandir en laissant à d'autres le soin de tracer les grandes lignes de sa vie et de son destin.

Elle éprouve de grandes difficultés à prendre des initiatives et des décisions. Au lieu d'agir dans son propre intérêt, elle préfère s'adapter aux changements que la vie, ou les hommes de sa vie, lui commandent, et elle se réfugie dans un monde de fantasmes lorsque la situation devient trop difficile à gérer.

Linda Schierse Leonard distingue quatre types d'éternelles adolescentes. On retrouve le plus souvent *la petite poupée chérie*[18], «petite chose adorable à regarder», au bras d'un homme qui a du succès. Elle paraît fière et confiante, qualités qui peuvent même susciter l'envie des autres femmes, mais elle-même *sait* que c'est une façade. Aux mains de cet homme, elle est devenue une sorte de marionnette qui continue à plaire malgré les remous intérieurs.

À mesure qu'elle avance dans la vie, la petite poupée chérie a de plus en plus de difficultés à masquer sa rancœur et son amertume. Une colère dont le motif lui échappe l'amène à blâmer son partenaire tout en se maintenant dans la passivité et la dépendance. Parfois, elle finit au contraire par prendre le dessus, et c'est elle qui manipule son mari à force de douceur et de séduction. Les grandes téléséries américaines comme *Dynastie* ou *Dallas* sont pleines de ces poupées charmantes qui nous fascinent par leur froideur et leur duplicité.

Ces comportements reflètent la plupart du temps la détresse d'une femme qui a été négligée par son père. Il n'a apprécié sa fille que pour son charme et sa beauté, alors que ses talents et ses qualités l'ont laissé indifférent. Pour sortir du cercle de la dépendance et acquérir son autonomie, elle devra accepter de briser son image de petite fille charmante et risquer de déplaire en affirmant ses idées et ses talents.

Les autres types d'éternelles adolescentes suivent à peu près le même schéma. *La fille de verre* prend prétexte de sa fragilité et de son hypersensibilité pour se réfugier dans les livres ou dans le monde de sa propre imagination, devenant ainsi une sorte de fantôme d'elle-même[19].

La *séductrice* vit dans le monde de l'imprévu et dans la joie du moment présent. Ses plans s'évanouissent d'heure en heure. Elle veut vivre de manière instinctive et sans aucune contrainte. Carburant à l'amour, elle refuse toute forme de responsabilités et d'obligations et, comme le don Juan masculin, éprouve énormément de difficulté à s'engager dans une relation durable. Cette existence improvisée, c'est la révolte d'une femme qui a été asservie par sa mère et négligée par son père. Mais elle n'a pas acquis le sens de sa propre valeur et sa révolte l'empêche «d'établir une relation véritable avec l'homme qu'elle aime[20]».

Finalement, la *marginale*[21] s'identifie à un père devenu objet de honte, un père qui s'est révolté contre la société ou qui en a été rejeté.

La mère, dans son bon droit, a pris en charge l'organisation familiale, tandis que la petite fille est restée perturbée par le drame de son papa. Parce qu'elle a souvent le même caractère autodestructeur que son père, leurs destins se ressembleront. En toute occasion, la marginale a besoin de critiquer son entourage et d'affirmer sa différence. Elle a de la difficulté à changer de comportement quand elle ne refuse pas carrément de le faire. Elle ne veut pas agir non plus pour changer les maux de la société. Elle se laisse aller à une sorte d'inertie qui la voue à l'alcoolisme, à la consommation de drogues, à la prostitution ou au suicide. Elle sombre souvent dans la dépression et le masochisme, pleurant sa vie ratée et ses relations avortées. Ayant la conviction profonde qu'elle n'est rien, elle cherche en l'homme un dieu qui sera tout pour elle.

Dans la pratique, j'ai constaté que la marginale avait souvent été agressée sexuellement par son père ou son beau-père. À la suite de ces agressions, elle n'arrive pas à s'aimer et à se respecter. Dans un documentaire sur le suicide des jeunes diffusé il y a quelques années sur les ondes de Radio-Québec[22], une adolescente racontait le drame de Linda, sa meilleure amie. Linda, qui avait été violée à plusieurs reprises par son beau-père entre l'âge de 12 et 14 ans, lui disait fréquemment que «le fond du sac de poubelle méritait plus d'amour et de considération qu'elle». Elle était devenue une prostituée qui se spécialisait dans les fantasmes de domination. Elle battait ses clients, les inondait de bêtises et de vulgarités. Deux semaines avant son suicide, Linda avait appelé sa mère pour obtenir son pardon, et celle-ci lui avait répondu: «En tant que mère je peux te pardonner, mais en tant que femme, jamais!» La mère ne comprenait pas le drame intérieur de sa fille. Linda avait besoin du pardon maternel pour continuer sa vie car, comme nous l'avons vu dans le cas de Gabrielle Lavallée, la victime d'inceste se sent souvent coupable du geste dont elle a été la proie.

L'éternelle adolescente a besoin de plaire à tout prix. Sa stratégie de survie est d'attirer le regard des hommes par tous les moyens. À moins qu'il ne s'agisse d'une marginale désespérée qui ne s'accroche même plus à une telle illusion, sa stratégie se résume à peu près ainsi: se faire voir, se faire valoir, se faire vouloir et... se faire avoir!

J'ai connu en thérapie des femmes qui s'étaient pliées aux désirs des hommes afin de répondre à leurs images fantasmées de la femme. L'une d'entre elles rêva un jour qu'elle se retrouvait dans une pièce complètement décorée de colliers et de bracelets. Son inconscient tentait de lui dresser un tableau de sa réalité: pour se convaincre perpétuellement de sa valeur, elle ajoutait bijou après bijou, pierre précieuse après pierre précieuse à sa collection. Lorsqu'un homme lui offrait un cadeau, elle croyait vraiment qu'il s'agissait d'un gage d'amour éternel. Elle répondait à ses avances, s'engageait et se retrouvait immanquablement le bec à l'eau. Pour un temps, elle blâmait son partenaire et se blâmait elle-même d'être à sa merci mais, aussitôt que le vide intérieur et le désespoir la talonnaient, elle entreprenait une nouvelle relation pour calmer sa souffrance.

Souvent, l'éternelle adolescente choisit un homme comme thérapeute pour obtenir le regard qui va enfin la particulariser. Le risque est alors grand qu'elle éprouve de l'amour pour lui. J'ai longtemps jugé dramatique qu'une femme découvre l'amour et la compréhension dans un cabinet d'analyste. Avec le temps, j'ai fini par comprendre que, pour certains êtres, c'était le seul endroit où l'amour pouvait naître, dans cette sécurité, dans cette absence de jugement et dans cette impossibilité. Cette affection prépare le terrain au véritable amour qui se vivra avec un autre homme. Le thérapeute aura servi de figure paternelle de transition.

LES AMAZONES

Pour survivre à la blessure laissée par le père, les *amazones* procèdent exactement à l'inverse des *éternelles adolescentes*. Au lieu de se dire: «Je vais le charmer et quand il posera son regard sur moi, je saurai que je vaux quelque chose», les amazones pensent: «Je vais lui prouver que j'ai de la valeur sur son propre terrain.» Ainsi, la femme qui a vécu sous la coupe d'un père tyrannique tentera de percer dans le monde avec la même autorité despotique; elle fera aux autres ce que son père lui a fait, leur imposera ce qui lui a été imposé. N'est-ce pas ce que les Amazones de la légende faisaient, qui dans un même élan rejetaient les hommes et s'amputaient un sein? Symboliquement, les amazones modernes se coupent aussi un sein; en adoptant les habits et les comportements des hommes, elles se coupent de leur propre féminité.

Les éternelles adolescentes souffrent de passivité et les amazones, d'hyperactivité; les unes semblent incapables d'agir dans leur propre intérêt, les autres, d'être simplement réceptives. Alors que les éternelles adolescentes aimeraient faire de la vie une longue suite de jours joyeux et sereins où elles seraient libérées de toute responsabilité, les amazones deviennent des femmes de devoir et de principes. Au lieu de rechercher le regard de l'homme comme le font les séductrices, elles rejettent la séduction masculine et vont parfois jusqu'à mépriser la race des mâles en entier.

La psychanalyste June Singer, dans son livre intitulé *Androgyny,* décrit ainsi l'amazone moderne:

L'amazone est une femme qui a adopté les caractéristiques qui sont généralement associées au tempérament masculin et qui, plutôt que d'intégrer les aspects masculins qui pourraient la renforcer en tant que femme, s'identifie au pouvoir masculin. Simultanément, elle renonce à sa capacité d'établir des relations aimantes, capacité qui, traditionnellement, a été associée au féminin. En conséquence, l'amazone qui prend le pouvoir tout en niant sa capacité de se lier affectivement à d'autres êtres demeure unidimensionnelle et devient la victime des caractéristiques qu'elle a voulu accaparer[23].

Parmi les amazones, celle que Linda Schierse Leonard appelle la *superstar*[24] (au Québec, on l'appellerait plutôt la *superwoman)* est le genre de femme qui tente de réussir en tout. Véritable bourreau de travail, elle voudrait aussi être la parfaite maîtresse de maison et la femme idéale. Elle tente de réussir là où son père a échoué. Pourtant, à ce rythme, elle s'épuise rapidement. Croulant sous le poids des responsabilités, fatiguée, la superstar perd tout contact avec ses émotions et bientôt plus rien ne peut l'atteindre, ni en elle-même ni dans le monde. Même ses succès et ses réalisations, au bout d'un certain temps, ne suffisent plus à donner un sens à son existence. À ce stade, comme revenue de tout, la superstar devient froide et cynique, mais une profonde dépression la guette, car sous cette froideur et ce cynisme se cache en fait la peur d'être rejetée. C'est comme si cette femme se disait: «Le meilleur moyen de ne jamais être déçue, c'est de ne rien attendre de personne[25].»

Selon Linda Schierse Leonard, il arrive souvent que la superstar ait eu un père qui la traitait comme un garçon en qui il aurait placé ses propres ambitions déçues. Au lieu de respecter sa différence sexuelle, le père a tracé pour elle une vie et un destin masculins.

Le problème vient du fait que l'amazone mise entièrement sur le *faire* sans égard au fait d'*être* simplement. En général, le *faire* et le *produire* sont des exigences de nature masculine alors qu'*être pour le plaisir d'être* appartient plus au monde féminin. Bien sûr, la personne de chaque sexe doit intégrer sa partie complémentaire, son animus ou son anima, mais pour y arriver elle doit être bien ancrée dans sa propre identité. Ainsi, l'homme qui s'identifie totalement à ses réalisations doit cultiver sa capacité d'être et sa réceptivité s'il veut devenir un être complet. De la même façon, la femme dont la capacité d'être et la réceptivité sont bien développées doit intégrer l'aspect dynamique masculin pour devenir complète. À l'inverse, l'homme qui, encore jeune, s'installe complètement dans la réceptivité au lieu d'accomplir quelque chose, risque de sombrer dans la passivité et de souffrir d'un faux développement. La même chose vaut pour la femme qui se construit une armure masculine en négligeant sa capacité d'être. Elle se développe faussement, et la souffrance s'ensuit.

Le second type d'*amazone* correspond à la femme de devoir et de principes: la *fille obéissante*[26]. Le sens du devoir et les principes lui ont été imposés par une structure familiale et religieuse très rigide. La femme obéissante a intégré inconsciemment un modèle de comportement tyrannique. Lorsqu'elle ne répond pas à son sens des responsabilités, elle se sent profondément coupable. C'est du moins le tableau que plusieurs de ces femmes présentent en thérapie. Elles ont perdu contact avec leur spontanéité et leur originalité. Certaines religieuses strictes de notre enfance représentent bien ce type de femmes restées prisonnières du complexe paternel.

J'ai connu une femme qui avait eu un père autoritaire et qui en avait fait un dieu. Ayant eu à prendre soin de lui très tôt en raison du décès de sa mère, elle s'était donné la mission de le sauver des griffes de la mélancolie. Dans son for intérieur, elle était mariée à son papa. Elle a gardé très longtemps des traits de petite fille, car elle n'avait pas accès à sa propre autorité. Elle se sentait toute petite, mariée à un idéal qui l'écrasait.

La femme de devoir et de principes a donné naissance à un autre type d'amazone que nous connaissons fort bien, la *femme martyre*[27], qui élève le dévouement et le sacrifice de soi au rang des beaux-arts. La femme-martyre correspond tout à fait à l'image que nous nous faisons de nos propres mères. Cette femme qui se dévoue complètement à son mari et à ses enfants, au service d'une cause ou d'une religion, se comporte comme si elle n'avait jamais le droit de penser à elle-même. Mais ses besoins refoulés trouvent à s'exprimer par des moyens détournés: les soupirs, les sautes d'humeur, les silences et les reproches qu'elle exprime accablent ses enfants et son entourage. Linda Schierse Leonard déclare à ce sujet:

> Il faut que la martyre éprouve de la colère envers le sacrifice qu'elle fait d'elle-même et qu'elle découvre que l'aspect caché de ce sacrifice vertueux et rigide est l'enfant abandonnée, l'inadaptée qui se sent comme une victime rejetée et qui veut qu'on la prenne en pitié[28].

Finalement, l'amazone culmine dans la figure de la *reine-guerrière*, qui s'oppose avec force et détermination à l'irrationalité de son père[29]. Elle considère celui-ci comme un dégénéré et prend les armes contre lui.

Une citation du poète C. S. Lewis décrivant la révolte de la déesse Oural contre son père — qui avait décidé de tuer Psyché, sa sœur bien-aimée — décrit bien l'attitude de la *reine-guerrière*:

> *La meilleure chose que nous puissions faire pour nous défendre contre eux (mais ce n'est pas vraiment une défense) est de rester éveillées et de travailler dur, sans écouter de musique, sans regarder ni le ciel ni la terre et (d'abord et avant tout) sans aimer*[30].

Ces paroles terribles dénotent un endurcissement radical. Elles me rappellent le credo de ces femmes extrémistes qui finissent par considérer que faire l'amour avec un homme constitue un «travail non rémunéré». Une telle rigidité est aussi irrationnelle que l'attitude du père qui l'a engendrée. Qu'elle ait été causée par un père fou, irresponsable ou dégénéré, une telle réaction trahit finalement la même folie et le même débordement. On cultive une force impitoyable et sans joie, où tout devient corvée, une sorte de «marche ou crève» où tous les pas de la vie sont considérés comme des batailles à gagner. Il n'y a plus de moments agréables à savourer, la réceptivité elle-même passe pour de la passivité, et c'est ainsi que l'épanouissement de la femme est compromis.

LE FÉMININ VEUT S'ÉPANOUIR

Depuis longtemps, les éternelles adolescentes ont été élevées pour être des séductrices qui, une fois mariées, deviendraient des femmes de devoir et de principes conformément à l'esprit de responsabilité et de sérieux qui sied à toute bonne famille. L'ombre des séductrices qui ont renoncé à leur pouvoir personnel est celle de la femme dominatrice et castratrice. La dominatrice tente de prendre le contrôle sur la séductrice parce que celle-ci manque d'assurance et qu'elle a abdiqué son propre pouvoir.

Par contre, la femme qui a épousé le sort de l'amazone a acquis le contrôle d'elle-même, mais elle juge inacceptables ses besoins de dépendance. L'amazone voit de la faiblesse dans le moindre geste de service à l'égard d'un homme. Elle a raison de ne plus vouloir vivre dans l'ombre de la dépendance qui a fait le malheur des femmes jusqu'à maintenant, mais elle doit reconnaître que chaque être a besoin des autres pour exister.

Le travail de réflexion sur soi permet de sortir de ces positions rigides. À la longue, il donne naissance à ce que j'appellerais la *femme créatrice,* qui peut être tantôt séductrice, tantôt amazone. Cette femme sait garder l'équilibre entre ses besoins fondamentaux. Son dévouement pour les autres ne va pas jusqu'au reniement de ses besoins personnels. Elle connaît suffisamment son pouvoir pour ne plus avoir à se le prouver sans cesse et elle prend des initiatives tout en tenant compte des besoins de son partenaire.

J'encourage les hommes à lire l'ouvrage de Linda Schierse Leonard. Ils comprendront mieux, après cette descente en profondeur dans la psyché féminine, les combats menés par leurs propres compagnes. Il est difficile pour nous, les hommes, qui jouissons sans nous en rendre compte de tous les privilèges de la société patriarcale, de comprendre jusqu'à quel point le moi féminin a été opprimé, bafoué, déprécié, et combien les femmes qui partagent nos vies peuvent en souffrir.

Le féminin veut naître également en nous, qui sommes les compagnons des différents types de femmes que Linda Schierse Leonard a décrits. En tâchant d'imaginer à tour de rôle que chacune de ces femmes existe en nous, nous verrons peu à peu émerger l'image de notre propre féminité. Certains hommes ont une anima marginale alors qu'une anima fragile et capricieuse en habite d'autres. Quant à la femme de devoir et de principes, elle se rencontre fréquemment chez ces «fils à maman» qui vont jusqu'au martyre pour ne pas déplaire à leur entourage.

Mères-filles

Une relation d'amour-haine

Ce livre est essentiellement consacré à la compréhension des relations hommes-femmes et, jusqu'à maintenant, j'ai limité ma réflexion aux relations pères-filles et mères-fils. Poutant, comme je l'ai dit dans le chapitre précédent, l'enfant vit dans un espace triangulaire père-mère-enfant plutôt que dans des axes limités tels que pères-filles ou mères-fils. Je me permets donc ici une légère digression en apportant quelques considérations sur les rapports mères-filles[31].

Comme je l'ai déjà dit, l'attention du père confirme la fille dans sa différence sexuelle, ce qui lui permet de se différencier de sa mère et d'affirmer son individualité de femme. Or, lorsque les relations pères-filles ne sont pas adéquates, elles imposent souvent une charge indue aux relations mères-filles, de telle sorte qu'il n'est pas rare, en thérapie, de rencontrer des femmes qui entretiennent une relation extrêmement ambivalente envers la figure maternelle. Nous pourrions dire qu'elles aiment et haïssent leur mère en même temps. Cette relation d'amour-haine pourrait se formuler de la façon suivante:

J'aime ma mère parce que c'est la seule personne qui m'accorde de l'attention, mais je la déteste parce qu'elle exige trop de moi. Elle a toujours surveillé mes résultats scolaires aussi bien que la longueur de mes jupes et la couleur de mes pinces à cheveux. Elle se mêlait de tout et se mêle encore de tout. J'en ai plein le dos de ma mère!

Comment comprendre de telles paroles? Disons d'abord qu'il est fréquent de constater que le parent de même sexe a de fortes exigences envers son enfant. Celui-ci lui tend un miroir où il sera tenté de chercher le visage de ses désirs et de ses ambitions déçues. Mais cela risque d'enfermer l'enfant dans un carcan. Car il est vrai que les enfants ont besoin de sentir les rêves que les parents entretiennent à leur égard, comme si on tissait leur destin. Cependant, il faut convenir que les rêves des parents peuvent devenir une prison étouffante, comme si les mailles du tissu devenaient trop serrées.

Or, le contexte patriarcal, qui a imposé tant de limites à la liberté des femmes, a créé un contexte idéal pour que les rêves frustrés des mères viennent bloquer l'émergence de l'individualité des filles. L'attitude d'ambivalence de la fille est donc provoquée en partie par le fait que la mère désire inconsciemment que sa fille soit *tout* pour elle.

En contrepartie, la mère va tenter d'être *tout* pour sa fille. Elle désire être à la fois la meilleure mère, la meilleure amie et le modèle parfait de la femme évoluée. C'est ainsi qu'elle finit par prendre trop de place auprès de sa fille. La mère exige beaucoup d'elle-même et en retour elle demande trop à son enfant. Elle finira par reprocher à sa fille de ne pas lui confier assez de choses et de n'être pas assez proche d'elle. Elle voudrait être une amie pour son enfant, oubliant qu'elle est d'abord et avant tout une mère et qu'un enfant ne peut pas se montrer vraiment tel qu'il est à son parent.

Le problème est causé en partie par l'éducation féminine, qui a entraîné les femmes à se donner complètement aux autres. Elles ont appris à s'oublier et à se sacrifier. Une telle concentration sur l'autre a sa contrepartie d'ombre qu'une mère ne voit pas parce qu'elle agit ainsi pour le bien de l'enfant. Elle pourra se comporter en mère qui exerce trop de contrôle sans vraiment s'en rendre compte et se plaindra par la suite de l'ingratitude des siens. Mais ce sort est réversible si la mère accepte d'entendre la version que sa fille donnera des événements familiaux. Elle comprendra alors à quel point elle était envahissante malgré toute sa bienveillance.

Le moment crucial ou fatidique des rapports mères-filles intervient lorsque les filles atteignent l'âge de 14 ans. C'est à ce moment-là que de nombreuses mères constatent avec effroi le fossé qui s'est creusé entre elles et leur progéniture. À partir du moment où les filles commencent à signifier à leurs parents que leur groupe d'amis est plus important qu'eux, les mères n'arrivent pas à se séparer. Elles subissent rejet sur rejet, frustration sur frustration, sans comprendre que leur rôle de mères est en train de changer et qu'il est temps qu'elles renouent avec la femme oubliée en elles. La puberté des enfants présente en effet une occasion rêvée de revenir à soi-même et de reprendre contact avec son individualité délaissée. L'épreuve que représente l'adolescence d'une fille pour la mère aura une issue positive lorsque cette dernière aura appris à faire confiance à l'héritage qu'elle a transmis.

L'ABSENT EST IDÉALISÉ

Destin paradoxal s'il en est que celui de la femme qui, bien que n'ayant à peu près pas connu son père, entretient avec lui une relation intérieure plus positive qu'avec la mère qui s'est occupée d'elle. L'absent a été idéalisé et demeure un point d'appui central dans la psyché de nombreuses femmes.

Enfant, une patiente ne voyait son père qu'à des mois d'intervalles à cause du métier qu'il exerçait. Des années durant, elle insista pour que sa mère lui mette la même robe rapiécée, raccommodée et devenue trop petite, chaque fois que son père revenait à la maison. Elle faisait une crise si sa mère refusait. La raison était simple: maman lui avait dit que papa l'aimait vêtue de cette robe, et cela s'était inscrit dans l'esprit de l'enfant d'une façon indélébile. Elle avait tellement besoin du regard approbateur de son père qu'elle voulait mettre tous les atouts de son côté. Parvenue à l'âge adulte, elle entretenait une relation typiquement ambivalente avec sa mère, dont elle avait toutes les peines du monde à se démarquer, et elle idéalisait son père qui, pourtant, lui apportait peu.

Pour expliquer l'idéalisation du père absent, il faut aussi considérer le fait que beaucoup de jeunes femmes ont reçu le message maternel selon lequel elles devaient gagner leur indépendance elles-mêmes et ne pas compter sur les hommes. Elles ont grandi avec l'impression qu'elles doivent gagner leur indépendance *contre les hommes* pour respecter les combats de celles qui les ont précédées. Mais secrètement, elles soupirent après l'amour d'un homme et désirent s'abandonner dans ses bras. Elles se retrouvent ainsi en porte-à-faux avec l'idéal maternel et se sentent coupables envers leur mère, cherchant dans son comportement la faille qui puisse légitimer la dérogation à une règle intérieure trop dure.

Comme je l'ai dit plus tôt dans ce chapitre, il existe un rapport particulier de séduction entre le père et la fille qui doit être respecté. Car si le père influence la formation de l'*animus* de la fille, il ne faut pas oublier qu'à l'inverse la fille tente d'incarner l'*anima* du père pour se rapprocher de lui. Ainsi se tisse un lien privilégié d'inconscient à inconscient. La fille cultive cette complicité secrète et mystérieuse qui appartient au monde de l'*anima* et qui la repose de l'*animus* exigeant de la mère. Elle s'attache à *deviner* son père et devient parfois la seule qui ait accès à son monde intérieur, ce qui peut donner lieu à des attachements dramatiques qui vont opposer la fille à sa mère.

Les rapports entre la mère et la fille peuvent également se compliquer quand cette dernière aime chez son père ce qui irrite la première. Une femme dans la vingtaine m'a raconté que sa mère reprochait à son père d'être faible et sensible alors que c'est précisément ce qu'elle aimait chez lui. Elle appréciait cette vulnérabilité qui faisait partie d'elle aussi. Une autre m'a raconté qu'elle s'était mise à aimer le sport parce que son père, d'ordinaire réservé, s'exprimait spontanément devant le téléviseur lors des joutes de hockey. Elle les suivait avec lui pour participer à ce débordement d'émotions. Je connais aussi des filles qui incarnent dans leur vie un talent caché du père. Il s'agit, chez elles, d'une façon de rester liées à lui et d'honorer sa présence bienfaisante.

Une rivalité inconsciente se développe entre la fille et la mère lorsque la première sent qu'elle saisit mieux la sensibilité de son père que la seconde, qui ne pige rien de son époux. J'ai observé que, chez certaines femmes, cette sourde compétition remontait à la surface dans le jeune âge adulte: la jeune fille choisit des amants qui ont l'âge du père pour prouver à la mère qu'elle a autant de valeur qu'elle et qu'elle comprend mieux les hommes. Lorsqu'il y a eu divorce, c'est parfois une façon de dire à la mère qu'on aurait su, à sa place, comment garder son mari et éviter un si grand déchirement. Parfois, les reproches non dits des filles envers leurs mères s'expriment de cette façon détournée.

J'admire les mères qui ont réussi à réaliser la quadrature du cercle. Les rapports avec leurs filles ne semblent pas entachés de cette sourde compétition. Le fait que les femmes aient trouvé des voies d'épanouissement autres que la maternité dans notre société y contribue sûrement. Elles ont moins de rêves non réalisés à proposer à leurs filles. Il s'ensuit que nous voyons de plus en plus de relations mères-filles qui se déroulent dans la complicité et le respect mutuel.

J'arrête là ces quelques considérations que nous reprendrons en détail lorsque nous aborderons les rapports mères-fils. Pour le moment, voyons si ce que nous avons développé dans ce chapitre aide à mieux comprendre ce qui se passe entre *Elle* et *Lui* sur le canapé.

ELLE ET *LUI* SUR LE CANAPÉ

Elle a tellement manqué d'attention de la part de son père qu'elle a maintenant besoin du regard d'un homme pour confirmer sa propre existence. La négligence paternelle lui a légué un vide intérieur et un manque de confiance en elle-même qui la rendent esclave de son besoin de plaire et d'être désirée. La carence qu'*Elle* porte fait peur à son partenaire, car il ne sait pas comment remplir ce trou sans fond. Lorsqu'un être éprouve un tel vide intérieur, il passe sa vie à demander aux autres de lui confirmer son existence. Dans la relation amoureuse, ces lacunes s'expriment par une possessivité qui emploierait les mots suivants si on lui laissait la parole: «Regarde-moi! Ne regarde que moi! Dis-moi que j'existe et que les autres n'existent pas!»

Elle rêve d'une situation où l'affection de son compagnon lui ouvrirait les portes de l'amour. Elle tente par tous les moyens de le deviner comme elle devinait son père. Elle veut le rendre heureux afin qu'il parle en termes romantiques et qu'ainsi ils trouvent ensemble le chemin de la liberté. Mais il s'effarouche toujours dès les premières approches. Elle demeure frustrée, seule avec la voix d'un animus négatif qui lui dit d'un ton triomphant: «Je te l'avais bien dit! Ce n'est pas un homme pour toi!» Elle rejette ces paroles où elle croit entendre sa mère. Elle achète du temps et cache son insatisfaction en se réfugiant dans de vains espoirs de changement.

Voilà comment se fabrique *la femme qui aime trop*. Plus tard, nous verrons comment se fabrique *l'homme qui a peur d'aimer*. Au préalable, voyons comment la femme peut jeter un baume sur la blessure ouverte en elle par la négligence du père.

4

Guérir du père

Le drame de la bonne fille

Le présent chapitre traite des attitudes que la jeune fille doit adopter pour guérir de la blessure laissée par son père et cesser de vivre ainsi dans l'attente du prince charmant. À partir des thèmes de l'agressivité et de l'estime de soi, nous décrirons aussi le drame de *la bonne fille,* celle qui s'efforce d'être toujours gentille.

Dans son livre intitulé *Le drame de l'enfant doué*[1], la psychanalyste Alice Miller explique très bien comment un problème narcissique se forme chez l'enfant qui souffre du manque de considération de ses parents. Un tel enfant ne s'adapte pas, il se suradapte. Il développe une sensibilité qui lui permet d'anticiper les besoins de son entourage et d'être ainsi en mesure de les combler. De cette façon, l'enfant s'assure de gagner l'approbation d'autrui et satisfait son immense besoin d'amour-propre. En agissant de la sorte, l'enfant renonce à son pouvoir d'affirmation et trahit sa personnalité profonde. Devenu esclave des besoins d'autrui par souci de plaire, il développe une fausse personnalité qui est en contradiction totale avec son moi véritable.

C'est ce qui se produit chez la bonne fille: elle est prisonnière d'un complexe paternel si puissant que sa créativité ne peut plus s'exprimer. Elle est gentille et agréable, mais elle ne se respecte pas elle-même.

UNE BELLE AU BOIS DORMANT

Alors que je participais à un stage de formation à Zurich, une jeune femme dans la trentaine est venue me consulter. C'était une enseignante universitaire qui avait décidé de prendre un congé sabbatique. Elle s'était cloîtrée dans son appartement, le temps de réfléchir à une nouvelle orientation professionnelle et de développer ses talents artistiques. Cependant, elle n'arrivait pas à se remettre au travail. De peur de tomber dans la dépression, elle avait décidé de venir me consulter. Elle était grande, de belle apparence et d'une intelligence marquée. Mais quelque chose en elle n'arrivait pas à s'extérioriser. Elle passait parfois l'heure de la séance dans le silence complet. Une atmosphère de somnolence régnait dans la pièce; intérieurement, j'en vins à l'appeler «ma belle au bois dormant».

À la longue, la situation devenait de plus en plus inconfortable. Je me heurtais sans cesse à la haie d'épines qui protégeait la belle dans son sommeil. Toutes mes interprétations semblaient passer à côté du problème, ce qu'elle ne manquait pas de me faire remarquer avec une pointe d'ironie.

Elle racontait que, durant son enfance, elle avait passé beaucoup de temps isolée dans sa chambre et même dans la garde-robe. Invariablement, son père répondait à ses demandes d'attention, souvent déguisées en caprices et en incartades, en disant: «Va dans ta chambre!» Maintenant que son père était mort, elle reproduisait le même comportement en s'isolant dans son logement, cette fois sous les injonctions du complexe paternel négatif.

Le père, lui-même un intellectuel, avait eu peine à nouer une relation chaleureuse avec ses deux filles. Leur présence le menaçait. Il avait d'ailleurs un comportement très ambigu par rapport à la sexualité. Il se promenait en sous-vêtements dans la maison, mais il ne tolérait pas que ses filles s'affichent en chemise de nuit. Il frappait même à coups de manche à balai sur le plafond de l'appartement lorsqu'il entendait le couple qui vivait au-dessus faire l'amour. Le moins qu'on puisse dire est qu'un tel comportement du père prédispose mal une fille à l'éveil de son *éros*.

L'histoire amoureuse de ma patiente confirmait d'ailleurs cette interprétation. La jeune femme avait connu quelques hommes qui étaient tous des êtres dépendants aux prises avec des problèmes d'alcool ou de drogue. Son manque d'amour-propre l'amenait à rechercher sans cesse de telles relations. Elle croyait que les hommes ne l'approchaient que pour avoir des relations sexuelles. Elle attendait de trouver l'homme qui découvrirait sa valeur véritable et nouerait avec elle une relation affectueuse. Les idées créatrices en jachère, elle attendait. Son sens de l'initiative, sa fermeté, tout ce qui lui aurait permis de s'affirmer restait inactivé. Elle attendait, tout en sachant qu'elle ne gagnait rien à attendre et qu'elle devait passer à l'action. Comme c'est souvent le cas lorsqu'une situation est particulièrement angoissante, un rêve vint l'éclairer:

Elle est dans une petite boutique de lingerie féminine. Elle veut acheter un bikini, mais elle ne sait lequel choisir. La vendeuse lui en conseille un, osé, sexy, fort coloré et qui lui va à ravir. Contente et enthousiaste, elle décide de l'acheter. Elle sort du magasin, descend les marches puis, se retournant, elle aperçoit son père en haut de l'escalier. Elle comprend alors qu'il est le propriétaire de la boutique. Soudain, il déverse une brouette de ciment frais dans les marches. Le rêve se termine alors qu'elle a les pieds pris dans le ciment.

Ce rêve montre clairement l'influence du complexe paternel négatif sur le comportement d'une femme. Un véritable conflit a pris forme en elle, opposant d'une part sa spontanéité et son besoin d'exhiber ses talents et, d'autre part, l'interdiction d'être autre chose qu'une femme réservée.

La fantaisie et la joie de vivre de cette femme étaient enfermées dans cette boutique, dont le propriétaire était nul autre que son père. Intérieurement, elle possédait la capacité de sentir ce qui était bon pour elle mais aussitôt qu'elle désirait l'extérioriser, le complexe négatif intervenait pour l'en empêcher. Elle se retrouvait alors paralysée, comme si ses pieds étaient pris dans le ciment, et qu'elle ne pouvait plus ni avancer ni reculer.

Cela avait des répercussions sur la sensualité de cette femme. Elle tentait de confirmer son identité féminine en stimulant le désir des hommes avec un maillot sexy, mais son père intérieur le lui interdisait, comme il lui interdisait de se promener en chemisette dans la maison lorsqu'elle était jeune. Au fond, cette femme adulte obéissait encore à l'injonction «Va dans ta chambre!» que son père lui lançait lorsqu'elle était enfant.

Mais pourquoi cette femme s'isolait-elle ainsi dans son appartement comme elle le faisait autrefois dans sa chambre d'enfant? Pour le comprendre, regardons ce qui se passe du côté de l'animus, sa force de vie active qui, elle aussi, était prisonnière du complexe paternel. Ne pouvant s'exprimer au-dehors, son animus était devenu une sorte de «cocon de rêves» où le monde apparaissait *tel qu'il devrait être*[2]. La psychanalyste Marie-Louise von Franz considère ce «cocon» comme l'une des formes que peut prendre l'animus négatif.

Donc, cette femme était dans son appartement, et elle rêvait! Elle rêvait d'être une grande musicienne, mais elle ne jouait d'aucun instrument. Rien ne semblait l'atteindre. Il manquait assurément un élément d'explication à son comportement, et cet élément était l'agressivité. Où était donc passée la colère contre son père et son propre destin? Elle ne semblait pas en avoir, pas consciemment du moins. Où était passée l'ombre de cette femme gentille?

Me vint alors à l'esprit ce qu'elle m'avait dit un jour au sujet de la séduction. Elle percevait souvent le désir des hommes comme l'expression d'un véritable mépris à son égard, disait-elle. En explorant ce thème avec elle, je compris qu'elle prêtait aux hommes une hostilité générale à l'égard des femmes. Elle hésitait à s'approcher des hommes, surtout de ceux qu'elle admirait, de peur que leurs jugements ne détruisent le peu d'estime qu'elle s'accordait. Voilà pourquoi elle choisissait des perdants.

Cela expliquait aussi son manque d'agressivité. Elle projetait sur les hommes la rage qu'elle ressentait envers son père. Cette rage était tellement profonde et menaçante pour le moi que le seul moyen de survivre dans un tel contexte était d'agir ainsi. Le mépris qu'elle prêtait aux hommes à son égard était en fait le mépris qu'elle éprouvait à l'égard de son père. Il s'agissait en somme d'un véritable déni de l'agressivité. Pour ne pas avoir à affronter la «méchante» en elle, elle agissait en fille gentille, en «bonne fille».

C'est ainsi que m'apparaissait le drame de cette femme cantonnée dans la douceur sur un fond d'amertume dépressive. Elle tentait de toutes ses forces d'échapper au complexe paternel négatif et de rompre avec la fausse personnalité qu'elle s'était fabriquée pour survivre. Elle avait déjà fait preuve de courage en cessant d'exercer une profession qui la maintenait dans le conformisme intellectuel de son père, pour se diriger vers une occupation plus créative. Mais pour continuer son chemin, elle avait besoin de récupérer son agressivité. Elle devait percer la bulle de rêves où elle s'était réfugiée et affronter son ombre menaçante si elle voulait jouir un jour de toute sa force d'expression et d'autonomie.

Je n'ai jamais connu la fin de cette histoire. Ayant terminé mes études, j'annonçai à tous mes patients que je quitterais la Suisse au cours de l'année. Ma *belle au bois dormant* choisit alors d'interrompre sa thérapie. Elle avait sans doute préféré abandonner son thérapeute plutôt que de se sentir abandonnée par lui. Sa décision me surprit, mais je me dis dans mon for intérieur qu'il s'agissait peut-être là d'un des premiers jalons vers son autonomie. Elle s'était affirmée au risque de déplaire à la figure paternelle que je représentais.

La bonne colère

Je pense pour ma part qu'il n'y a pas de processus de guérison qui ne passe en bonne partie par la colère. Dès qu'une femme se rend compte de l'imposture qu'a été sa vie, elle doit se révolter contre ceux qui ont abusé d'elle. Dans un premier temps, elle doit pleurer, accuser ses bourreaux, crier sa colère. Dans un deuxième temps, elle doit cesser de se faire à elle-même ce qu'elle reproche aux autres de lui avoir fait.

Dans un article où elle décrit sa propre démarche, la journaliste Paule Lebrun donne un bon exemple d'intégration de l'ombre colérique. Participant à un atelier de groupe, elle commence par réagir vivement à la présence d'une femme perturbée qui détruit tout «avec ses sarcasmes, son venin et ses crachats». Elle éprouve une grande compassion pour celle qui exprime son désespoir d'une façon aussi crue, mais le lendemain elle se réveille avec l'impression d'avoir «un couteau entre les dents».

> J'étais en contact avec ma propre poche de venin, vous savez, celle que toute femme ou presque porte au fond d'elle; la Serpente en nous, ksss, ksss, ksss, viens mon chéri que je te kiiiisssse, celle qui n'a pas digéré la blessure psychique faite aux femmes depuis 2000 ans, l'incroyable colère collective qui s'est aplatie en rage puis en ressentiment, qui a disparu sous l'édifice et qui attend son heure[3].

Elle se met à danser dans l'espoir que cette colère se dissipe, mais rien n'y fait: elle est subjuguée par l'énergie, la force et l'agilité de ce serpent, «douce jusqu'à l'écœurement».

> Je pouvais sentir sa puissance cachée, son indifférence animale, sa dangereuse capacité d'étouffer l'autre. Savez-vous que vous portez en vous tous les meurtres, toutes les violences possibles, comme autant de potentialités non éveillées? Ce jour-là, je sus que tout était en moi. Le meilleur mais aussi le pire. [...] J'étranglai avec mes anneaux de serpent plusieurs hommes, des images meurtrières affluèrent. Un nœud énergétique se défit sous mes yeux, se dispersa légèrement comme des cendres. Passé le moment initial de terreur, je m'abandonnai voluptueusement au mouvement, et ce qui, quelques secondes plus tôt, m'apparaissait horrible se transforma en une danse exquise[4].

Quand elle tente par la suite de reprendre contact avec cette force nouvelle, elle se rend compte qu'il s'agissait de la sorcière en elle, de la *bitch,* cette femme «vitriolique et amère, capable de détruire avec des mots». Lorsqu'une femme reconnaît la présence d'un tel pouvoir, elle sait qu'elle ne se cantonnera plus jamais dans le rôle de victime. S'approprier ce pouvoir au niveau conscient constitue la troisième étape de ce processus de transformation de l'agressivité en combativité et en force intérieure. Le serpent lui servira désormais à protéger son territoire intime, à s'affirmer dans le monde et à devenir créatrice de sa propre vie. Et le complexe paternel n'a qu'à bien se tenir!

Il s'agit à toutes fins utiles d'accepter qu'en soi logent les aspects les plus sombres de l'humanité. Paradoxalement, cette acceptation s'accompagne d'une détente dans tout le système nerveux, car on n'a plus à se défendre d'être ceci ou cela. On est ce que l'on est, tout simplement, et on se reconnaît dans la grande sagesse de la nature qui a fait toute chose à la fois sombre et lumineuse.

La guérison de l'amour-propre

Le besoin qu'éprouvent de nombreuses femmes d'être constamment le centre d'intérêt de leur entourage trahit la blessure que leur ont infligée les «pères manquants». Ces femmes vivent dans un perpétuel *face-à-face* avec leur partenaire, alors qu'elles devraient vivre *côte à côte* avec ceux qu'elles aiment. Elles éprouvent le besoin constant d'être soutenues par le regard de l'homme, à tel point que leur équilibre psychologique en dépend. Elles se plaignent de l'attitude des hommes tout en réclamant leur présence; or, c'est précisément l'aspect démesuré de leur attente qui les fait fuir. Lorsque la femme accepte de *porter attention* à la souffrance laissée en elle par l'attitude du père, elle comprend mieux l'influence que cette souffrance exerce dans sa vie amoureuse. Ainsi, elle s'affranchit en grande partie de l'attente du prince charmant. Cela ne signifie pas qu'elle rejette la sécurité et l'estime que comporte tout amour. Cela signifie simplement qu'elle a acquis une autonomie suffisante pour apprécier tous les aspects de l'amour à leur juste valeur.

Sortir de la misogynie

Héritière du silence paternel, la *fille du silence* risque d'être une femme soumise. Elle doit adopter certaines attitudes qui lui permettront de sortir de son état de dépendance et de soumission.

La première attitude consiste à assumer sa part d'ombre, au lieu de tenir les hommes responsables de son malheur personnel. Cette ombre est bien sûr constituée de la colère que les femmes s'interdisent de manifester; elle contient aussi un élément plus difficile à reconnaître, la misogynie que les femmes entretiennent à l'égard du monde féminin.

Une consultante en développement organisationnel auprès de cadres supérieurs masculins m'a confié que pendant plusieurs années elle avait tenté en vain de faire oublier aux hommes qu'elle était une femme. Pendant les séminaires, elle portait des vêtements d'homme, comme si elle réprimait sa sexualité et sa sensualité. Jusqu'au jour où elle constata qu'elle était en train d'étouffer sa féminité.

Cette femme prit conscience de sa situation lors d'un stage qu'elle effectuait en Californie. Le soleil, la mer et la liberté qu'elle éprouvait réveillèrent en elle toute sa sensualité refoulée. Elle se rendit compte alors que, pour obtenir la reconnaissance des hommes, elle avait surdéveloppé son côté masculin, négligeant ainsi sa personnalité féminine. Elle poursuivait le travail de sape qui avait commencé dans sa famille, à l'école et au travail. Ses modèles avaient toujours été des femmes de pouvoir dont les qualités masculines étaient surdéveloppées. Pour réussir, elle n'avait pas seulement nié une partie d'elle-même comme les hommes le font, elle avait renié le cœur de son identité féminine.

La psychologue montréalaise Linda Lagacé a longtemps travaillé sur cette problématique. Dans ses cours à l'université, elle a élaboré des questionnaires pour aider les femmes à comprendre comment elles continuent à donner aux hommes le pouvoir de les évaluer. Un aspect original de son travail porte sur la façon dont les femmes dévalorisent tout ce qui est féminin en elles, perpétuant ainsi la misogynie des hommes. Elle soutient que plus une femme prend conscience de sa propre misogynie, plus elle peut résister à la misogynie masculine[5].

Aussi longtemps qu'une femme croira que la dévalorisation du féminin s'effectue uniquement à l'extérieur d'elle-même, elle accentuera sa situation de victime. Pour s'en sortir, elle doit admettre en son for intérieur qu'elle contribue elle aussi à renforcer les stéréotypes patriarcaux: si c'est féminin, ça ne vaut rien; si c'est masculin, c'est valorisé. Une fois son propre mépris reconnu, elle cesse d'attendre que les hommes changent et amorce elle-même le changement.

Ce changement repose sur la prise de conscience du double jeu que la société patriarcale impose à la femme. On lui demande d'être douce, compatissante, soumise et docile, mais en même temps on dévalorise ces comportements dans la société où tout ce qui compte c'est d'être fort et gagnant. Si la femme nie sa part masculine, elle reste *féminine,* mais se sent inadaptée parce que sa valeur n'est pas confirmée par son entourage. Si au contraire elle nie sa part féminine, elle présente une image de force, mais son féminin profond reste écrasé et elle a peur des autres femmes. Pour sortir de ce double jeu, les femmes doivent cesser d'attendre que les hommes les valorisent; c'est en valorisant leur propre féminité qu'elles amélioreront leur situation psychologique et sociale.

DONNER UNE EXPRESSION À L'ANIMUS

La prise de conscience de l'ombre misogyne oblige la femme à un retour fondamental sur soi. Cela est difficile pour la *fille du silence,* qui a été éduquée à s'oublier pour se centrer sur les autres et sur ce qui a une valeur reconnue: le monde masculin. Par exemple, elle accorde à l'amour romantique une importance démesurée, parce qu'elle est convaincue que seul l'amour d'un homme lui confère une véritable valeur. Cela explique d'ailleurs pourquoi les hommes qui ont du succès jouissent de tant de popularité auprès des femmes. Plus la valeur d'un homme est reconnue, plus elle déteindra sur sa compagne.

La projection de l'animus donne ses fondements à l'amour romantique. Mais la relation amoureuse n'apporte vraiment la connaissance de soi que si la femme fait l'effort de mettre en conscience sa propre masculinité. Si cette masculinité inconsciente est projetée uniquement sur les hommes à l'extérieur de soi, la femme ne peut reconnaître sa propre valeur. En faisant l'effort d'intégrer son propre animus positif, c'est-à-dire en éveillant et en incarnant ce qu'elle reconnaît chez l'autre qui lui plaît tant, elle s'affranchit de l'importance démesurée de l'amour dans sa vie et elle rehausse son estime de soi.

IMAGINER LA BEAUTÉ DU FÉMININ

Pour compenser une estime de soi déficiente, le recours à l'imagination peut être d'un secours insoupçonné. Puisque les fantasmes négatifs rendent la vie misérable, il faut prendre leur contre-pied. Il faut combattre le feu par le feu. La femme doit apprendre à réaliser tous les fantasmes qui lui permettent de vivre en accord avec elle-même, d'aimer son corps, ses sensations et son esprit; elle doit savoir trouver dans le monde les plaisirs qui la satisfont, tous ces petits plaisirs de la vie qui n'ont besoin de l'approbation de personne pour être réalisés.

On a tendance à sous-estimer le pouvoir de l'imagination. Assurément, il représente une voie possible vers l'archétype féminin positif présent en chaque femme. L'imagination positive constitue une façon de nourrir la femme qui germe en elle et qui veut venir au monde. Par la suite, elle doit habiller cette nouvelle âme à la mesure de sa fantaisie. Les différents séminaires intensifs qui proposent une rencontre avec les déesses amérindiennes ou antiques font état de cette revalorisation en profondeur de l'univers féminin dans son lien avec la nature. Le culte des déesses devient un chemin vers l'éveil de cette qualité en soi.

En bref, la femme doit avoir confiance en sa capacité d'exprimer toute sa féminité sans céder aux injonctions d'une société misogyne; elle doit s'appuyer sur une force aimante et sûre d'elle-même, qui ouvrira le chemin vers de nouvelles valeurs. Honorer le féminin profond et le revaloriser partout dans la société: telles sont les tâches que l'histoire a léguées aux *filles du silence*.

Mère et fils: le couple impossible

Les préparatifs du mariage

UN DRAME PSYCHOLOGIQUE

Après avoir traité des rapports pères-filles, nous allons maintenant aborder le deuxième grand thème de cet ouvrage, les rapports mères-fils. Toujours guidés par la scène du canapé, nous allons essayer de comprendre pourquoi *Lui* a peur d'aimer. Nous découvrirons que, contre toute attente, les fils élevés trop près de leur mère ne deviennent pas des hommes qui sont près des femmes mais des hommes qui bien souvent ont peur des femmes. Avant d'élaborer davantage, permettez-moi de m'attarder un instant aux considérations suivantes.

Je suis conscient qu'en tant qu'homme je ne saurai jamais concrètement ce que signifie donner naissance à un enfant que l'on a porté dans son corps pendant neuf mois pour ensuite l'encourager à développer son autonomie complète. Je sais seulement que cette tâche est difficile et angoissante pour la mère qui doit constamment se demander si elle en fait trop ou pas assez pour son enfant.

Lorsqu'on est le parent qui est le plus présent, on est également celui qui risque le plus de commettre des erreurs et celui auquel les enfants auront le plus de reproches à adresser. En outre, la femme entreprend cette nouvelle étape avec sa part de blessures à guérir et de besoins à combler. En fondant une famille, elle espère secrètement que son existence soit confirmée par un homme et des enfants.

D'autre part, je sais aussi combien est grande la souffrance des fils mal séparés de leurs mères, ces hommes qui passent leur vie prisonniers des filets de la culpabilité et qui se sentent incapables d'assumer leur complexe maternel.

Nous allons donc, dans ce chapitre et les suivants, décrire le drame historique et psychologique qui a conduit à de telles situations. Mes propos concernent particulièrement les fils qui ont vécu ou qui vivent avec leur mère une relation intense. Je parle peu des enfants qui n'ont pas eu l'occasion de connaître la présence d'une mère. Leur sort est sans doute pire que celui des enfants qui «en ont trop eu», si l'on peut parler ainsi. Ceux qui, pour une raison quelconque — grande famille, rang dans la famille, foyer d'accueil —, ont eu peu de contact avec leur mère risquent eux aussi de se sentir moins concernés par mes propos.

Par contre, en traitant de l'intimité entre la mère et son enfant, je n'ai pas uniquement à l'esprit la mère bienveillante et attentive. Une forte intimité peut tout aussi bien s'établir, par exemple, entre une mère alcoolique ou anxieuse et son enfant. Ainsi, les chercheurs relatent que de 30 p. 100 à 40 p. 100 des mères sont inquiètes du développement de leur bébé et qu'elles réagissent à son premier sourire en se disant intérieurement: «Mon Dieu, il ne sait pas ce qui l'attend[1]!» Elles craignent déjà pour l'avenir de ce petit être, et cette inquiétude va marquer la qualité de leur intimité. L'enfant d'une telle mère commence déjà sa vie en «buvant l'angoisse» à même le lait maternel, pour ainsi dire.

Il faut noter aussi que les relations mères-enfants sont en profonde mutation. L'accès des femmes au marché du travail a considérablement changé la nature de l'intimité des mères avec leur progéniture. On constate même qu'aujourd'hui la plupart des enfants ne souffrent pas d'une fusion excessive avec la mère; ils ont plutôt été trop privés de cette nourriture affective essentielle pour sentir qu'ils étaient les bienvenus dans le monde. Étrangement pourtant, le nombre accru de familles monoparentales nous renvoie à la situation d'antan où les familles n'étaient pas monoparentales de fait mais l'étaient pour ainsi dire symboliquement, tellement les pères étaient manquants[2].

Enfin, le fait que je suis un homme, et par conséquent un fils, explique sans doute pourquoi j'ai consacré plus d'espace aux rapports mères-fils qu'aux rapports pères-filles. On pourra tout de même se consoler en constatant les nombreuses similarités entre les deux types de rapports. Quant à ceux ou celles qui trouvent que j'accorde trop d'importance à la mère et pas assez au père, je les renvoie à mon livre *Père manquant, fils manqué*, où la relation avec le père est complètement traitée.

Ces considérations étant faites, les questions qui guident ma réflexion pourraient se formuler ainsi:

Comment se fait-il que les rapports de proximité entre la mère et l'enfant finissent par entraver le développement individuel de l'une et de l'autre? Comment ces rapports en viennent-ils à inhiber le développement naturel du fils vers l'autonomie et l'indépendance et le développement personnel de la femme devenue mère?

Comment se fait-il qu'une relation qui commence généralement dans l'amour réciproque se termine pitoyablement dans la solitude et le désespoir chez la mère et dans une rage indicible chez l'enfant devenu adulte, qui fait tout pour tenir sa mère à distance?

La relation mère-enfant est-elle nécessairement un drame d'amour qui finit mal?

DEVENIR MÈRE

Si le Père nous initie au monde social de la loi humaine, la Mère au sens symbolique, mythique, archétypal, nous initie au monde du Vivant. En nous donnant la vie, notre mère personnelle incarne la Mère. Dans le monde de la Mère, la loi est celle de l'accueil, du dévouement, du don de soi et de l'ouverture. Qui ne se rappelle pas la sollicitude d'une mère ou d'une grand-mère à l'occasion d'une maladie? Pour paraphraser Victor Hugo, le miracle de l'amour maternel tient au fait que chacun en a sa part et que tous l'ont tout entier.

Pourtant, la guerre existe aussi dans ce monde. Les mères les plus dévouées se retrouvent régulièrement en conflit avec leurs enfants. Ce conflit survient habituellement lorsque la mère souffre de solitude affective et laisse graduellement le fils occuper la position de partenaire.

C'est l'organisation même de notre société qui est en partie responsable de ce drame. De tout le registre d'expression de la féminité, seul le rôle d'épouse ou de mère a trouvé grâce aux yeux du patriarcat. On s'attend tout naturellement à ce qu'une femme sacrifie sa personne au profit de quelqu'un d'autre, un homme la plupart du temps ou un enfant. Le statut de mère est valorisé, alors que celui de femme n'est pas suffisamment reconnu.

Il en est ainsi depuis fort longtemps. Dans l'empire romain par exemple, on tuait des filles sans remords. Au Moyen Âge chrétien, on brûlait des milliers de femmes en les traitant de sorcières parce qu'elles faisaient preuve d'un peu d'originalité. Il n'y a pas si longtemps, en Chine, on tuait encore des filles à la naissance. Au Japon, un médecin qui travaille dans une clinique d'avortement a reconnu que l'identification du sexe de l'enfant par l'amniocentèse a eu pour effet d'accroître considérablement les arrêts de grossesse chez les femmes portant des fœtus de sexe féminin. Comme, dans ce pays, le fils aîné représente le bâton de vieillesse des parents, les mères préfèrent consacrer toute leur énergie à éduquer un mâle. Même chez nous, la naissance d'un garçon a longtemps été plus prisée que celle d'une fille. Une mère m'a confié qu'une infirmière lui avait dit en lui présentant sa fille: «J'espère que vous n'êtes pas trop déçue!»

Dans le contexte social qui, il y a à peine quelques décennies, conférait à l'homme toute l'autorité, une femme apprenait très vite quel territoire elle devait s'approprier pour exercer son pouvoir: la maternité et l'éducation des enfants. Elle devenait ainsi la reine du foyer... un règne fort solitaire, d'autant plus que la reine en question savait très bien que son royaume était subordonné à celui d'un roi dont elle était à proprement parler la servante.

Il n'en reste pas moins que, sur le strict plan social, devenir mère s'accompagne d'une valorisation que la femme n'a pas connue jusque-là dans sa vie. Quand une femme est enceinte, tout le monde s'intéresse à elle en lui adressant des regards et des paroles complices, dans la rue et au supermarché. Sa propre famille se souvient tout à coup qu'elle existe et s'informe régulièrement de son état de santé et de la progression de la grossesse. Même la crainte habituelle des hommes envers les femmes s'évanouit devant un gros ventre rond pour faire place à une fascination quasi enfantine — sauf le nouveau papa qui semble être le seul à y trouver des raisons de s'inquiéter.

«Quand vous êtes enceinte, plus personne ne peut nier votre existence. Ça se voit que vous existez, c'est physique!» s'écriait une maman lors d'une conférence. Dans une société de production où il faut montrer aux autres ce que l'on sait faire pour prouver son existence, devenir mère constitue une preuve irréfutable de sa valeur, sans compter celle que représente l'enfant lui-même aux yeux de la société.

En outre, dans un contexte d'inégalité des sexes, la maternité est souvent une occasion pour la femme de satisfaire son besoin de reconnaissance et ses désirs inassouvis, une occasion de revanche même contre les frustrations liées à la négation de la valeur féminine dans la société. Une femme voudra enfanter pour combler un vide d'existence, plutôt que pour répondre à un sentiment de plénitude qui trouve son expression naturelle dans la création d'un enfant. Dans ce contexte, les attentes de la mère sont extrêmement lourdes pour l'enfant. Naître avec la responsabilité de satisfaire les lacunes affectives d'une mère est en effet un programme très chargé.

Si, dans un premier temps, la femme peut se sentir valorisée par sa maternité, elle découvre peu à peu qu'elle se trouve en même temps défavorisée sur le plan personnel. «On s'intéresse tant à votre ventre, on favorise tellement la mère qu'on est poussé automatiquement à oublier la femme», dit-on souvent. La mère prend toute la place alors que, dans bien des cas, la femme n'a pas encore eu la chance de naître.

NE PAS SAVOIR OÙ L'UN COMMENCE ET OÙ L'AUTRE FINIT

Dans les premiers mois qui suivent la naissance, il n'est pas facile de savoir où commence la mère et où finit l'enfant. Mères et fils sont emmêlés l'un à l'autre dans l'amour. Cette confusion bienheureuse devra pourtant se défaire peu à peu pour permettre à chacun de poursuivre son développement. Sinon, elle laissera des empreintes psychiques importantes dans la vie de l'enfant.

À cet égard, le rapport mères-fils est un terrain particulièrement délicat en raison du fait que, contrairement aux filles, les fils auront, devenus adultes, à entreprendre une relation amoureuse et sexuelle avec une personne du même sexe que leur mère. Pour qu'une distinction psychologique s'établisse clairement entre leur partenaire potentielle et leur propre mère, il faudra qu'il y ait séparation. Sinon, les territoires demeureront confondus et les fils prêteront à leur femme les attributs que portait leur mère. Ils se retrouveront vite en position de tout-petits sans défense devant une partenaire désemparée qui ne saura trop que faire de la toute-puissance qui lui est accordée. Ou encore, celle-ci aura à subir les reproches et les colères qui ne lui sont manifestement pas destinés.

Les mères ont souvent de la difficulté à comprendre les problèmes d'identification des garçons. Cependant, si une femme tentait d'imaginer, à l'inverse de la réalité, qu'elle est née du ventre de son père, qu'elle a été abreuvée à son sein pendant de nombreux mois, qu'elle a été cajolée par lui et qu'elle s'est baignée dans son odeur, elle aurait alors un aperçu de ce qui se passe chez le garçon.

Aprés avoir ainsi imaginé qu'elles pourraient avoir un rapport amoureux et sexuel avec une personne de même sexe que celle qui leur avait donné la vie, plusieurs femmes ont réagi en disant: «Il me semble que j'aurais absolument besoin de la présence d'une femme pour éveiller ma féminité avant de pouvoir faire l'amour avec un homme.» Voilà précisément ce qui n'arrive pas chez le garçon; il y a rarement une personne du même sexe que lui pour éveiller sa masculinité.

Pour que cesse la confusion entre la mère et le fils, il doit y avoir séparation, et une figure paternelle a été de tout temps l'artisan naturel de cette séparation. Voilà pourquoi le père doit être présent. Voilà aussi pourquoi la mère doit lui céder toute la place nécessaire. Voilà pourquoi les valeurs masculines sont si importantes dans la famille.

La séparation mères-fils est tellement importante sur le plan psychologique que, chez certaines peuplades, on a remarqué que la phase de séparation entre la mère et son enfant peut durer 15 ans. Par exemple, dans certaines tribus le garçon qui vient d'être arraché au monde maternel à l'aube de sa puberté n'a le droit de revoir sa mère que lorsqu'il a pris une épouse. On a remarqué également que plus la symbiose mère-fils était longue et profonde, plus les rites initiatiques s'avéraient cruels et violents. Cela s'observe en particulier chez les peuples où l'enfant partage longtemps le lit conjugal et où on le sépare très lentement de la mère.

> *L'enfant a accès au sein de la mère à volonté, parfois jusque dans sa troisième année. Il vit dans ses bras, peau à peau, et dort nu avec elle jusqu'au sevrage. Après, garçons et filles dorment à part de leur mère, mais à 30 ou 60 centimètres d'elle. Avec le temps, les garçons sont incités par leurs parents à dormir un peu plus loin de leur mère mais pas encore dans «l'espace mâle» de la maison. En dépit d'un contact grandissant avec leur père, les garçons continuent cependant à vivre avec leur mère et leurs frères et sœurs jusqu'à 7 ou 10 ans. Les tribus de Nouvelle-Guinée, conscientes du danger de féminisation du garçon, procèdent à des rites d'initiation généralement très longs et traumatisants, à la mesure du lien extrême mères-fils qu'il s'agit de dénouer[3].*

Les primitifs avaient déjà compris qu'il fallait bien séparer le fils de la mère pour prévenir les conflits et encourager une saine relation d'amour. Ils avaient aussi compris que l'officiant par excellence de cette séparation est le père. Il s'agit en somme d'assumer la formation adéquate du triangle père-mère-enfant. Ainsi, l'enfant fait l'apprentissage nécessaire de ses limites et de la frustration. Et du même coup, il entreprend une saine relation avec le père.

LE HIC, C'EST QUE LE PÈRE N'EST PAS LÀ

Le conflit qui s'envenime à travers les années entre une mère et son fils et qui transformera un mariage d'amour en divorce amer a pour origine un triangle père-mère-enfant *dysfonctionnel,* pour employer un mot de la psychologie moderne. Il y a un déséquilibre fondamental dans ce triangle parce que, la plupart du temps, la mère est présente sur les plans affectif et physique alors que le père l'est peu. Ce triangle défectueux est typique de la famille nucléaire qui a été fondée malgré un membre manquant, le père, occupé à travailler à l'extérieur du foyer.

Certains hommes éprouvent beaucoup de difficultés à assumer leur paternité. Ils n'arrivent pas à céder à l'enfant la place qui lui revient. Ils tolèrent mal que leur femme les abandonne pour remplir son rôle de mère. Ils se sentent étrangers à leur propre enfant et l'attention que la mère lui accorde les menace dans leur équilibre narcissique. En perdant l'attention de leur partenaire, ils perdent du même coup le soutien affectif qui les tenait en équilibre. Les fantasmes se mêlant à la réalité, leur partenaire devient bientôt aussi menaçante que l'était leur mère. Cela explique peut-être le fait que 7 p. 100 des femmes soient victimes de violence pendant leur grossesse et que, d'autre part, les jeunes femmes soient quatre fois plus souvent soumises à des agressions que les autres[4]. Cela vient-il du fait que leurs conjoints n'ont pas encore suffisamment différencié la mère de la partenaire?

Ce triangle défectueux a commencé tout juste à se rééquilibrer depuis que le père personnel est entré sur la scène de l'histoire. La famille nucléaire n'est pas en train d'éclater, elle est en train de prendre forme sous nos yeux, avec beaucoup de difficulté. Elle est encore à créer. On peut même se demander si elle représente une stratégie de survie acceptable pour l'espèce humaine. Sans doute assisterons-nous dans les prochaines années à la naissance de nouvelles formes familiales, parfois plus collectives, qui permettront aux enfants de recevoir un paternage et un maternage adéquats.

L'Union symbolique

LE MARIAGE MÈRES-FILS

Mais qu'arrive-t-il lorsque le triangle familial est défectueux? Le lien puissant qui unit la mère à son fils ne sera pas défait. Au contraire, il sera renforcé par l'attirance naturelle d'un sexe envers l'autre. Il y aura mariage symbolique entre la mère et le fils parce que le père, qui est l'accoucheur de l'enfant sur le plan psychique, ne remplit pas sa fonction naturelle.

Dans les faits, le père manquant est souvent un partenaire manquant pour sa conjointe. La femme-devenue-mère se retrouve ainsi délaissée sur le plan affectif alors qu'elle a plus que jamais besoin de son partenaire pour sentir qu'elle est encore femme. En effet, lorsque la conjointe se sent encore désirée malgré les transformations qu'a subies son corps, elle garde la femme vivante en elle plutôt que d'être réduite à la seule image de mère. Le désir mutuel empêche les conjoints d'être complètement assimilés à leur fonction de père ou de mère. Ce désir est même indispensable à l'épanouissement de l'identité parentale.

La femme qui est effectivement déçue par son conjoint risque de faire de son fils un partenaire de remplacement. Pour désigner son fils, elle passe graduellement de *mon petit chou* à *mon homme,* marquant ainsi l'installation du fils à la place du mari. Ainsi, la contrepartie du père manquant sera la mère amante, mère qui deviendra de plus en plus envahissante pour l'enfant; à cause de son sens des responsabilités et de sa conscience des besoins du tout-petit, la mère amante finira par remplir les deux rôles parentaux.

La mère et le fils concluront une sorte de mariage symbolique, qui constitue un véritable inceste consommé non pas sur le plan sexuel mais sur le plan affectif. Cet inceste affectif mères-fils a des effets tout aussi néfastes que l'inceste pères-filles, notamment en ce qui a trait à l'estime de soi chez l'enfant.

On sait qu'au Japon l'inceste mères-fils avec relations sexuelles est plus fréquent que chez nous. Cette pratique y est favorisée par un contexte où les femmes ne travaillent pas en dehors du foyer après le mariage et où les hommes travaillent six jours par semaine, ne rentrant à la maison que pour dormir. Il s'ensuit que, même mariés, les fils ont besoin de l'avis de leur mère pour prendre des décisions qui concernent leur vie conjugale.

Le fils dévoré

Pour résumer de façon simpliste le drame d'amour qui se déroule entre les mères et les fils, j'ai envie de paraphraser la formule de Shakespeare: manger ou être mangé, voilà la question! D'ailleurs, l'amour intense ne s'exprime-t-il pas par des réflexions familières telles que: «Je l'aime tellement que j'aurais envie de le manger tout cru!» Le rêve qui suit met cette vérité symbolique en évidence. Il m'a été raconté par un homme de 40 ans qui participait à un atelier sur les relations mères-fils.

Je suis dans mon appartement qui s'est transformé en un immense aquarium. Deux poissons s'y trouvent, un gros et un petit. Le gros poisson est en train de mordre à pleines dents dans le petit. Je vois son arête alors qu'il continue de nager et de se débattre.

En d'autres mots, cet homme se trouve encore aux prises avec un complexe maternel qui le mange «jusqu'à l'arête». Il souffre d'une blessure d'identité parce que son père n'a pas su le séparer adéquatement de la mère et qu'en plus il a demandé aux enfants de la prendre en charge. L'union symbolique avec la mère s'en est trouvée intensifiée. Pour ce fils, son pareil n'a pas été suffisamment présent pour lui permettre de se différencier. Il a dû alors se défendre tout seul contre la mère pour arriver à affirmer son identité d'homme et, de son côté, la mère n'a eu personne pour lui rappeler qu'elle était femme.

Une telle situation empêche la résolution favorable du complexe d'Œdipe, résolution qui voudrait que le fils cède sa prétention au rôle de conjoint à son propre père pour s'orienter vers la recherche d'une autre femme. Lorsque le père n'est pas là pour entraver la route du fils vers la mère, ceux-ci restent prisonniers l'un de l'autre, souvent pour le reste de leur existence. Si «le devoir de toute vie est de ne pas être dévoré!», comme le dit si bien la poète brésilienne Clarisse Lispector, force est de constater qu'entre mères et fils ce devoir premier est souvent oublié[5].

LA MÈRE DÉVORÉE!

Le rêve que j'ai relaté ci-dessus ne symbolise pas seulement l'histoire d'un fils qui se fait dévorer par sa mère. Le petit poisson dévoré par le gros correspond tout autant à l'individualité d'une femme mangée par la fonction maternelle. La femme se retrouve dévorée par l'archétype maternel. La mère est mangée par la Mère. Dans ce drame, issu d'un triangle défectueux entre le père, la mère et l'enfant, il y a bien deux victimes: la mère et le fils. On peut même en compter une troisième si l'on considère que l'homme devenu père est exclu de sa famille et dépossédé de sa réalité affective en raison d'un contexte historique qui a aliéné sa sensibilité.

Quel avantage y a-t-il à se laisser submerger par l'archétype maternel? Disons d'abord que devenir parent constitue une épreuve fondamentale pour l'identité personnelle. Il s'agit vraiment d'une initiation où il y a mort à un état de vie et naissance à un autre. Dans une telle situation, il est toujours dangereux que le moi fusionne avec la nouvelle identité et n'arrive pas, pour un temps du moins, à conserver ses caractéristiques individuelles. Il est difficile pour un individu de ne pas se laisser fasciner par la force archétypale, parce qu'il vit là une expérience émotive intense, une expérience qui «sort tout droit des tripes». Il s'agit d'une révélation qui remplit tout l'être d'une force nouvelle.

La femme qui devient mère se découvre de nouveaux talents, de nouvelles émotions, de nouvelles préoccupations. Elle sent s'installer en elle des états de conscience qu'elle n'a jamais atteints auparavant. Cette vitalité intérieure va lui permettre de bien accueillir l'enfant. Il ne faut donc pas sousestimer une telle expérience puisqu'elle constitue une préparation naturelle à l'enfantement. En sacrifiant son identité personnelle, la femme découvre soudain de nouvelles valeurs. Du jour au lendemain, sa vie prend un sens qu'elle n'avait pas auparavant. Elle sent qu'elle peut résoudre les problèmes fondamentaux de l'existence. Elle n'est plus aux prises avec la petitesse de son individualité ou les problèmes qui l'accablaient avant de devenir enceinte. En devenant la Mère, elle se sent enfin comblée. Elle connaît l'état de grâce.

La force et la fascination exercées par l'archétype de la Mère sont tellement profondes qu'il est impossible et même néfaste de ne pas s'y abandonner. Il faut entrer dans le ventre de la baleine pour en ressortir, comme Jonas, transformé. Mais si la femme est trop longtemps ignorée, l'individualité en souffre parce que le rôle de Mère est en quelque sorte collectif. Pour pouvoir intégrer cette expérience archétypale et se laisser nourrir par elle, il faut qu'une partie de la personnalité consciente reste à la surface, refuse de s'abandonner complètement au pouvoir intérieur. Idéalement, la nouvelle mère reste en relation avec la force du dedans sans jamais être submergée par elle. Elle se bat pour affirmer la femme et pour empêcher que celle-ci se sacrifie totalement à la tâche maternelle, aussi sacrée puisse-t-elle être.

Pour savoir si son individualité est mangée par l'archétype maternel, une femme doit se poser la question: «Vais-je bien quand mon fils va bien et mal quand il va mal?» Si elle répond oui, elle est submergée par sa fonction, en partie du moins. Le tourment intérieur ou l'exaltation qui se manifestent au gré des humeurs de l'enfant indiquent le déclenchement automatique de l'archétype, le passage de la femme à la Mère. Cette fusion de la femme avec l'archétype de la Mère consacre en même temps la fusion entre la mère et le fils.

Par exemple, une mère m'a raconté que, chaque fois que son fils éprouvait un problème à l'école, il s'empressait de lui téléphoner. Elle pouvait recevoir un appel au travail au beau milieu de la matinée pour se faire annoncer qu'il avait encore une fois raté son examen de mathématiques. Elle regagnait la maison atterrée, après une journée misérable, inquiète pour son petit. Celui-ci rentrait de l'école à son heure, souriant et détendu; il s'était débarrassé de son problème à 10 h le matin même, en le léguant à sa mère.

Cet exemple met en lumière un autre aspect lié au danger de s'abandonner sans résistances à l'archétype maternel: toute mère a tendance à voir son enfant comme un dieu. En succombant à cette tentation, la mère risque d'engendrer la divine irresponsabilité du fils. Si la mère prend soin

de tout, de l'hygiène corporelle à la nourriture en passant par les vêtements, le fils ne prendra soin de rien. Mais attention! Lavée, logée, nourrie et habillée, la petite divinité aura tendance à exiger la même chose
de la part de ses partenaires futures. La sollicitude des mères tisse inconsciemment le destin des belles-filles.

Tout mariage a son contrat

Tout mariage a son contrat. La convention qui s'établit entre une
mère et son fils en est une de *codépendance*. La codépendance est un
concept qui explique les liens inconscients qui enchaînent par exemple
une conjointe à son partenaire alcoolique, ou vice versa. Un tel lien
est dit de codépendance parce que chaque partenaire a besoin de la
dépendance de l'autre pour s'assurer un certain équilibre psychologique. Bien entendu, ce lien enchaîne plutôt qu'il ne libère. Chacun
des partenaires juge trop menaçant de remettre en question cette
dépendance mutuelle parce qu'elle assure une certaine stabilité de
l'identité, même si cette dernière est maladive. Un tel contrat pourrait
se résumer ainsi: «Toi, tu peux boire si tu ne remets pas en question
notre union; moi, je peux jouer la salvatrice et la martyre si je ne
t'empêche pas de boire.» Dans le couple mères-fils, le garçon peut
rester irresponsable aussi longtemps qu'il permet à sa mère de jouer à
la mère.

Puisque tout mariage a son contrat, celui qui lie la mère et le fils
pourrait se lire comme suit:

> Le fils restera dépendant de sa mère moyennant quoi celle-ci
> ne l'abandonnera jamais, en prendra toujours soin, lui pardon-
> nera tout. En échange de ces menus services, le fils pourra gran-
> dir mais... sans grandir. Il pourra devenir un homme, mais à la
> condition expresse de toujours rester un petit garçon.

Et la clause écrite en tout petits caractères illisibles en bas du contrat,
celle qu'on ne lit jamais et qui fait foi de tout, dirait ceci:

> Les deux parties ne pourront jamais se séparer. La présente
> décharge le fils et la mère de toute responsabilité quant aux pro-
> blèmes qui pourront survenir dans les relations du fils avec
> d'autres femmes. Difficultés d'engagement garanties.

L'INTERDICTION DE SE SÉPARER

Reprenons maintenant sur un plan théorique ce que nous venons d'élaborer. Nous le ferons à l'aide des formulations traditionnelles de la psychanalyse relatives au complexe d'Œdipe.

Un élément important de la formulation freudienne veut que le garçon abandonne son désir incestueux envers sa mère sous la menace, fantasmatique et rarement formulée telle quelle, d'une castration qui serait perpétrée par le père. Comme le fils a peur de perdre son pénis, il obéit à la loi paternelle. Même en l'absence du père, l'angoisse de castration agit tout de même, car d'autres figures personnelles (oncles, grands-pères) ou institutionnelles (l'Église, l'État, l'École) interviennent pour bloquer le désir de l'enfant. Cette acceptation de la loi sous peine de punition construit le psychisme de l'enfant; elle sert à mettre en place le *sur-moi*, l'instance qui formule les interdits chez un être humain.

Cette formulation classique ne recouvre pas toute la réalité clinique cependant. Elle occulte le fait que le désir de proximité de la mère doit aussi être refréné, tout comme celui de l'enfant[6]. On doit séparer la mère de son petit aussi bien que l'inverse. Comme je l'ai dit plus tôt, le désir maternel ne s'élabore pas sur le plan sexuel mais plutôt sur le plan affectif; c'est ce que j'ai appelé le mariage symbolique entre mères et fils. Bien souvent, ce n'est pas *l'obligation de se séparer* de la mère sous la menace de la castration paternelle qui prend place dans la famille mais bien son contraire, à savoir *l'interdiction de se séparer* de la figure maternelle. Cela donne un couple impossible entre la mère et le fils: l'union ne peut ni être consommée parce qu'elle est contraire à la voie naturelle, ni être défaite psychologiquement.

En fait, la pression de l'amour maternel oblige le fils à dresser lui-même la barrière de l'inceste et provoque chez lui une peur du désir féminin qui se manifestera par la suite dans ses relations avec les femmes. Cette angoisse face à la demande maternelle explique en grande partie l'ambivalence traditionnelle des hommes par rapport à l'engagement amoureux. Ils craignent d'entreprendre de nouveau une relation avec une femme sans avoir la capacité de poser leurs limites. Cette situation prévaut tant qu'un homme n'a pas résolu la situation œdipienne.

En raison du manque fréquent de présence paternelle, physique ou symbolique, le principal dilemme de l'homme se déroulera dans un rapport de dualité avec la mère et non dans un rapport triangulaire où le père serait inclus. L'odieux de la séparation, avec son cortège de culpabilité, reviendra donc au fils parce qu'il ne peut pas compter sur l'aide de son père. À mesure que le patriarcat s'effrite, on ne peut même plus compter sur les institutions paternelles pour représenter la figure de l'interdit. Elles ont dans de nombreux cas perdu la crédibilité nécessaire pour le faire.

Idéalement, la présence du père sert non seulement à bloquer l'accès direct de l'enfant à sa mère, mais également à empêcher la fusion de la mère avec sa progéniture en lui rappelant qu'elle est femme. Voilà pourquoi une soirée en tête à tête avec le conjoint ou une fin de semaine sans les enfants sont si bénéfiques pour une mère possédée par l'archétype maternel. Du coup, sa relation avec les enfants s'allège. C'est comme si son amoureux venait lui dire: «Rappelle-toi que tu es une femme avant d'être une mère. Ce n'est pas ton fils qui est l'homme de ta vie, c'est moi! Et puis tu n'es pas seule avec ce petit, il a sa vie à vivre en dehors de toi. Tu ne peux pas être tout pour lui, il a ses expériences à faire[7].» La présence du père permet le détachement par rapport à la famille. Voilà pourquoi on dit que le père est celui qui fait entrer l'enfant dans le monde social.

L'enfant n'éprouve pas seulement le désir d'inceste avec sa mère. En raison du processus d'individuation qui le motive, il ressent aussi le désir de se séparer d'elle pour suivre sa propre évolution. Le père est là pour faciliter cette séparation. L'attachement incestueux est nécessaire dans les premières années de la vie, car il permet au rejeton de se lier naturellement à ses parents, mais à mesure qu'il grandit, d'autres nécessités s'imposent à lui de l'extérieur comme de l'intérieur.

D'ailleurs Jung a proposé que la peur de la castration qui apparaît chez le fils pourrait très bien être un facteur naturel qui facilite la séparation d'avec la mère[8]. Cette peur se manifeste davantage à l'égard de la figure maternelle omnipuissante qu'à l'égard de celle du père ou d'une autre instance paternelle. C'est pourquoi dans les cas de fusion intense la mère apparaîtrait dans la psyché de l'enfant sous des traits toujours plus menaçants. L'inconscient produit des figures de sorcières repoussantes afin de prévenir le danger que représente la symbiose prolongée avec la mère pour la croissance de l'enfant. Quelque chose en l'enfant sait qu'il ne fera pas sa vie avec elle et qu'il doit refuser cette séduction pour poursuivre sa croissance.

Lorsque la mère sent que le père est bien présent et qu'il est un partenaire satisfaisant, elle accepte de refréner son désir envers l'enfant; elle facilite ainsi le passage de ses enfants à l'âge adulte. Ceux-ci n'auront pas à porter l'odieux de la séparation avec une mère devenue trop dépendante. Le poids de la culpabilité et la dette qu'ils auront accumulés envers elle en seront d'autant allégés. Les enfants n'auront pas à rejouer, dans leurs premières unions, sous la forme bien connue de l'ambivalence, le drame d'une séparation interdite.

Lorsque le désir maternel et celui de l'enfant ne sont pas refrénés, cela risque de compromettre le développement psychique de l'enfant. Les instances de l'interdit ne sont pas mises en place dans le surmoi, et cet être éprouvera des difficultés à poser ses limites et à s'affirmer. Il aura autant de difficulté à s'engager en disant «oui» qu'à refuser en disant «non». Par-dessus tout, il craindra de causer de la souffrance à une autre personne, car il n'aura jamais osé affronter son complexe maternel, c'est-à-dire risquer de faire de la peine à sa maman en lui signifiant qu'il n'est pas marié avec elle.

Je me demande d'ailleurs si cette situation ne contribue pas à renforcer chez l'homme la division entre sexualité et sentiments. Dans l'inceste affectif, l'acte sexuel proprement dit n'est pas accompli, mais l'interdiction d'appartenir à une autre femme sur le plan amoureux reste présente. La sexualité peut ainsi devenir parfaitement autonome par rapport aux sentiments. L'homme pourra faire l'amour avec une autre femme, mais il ne pourra pas s'engager davantage tant que son monde sentimental appartiendra symboliquement à sa mère. Il ira même jusqu'à tuer l'amour des êtres qui s'approchent trop de lui pour ne pas provoquer les foudres de son complexe maternel.

Une deuxième conséquence de l'Œdipe non résolu entre la mère et le fils apparaît dans la pratique fréquente de l'auto-érotisme chez de nombreux hommes. La pornographie exprime et exploite à la fois cette situation psychologique. L'homme se masturbe devant des corps de femmes qu'il ne peut pas toucher, comme un enfant rêvant derrière la fenêtre du jour où il sera libre. Cet auto-érotisme, stimulé par la consommation de matériel pornographique et pratiqué parfois durant toute une vie, symbolise on ne peut mieux la peur de la castration.

Le divorce

LA PUBERTÉ OU LA GUERRE OUVERTE

Au début, la relation mères-fils, même empêtrée dans un contexte incestueux, se déroule bien parce que l'un et l'autre ont besoin d'amour pour arriver à subsister. Freud a noté que si le complexe d'Œdipe ne se résolvait pas entre trois ans et cinq ans, il réapparaissait à la puberté après une période dite de *latence* pendant laquelle tout semblait calme. C'est alors que la relation risque de tourner en une guerre de pouvoir entre la mère et le fils. Leur grand amour devient soudain une prison qui nuit à l'épanouissement de l'identité individuelle de l'un comme de l'autre.

En général, la puberté précipite le couple impossible dans des tribulations peu banales. La tension qui se dessinait depuis quelque temps entre la mère et le fils monte d'un cran. Privé de modèles masculins pour s'identifier, le fils tente tant bien que mal de s'affirmer vis-à-vis de sa mère pour gagner sa propre identité d'homme. La guerre éclate. La mère, désespérée, tente par tous les moyens de calmer son fils, mais celui-ci réagit en manifestant encore plus d'ingratitude. On dirait qu'il s'acharne à embêter sa mère de toutes les façons possibles et imaginables. Ce n'est pas pour rien qu'on qualifie cette période d'«âge ingrat». Elle marque le règne de l'ingratitude des fils envers leurs mères.

Dans l'inconscient du fils, la nécessité de quitter l'univers maternel est motivée par l'archétype du héros ou du guerrier. Du point de vue strictement psychologique, cette réaction est extrêmement saine, car elle prépare le jeune aux tâches qui l'attendent lorsque sa mère ne sera plus là pour s'occuper de lui. L'adolescent se mettra à claquer les portes, à monter le volume de la musique et à afficher toutes sortes de comportements machistes qui exaspèrent la mère la plus tolérante. «Il était tellement doux! se dit-elle, comment a-t-il pu devenir aussi brutal du jour au lendemain?» Une maman me racontait récemment que son fils avait collé sur le mur de sa chambre une affiche de deux mètres de haut figurant le *Terminator,* cette brute robotisée incarnée à l'écran par Arnold Schwarzenegger. Depuis ce jour fatidique, il sort chaque matin de sa chambre en roulant les épaules comme un bagarreur de rue.

Il faut bien comprendre que de tels agissements ne s'adressent pas à la femme mais à la Mère, à la fonction maternelle. Comme il n'y a plus de rites initiatiques pour séparer une mère de son fils, celui-ci, à son insu, affiche des comportements qui font reculer la mère. Fort maladroitement parfois, il accomplit des gestes et dit des choses qui visent à l'éloigner de lui. Une force inconnue le pousse à poursuivre son chemin vers l'âge adulte. Les blagues vulgaires, les blasphèmes, les petits actes de délinquance et le manque d'hygiène servent tous cet unique but: se libérer du joug maternel[9]. Les comportements de l'adolescent se situent exactement à l'opposé des valeurs qu'une mère tente d'inculquer à son enfant. Le fils agit par esprit de contradiction, car il a besoin de rompre avec l'éducation maternelle.

Si une femme comprend rapidement ces motifs, elle en souffrira moins intérieurement et elle facilitera d'autant le passage du fils à l'âge adulte. J'en suis souvent arrivé à dire à des mères au bord du désespoir: «Il veut moins de présence maternelle, donnez-lui suffisamment d'air pour respirer! Le temps est venu de vous souvenir de la femme en vous. Recommencez à la faire vivre. Reprenez contact avec vos goûts et vos envies. Reconstruisez votre vie.»

LA PUBERTÉ EST UNE SECONDE NAISSANCE

Si j'avais à déterminer les trois moments les plus importants dans la vie d'un être, l'adolescence ferait sûrement partie de cette liste, avec la naissance et la mort. La fin de la puberté est si importante pour l'être humain qu'on pourrait l'appeler la «seconde naissance». Il s'agit de la naissance au monde social. D'ailleurs, dans les tribus ancestrales, on se mariait souvent dès la fin de la puberté. Pour le garçon comme pour la fille, le début de l'adolescence est marqué par l'apparition d'une forte pulsion d'autonomie. Cette pulsion est tout ce qu'il y a de plus naturel. Physiologiquement parlant, on est prêt à vivre sa vie à partir de cet âge. La période entre 14 et 18 ans est devenue la plus difficile à vivre dans nos sociétés parce que les adolescents possèdent déjà tous les éléments qui leur permettent d'être autonomes, mais l'organisme social ne leur reconnaît de véritable autonomie qu'à l'âge de la majorité, soit 18 ans ou même plus dans certains pays.

À la fin de la puberté, ce ne sont plus les parents qui comptent pour les enfants, ce sont les pairs. Les adolescents s'ouvrent à l'amour et à la société. En réalité, les parents doivent transmettre les valeurs fondamentales avant que leurs enfants n'atteignent l'âge de 14 ans parce qu'après ceux-ci ne sont plus sur la même longueur d'onde qu'eux: ils captent les messages de la société, mais restent souvent rebelles à ceux des parents. Dès le début de l'adolescence, l'encadrement parental devrait être allégé. La confiance des parents remplace alors la prise en charge des enfants, de même que les négociations et la compréhension remplacent les interdictions. La sévérité extrême ou la surprotection des parents ne feront que brimer la pulsion d'autonomie des adolescents.

L'importance de la puberté n'est pas suffisamment reconnue dans nos sociétés. Les observateurs de la courbe de vie des individus notent d'ailleurs qu'aujourd'hui l'adolescence se prolonge souvent jusqu'à 30 ans[10]. C'est sans doute passer outre à la nature. Lorsque la séparation entre parents et enfants n'a pas lieu à la puberté, elle se fait souvent 20 ou 30 ans plus tard à l'occasion de la crise du milieu de la vie. Bien des conflits entre parents et enfants seraient évités si les parents étaient davantage sensibilisés à une telle réalité psychologique.

L'ANTIHÉROS OU LA NAISSANCE AVORTÉE

L'éveil du héros ou du guerrier chez l'adolescent est un signe de santé psychique; cela signifie que la spontanéité de la nature n'a pas été complètement étouffée par l'éducation et que la forte pulsion d'autonomie réussit à s'exprimer. Mais parfois, le contraire se produit, comme l'atteste le témoignage suivant.

Une femme est venue me consulter à propos de son fils de 16 ans que la police avait ramené deux samedis soir consécutifs à la maison, complètement drogué au LSD. Chaque fois, il avait commis une tentative de suicide en se couchant au milieu de la route dans l'attente d'un véhicule. Cette mère comprenait d'autant moins les agissements de son garçon qu'elle avait tenté de se faire toute petite à la maison en lui laissant le plus de place possible. Malgré cela, la tension montait de plus en plus entre elle et lui. Elle réagissait en devenant de plus en plus complaisante et en taisant sa propre révolte.

Or, l'inconscient du fils était profondément marqué par ce comportement maternel; son anima, modelée sur la personnalité de la mère, présentait la figure d'une femme polie qui avait de la difficulté à prendre sa place. La combativité du garçon s'en trouvait amoindrie. Il cédait facilement à ses humeurs dépressives, et ses penchants suicidaires reflétaient cet héroïsme inversé. Au lieu de diriger son agressivité contre sa mère pour gagner son droit à l'indépendance, il l'avait complètement retournée contre lui-même. Il voulait détruire sa vie au lieu de la créer. Dans mon bureau, la mère en larmes me confiait à quel point elle ne pouvait pas comprendre le sens d'une telle attitude. Je lui offris la réflexion que le LSD et le suicide avaient peut-être précisément pour fonction de créer un espace inaccessible à sa compréhension. Ayant toujours eu sa mère pour confidente, le fils avait maintenant besoin d'échapper au monde maternel.

Il me semblait également que ces tentatives de suicide masquaient un appel inconscient au père. Elle me confirma que le père et le fils n'avaient presque plus de relations depuis la séparation du couple parental survenue quelques années auparavant. Je lui suggérai de faciliter le rapprochement entre ces deux-là, si c'était possible. Je revis la mère et le fils un an plus tard. Ce dernier vivait maintenant chez son père, et tout était rentré dans l'ordre. Il avait retrouvé une relation juste et appropriée avec sa mère et il pouvait maintenant bénéficier de sa compréhension sans se sentir menacé dans son identité masculine.

J'ai vu de nombreux cas problématiques être résolus grâce à l'entrée en scène du père. Même dans les familles intactes, les mères témoignent du fait que, à partir d'un certain âge, les fils refusent de leur obéir. Cela exige alors du père qu'il fasse acte de présence, car si le fils refuse d'obéir à sa mère, il écoute souvent avec moins de réticence les avis du père. L'adolescence est l'âge où le fils a besoin de se mesurer à ses parents, en cherchant tout autant l'approbation que la désapprobation, pour se prouver qu'il est un homme.

Nous ne vivons plus comme des primitifs, n'empêche que ceux-ci avaient compris que la séparation d'avec la mère, à l'âge de la puberté, représente une étape essentielle dans le développement psychique du garçon. Voilà pourquoi ils consacraient officiellement cette séparation par des rites très élaborés. Ces rites s'avéraient d'ailleurs aussi importants pour la mère que pour le fils. Le fils disposait de nouvelles figures paternelles pour faciliter son entrée dans le monde adulte; la mère avait droit pour sa part à des cérémonies qui exprimaient la douleur d'être séparée de son fils, ce qui l'aidait à consentir au sacrifice, car sacrifice il y a.

Il n'est pas facile pour une mère qui a consacré tant d'années de sa vie à l'éducation des enfants de s'eloigner de ceux-ci à la puberté. Le fait d'avoir une vie conjugale ou sociale satisfaisante est d'une importance capitale; sinon, le sacrifice risque d'être trop douloureux et il ne sera tout simplement pas accompli. Si la mère s'accroche à son enfant, elle risque d'être blessée par l'ingratitude qu'il lui témoigne. La tentative de tout comprendre, au mépris de sa propre santé, est stérile; elle est motivée par la culpabilité d'une mère qui pense ne pas en avoir assez fait pour son enfant. La mère doit absolument comprendre que le mouvement intérieur qui habite son enfant est l'expression d'une pulsion naturelle aussi forte que le fut pour elle la grossesse. L'adolescent cherche intensément une révélation intérieure même s'il ne sait que très obscurément ce qu'il est en train de faire.

Plus la fusion entre lui et sa mère est intense, plus la guerre de séparation risque d'être violente. Plus l'adolescent sera confronté à un père lâche qui n'ose pas affronter sa propre femme, plus il y aura d'accidents et de blessés. À moins que la famille, incrédule, ne découvre un jour que le fils mène une sorte de double vie: à la maison, il a le visage du garçon poli, courtois, alors qu'il se livre aux pires débauches à l'extérieur du foyer (consommation d'alcool et de drogues, coups pendables, etc.). Dans un tel cas, la violence est transposée à l'extérieur de la famille. À cet égard, il ne faut pas tout prendre au tragique. Il faut savoir que 92 p.100 des adolescents et adolescentes commettent au moins un acte de délinquance au cours de cette période. Ils ont besoin de tester les limites de la réalité sociale. Si on se rappelle sa propre adolescence, on n'a pas à s'étonner de l'exactitude d'une telle statistique[11].

LA JUSTE LIMITE

Le meilleur moyen d'éviter la guerre est encore d'apprendre au fils, encore en bas âge, à bien différencier son territoire de celui de la mère. La juste mesure est difficile à trouver: si la mère impose trop de limites, l'enfant y répondra par la rébellion; si elle n'en impose pas assez, il n'apprendra pas à vaincre les frustrations et il s'écroulera devant elles. La mère doit accorder graduellement de la liberté d'action à son fils, afin de se prémunir contre l'ingratitude du fils qui, mû par l'archétype du héros, voudra à tout prix s'affirmer dès la puberté venue. Il est bon de se rappeler que les limites donnent un cadre de sécurité à l'enfant et fixent des balises à son comportement. Il est important aussi de respecter soi-même ses limites, pour ne pas engendrer de la confusion chez l'enfant.

Une mère dans la trentaine a un fils de 12 ans. Elle a vécu plusieurs années seule avec lui, mais maintenant elle en partage la garde avec le père. Un jour, elle reçoit une invitation pour assister à une cérémonie familiale. Comme elle n'a pas de partenaire amoureux, elle décide d'y emmener son fils. Pendant toute la semaine qui précède la célébration, elle s'affaire à lui acheter sa première cravate, son premier complet, et peu à peu le jeune homme se transforme sous ses yeux de mère éblouie en un jeune prince séduisant. Le jour de l'événement, ils passent la soirée en tête-à-tête, la mère ayant décidé de ne danser qu'avec son fils.

Le lendemain matin, le petit prince doit faire ses valises parce que son père vient le chercher. Sa mère lui répète à plusieurs reprises qu'il doit se dépêcher, mais il ne bouge pas. Il regarde les dessins animés à la télévision. Finalement, exaspérée, la mère se fâche et ferme le téléviseur. Le fils se lève, la prend par les bras et la regarde avec des yeux meurtriers en lui disant: «Je vais te faire saigner!» La mère se met à pleurer et se réfugie dans sa chambre.

Que s'est-il donc passé? Une chose très simple: après avoir été élevé au rang de partenaire amoureux, le fils ne veut tout simplement plus retourner à la position d'enfant. À 12 ans, il ne comprend pas pourquoi on danse avec lui un soir, comme s'il était un homme, et que le lendemain on lui interdise de regarder la télévision. Ce ne fut qu'un épisode passager mais il illustre bien l'importance de respecter les limites que chacun s'est imposées.

Les fils qui ont joui de trop de sollicitude de la part de leur mère ont beaucoup de difficulté à accepter par la suite les épreuves de la vie lorsque leur mère n'y est plus. Leur refus des limites s'exprime alors souvent par la consommation d'alcool ou de drogues, qui deviennent de véritables mères de remplacement. Cela donne souvent des fils dépressifs et peu combatifs, qui ont de la difficulté à faire l'apprentissage des frustrations. La pire attitude à adopter serait que la mère, se sentant coupable, en rajoute au point de prendre un fils, même plus vieux, en charge une nouvelle fois. Elle croit qu'elle n'en a pas assez fait alors qu'elle en a tout simplement trop fait.

Il faut encourager de tels parents à pratiquer ce que les Alcooliques anonymes appellent *tough love,* c'est-à-dire une forme de relation qui met un terme à la sollicitude exagérée envers le fils pour le laisser affronter lui-même les épreuves de la vie, quitte à ce qu'il décide de sombrer dans son impuissance. Bien entendu, il n'est pas facile de faire comprendre à des parents qu'il s'agit là de la meilleure façon d'aimer un enfant, surtout s'il se retrouve souffrant, démuni et rejeté. Pourtant, si on ne réagit pas, on risque de devenir soi-même victime d'un être qui a décidé de se détruire.

Les mères sont particulièrement vulnérables à cet égard. Lorsque l'amour et la fusion ont été intenses, certaines n'arrivent tout simplement pas à se distancier suffisamment d'un fils pour lui laisser vivre son mauvais sort. Elles tentent de s'interposer et y perdent leur propre sérénité. Une femme de 70 ans est venue dire, dans un de mes ateliers sur la relation mères-fils, combien elle souffrait de voir son fils de 50 ans se noyer dans l'alcool. Pourtant, malgré sa frustration, elle n'arrivait pas à faire la coupure avec son fils. Celui-ci avait la bouteille, mais son alcool à elle était ce roman noir qu'elle consommait chaque jour et qui l'intoxiquait de la pire façon.

La tragédie de cette mère est fréquente. J'aimerais dire à toutes les femmes qui subissent un tel sort que le temps des responsabilités est terminé depuis fort longtemps. En fait, à partir du moment où un jeune a atteint l'adolescence, les parents n'ont plus à répondre de ses actes. L'adolescent doit maintenant se prendre en main, peu importe ce que fut son enfance. Les mères voudraient bien vivre à la place de leurs fils pour leur éviter les vicissitudes du destin. Mais on ne peut pas vivre un drame à la place de quelqu'un d'autre. Le fils doit choisir lui-même ce qu'il veut faire de sa vie.

Pour éviter qu'il y ait deux victimes, la meilleure prévention consiste à se rappeler la présence de la femme en soi, à se rappeler la responsabilité individuelle que chacune a envers sa propre existence. Il faut retrouver ses goûts et ses envies et se livrer à des activités qui chassent les mauvais fantômes de l'esprit. Il faut acquérir le sens de sa destinée individuelle et se rendre compte que l'on est avant tout responsable de ce qui se passe en soi. Il faut utiliser une telle épreuve pour apprendre à maîtriser ses états intérieurs et ses pensées obsédantes. Les drames qui font vieillir prématurément beaucoup de nos mères servent peut-être à leur rappeler que la première tâche est de délaisser leur cœur de Mère pour retrouver leur cœur de femme.

6

Les coûts de l'inceste affectif

La dot et la dette

LES BESOINS ESSENTIELS

Nous venons de voir que la frustration affective chez la jeune femme devenue mère conduit à un mariage symbolique avec le fils. Même si rien ne se passe sur le plan strictement sexuel, cette fusion amoureuse prend facilement une teinte incestueuse sur le plan affectif. Certaines barrières, en tombant, mettent en péril la fragile construction psychique de l'enfant, qui devient alors victime des besoins affectifs de sa mère. Le maintien de la fusion mère-enfant au-delà des premières années a des conséquences importantes sur la vie de l'enfant, surtout en ce qui a trait à ses futures relations amoureuses; la rupture de cette fusion exige aussi des sacrifices importants de la part de la femme devenue mère.

Afin de mieux saisir toute la portée du drame qui se déroule dans les relations mères-fils, j'ai cherché un outil de réflexion approprié. J'en ai trouvé un chez le psychanalyste J. D. Lichtenberg, qui se passionne depuis plus de 40 ans pour l'observation des nourrissons; ses travaux ont porté, entre autres, sur les besoins fondamentaux des nouveau-nés, besoins qui se manifestent dès la naissance, qui sont innés et pour ainsi dire préprogrammés[1]. On y trouve donc une sorte de nomenclature des besoins humains fondamentaux que chacun de nous doit satisfaire pour obtenir un certain niveau de bien-être. En évaluant lesquels de ces besoins fondamentaux sont inhibés ou carrément refoulés dans les rapports mères-fils, on peut se faire une opinion assez juste du prix qu'il y a à payer de part et d'autre pour la fusion incestueuse.

Lichtenberg a classé les besoins fondamentaux en cinq catégories distinctes.

1) *Les besoins physiologiques.* Si l'enfant a faim, s'il a soif, s'il a chaud ou s'il a froid, il l'exprime spontanément par des pleurs ou des cris. Il n'a besoin de personne pour apprendre de tels comportements.

2) *Les besoins affectifs et les besoins d'appartenance.* L'enfant a besoin d'appartenir à un milieu, à une communauté qui lui procure affection et réconfort. Il a besoin d'être touché et cajolé. Il a besoin de chaleur humaine tout autant que de chaleur physique.

3) *Le besoin d'autonomie et d'affirmation.* Ici encore, nul besoin de montrer à un enfant comment crier pour montrer qu'il désire quelque chose ou comment s'échapper au moment opportun pour explorer son environnement physique. Ce besoin est inné chez le tout-petit et il le ressent toute sa vie durant.

4) *Le besoin de dire non,* soit la capacité d'exprimer son désaccord ou son déplaisir. Le chercheur a remarqué par exemple que les nourrissons détournaient spontanément la tête du sein ou du biberon, quand ils n'avaient plus faim ou lorsqu'ils ne voulaient pas manger. La notion de refus est donc présente dès le plus jeune âge de l'individu et elle fait partie de ses besoins fondamentaux d'expression.

5) *Les besoins sexuels et sensuels.* Il suffit d'observer un bébé quelques minutes pour voir à quel point il est éveillé sur le plan de la sensualité. Quand il a bien mangé et qu'il se sent rassasié, il l'exprime par des cris de joie. Il ressent également avec beaucoup de plaisir ou de déplaisir ce qui se passe en lui, dans son intestin par exemple, et très tôt ses besoins sexuels vont se manifester spontanément. Les plaisirs du corps fascinent l'enfant dès le début de sa vie. Leur répression n'en sera que plus forte lors de l'éducation sexuelle de l'enfant.

Dans ce chapitre, nous nous attarderons davantage sur le besoin d'autonomie, sur le besoin d'exprimer un refus ainsi que sur les besoins sexuels et sensuels. Nous tâcherons de faire comprendre que les besoins fondamentaux que la mère sacrifie pour élever ses enfants, besoins qu'elle n'a pas souvent le choix de sacrifier, constituent une sorte de dot que les enfants devront rembourser. Le don de soi aveugle a donc une limite tracée par l'inconscient. Ce que la femme apporte en dot dans le mariage mère-fils, ce qu'elle sacrifie ou s'interdit à elle-même, le fils en porte la dette, si bien qu'il devra lui aussi faire les mêmes sacrifices en retour.

J'AI TOUT FAIT POUR LUI FAIRE PLAISIR... J'ÉTOUFFAIS POUR LUI FAIRE PLAISIR[2]!

Commençons par le besoin d'autonomie et d'affirmation. Un homme de 50 ans nous dit:

> Quand j'étais jeune, j'ai tout fait pour ne pas faire de peine à ma mère. J'ai voulu être le meilleur pour lui faire plaisir. Je lui faisais toutes ses commissions. J'avais de bonnes notes à l'école. Ma crise d'adolescence, je ne l'ai pas faite à la maison, je l'ai faite après. Pendant vingt ans j'ai bu et je suis sorti avec des femmes. Marié et divorcé deux fois, j'ai laissé quatre enfants derrière moi. À 50 ans, je me réveille. Mon adolescence vient de se terminer!

Si nous allions visiter la mère de cet homme, il y a fort à parier qu'elle ne confirmerait pas ce récit. Elle nous dirait de sa voix vieillie: «Je ne comprends pas ce qu'il vous dit. Je lui ai donné toute la place, je n'ai jamais pris la mienne!» Chacun essaie de dire à sa façon qu'il a tout fait, qu'il étouffait pour faire plaisir à l'autre et lui laisser le champ libre. Chacun a sacrifié son propre besoin d'autonomie et d'affirmation pour ne pas déplaire à l'autre.

Comme on l'a vu plus tôt, les pôles autour desquels gravite l'identité personnelle sont le besoin d'union d'une part et le besoin d'affirmation d'autre part; autrement dit, le besoin de se rapprocher pour être aimé et celui de s'éloigner pour prendre conscience de soi. L'individualité prend forme grâce à la tension qui existe entre ces pôles à la fois opposés et complémentaires. Choisir l'un au détriment de l'autre, c'est-à-dire anéantir son individualité dans une relation ou s'enfermer dans un individualisme forcené qui fait fi des autres, conduit inévitablement à des problèmes psychologiques. Nous avons besoin d'autrui pour exister, et le groupe a besoin de l'apport de notre individualité pour demeurer vivant.

Cette complémentarité et cette opposition s'appliquent particulièrement bien à la relation entre une mère et son fils. L'enfant a absolument besoin de sa mère pour se développer, mais il doit abandonner sa position d'enfant pour devenir un homme; de la même façon, la femme doit consentir à certains sacrifices pour devenir mère, mais elle doit pouvoir délaisser son rôle maternel pour rester une femme et poursuivre son développement personnel.

Malheureusement, l'expression du besoin d'autonomie est souvent ressentie avec beaucoup de malaise par l'entourage familial et social. La plupart des gens préféreraient ne pas avoir de tels besoins, car leur expression exige une certaine dose d'agressivité. La terrible peur de blesser l'autre s'en mêle aussitôt, ce qui engendre la plupart du temps beaucoup de culpabilité. La plupart des mères et des fils opteront pour la stratégie qui consiste à abandonner tout le territoire à l'autre pour éviter les affrontements.

Mais en se comportant de la sorte, on escamote le sens véritable de la rencontre mères-fils, car pour qu'il y ait rencontre entre deux personnes il doit y avoir conflit et résolution de conflit. Les conflits servent à stimuler la vie. À partir du moment où, afin d'acheter la paix avec les autres, on refoule systématiquement tous les besoins intérieurs qui risquent d'occasionner des frictions, on entre de plain-pied dans le monde de l'indifférence et du déni. Il y a un éléphant dans le salon, mais personne ne veut le voir.

La répression du besoin d'affirmation de la mère a la conséquence suivante: le besoin d'autonomie de l'enfant lui apparaîtra menaçant. Même si, consciemment, elle voudrait bien laisser l'enfant vivre sa vie, la mère ne saura lui permettre de se séparer parce que cela signifierait pour elle une perte d'identité trop importante. Ayant perdu le sens de sa propre existence en tant que femme, elle aurait l'impression de n'être plus rien si elle n'était plus une mère à temps plein.

La fonction maternelle exige des mères qu'elles mettent en veilleuse leur besoin d'indépendance pendant un certain nombre d'années, du moins jusqu'à l'adolescence des enfants; cependant, *mettre en veilleuse* un besoin ne signifie pas y *renoncer* au point de se priver de tout ce qui constitue un plaisir personnel. Il faut demeurer en contact avec la personne que l'on est indépendamment des enfants. Il faut avoir le courage de la prendre au sérieux. Il faut se demander ce que l'on ferait si l'on était seule, sans enfant à sa charge, et tenter de trouver des compromis satisfaisants. Cet exercice n'est certes pas facile, mais il permet d'éviter le triste sort des mères qui se sont trop longtemps sacrifiées. D'autant plus que, si on a coupé les ailes de son expression individuelle, on risque aussi de briser celles de ceux qui dépendent de nous.

En analyse, j'ai remarqué que les patients parlent toujours avec émotion et sympathie d'une mère qui trouve le temps de peindre un tableau ou d'écrire sur la table de cuisine, tout en s'acquittant de ses tâches ménagères. Dans cette direction, les torts sont liés à l'excès; par exemple, si une mère oublie le bien-être des enfants en cherchant uniquement à satisfaire ses goûts ou ses désirs personnels.

CE QUE LES FILS INFLIGENT AUX MÈRES

Le fils entraîné à négliger ses propres besoins d'indépendance à cause de l'insécurité de sa mère demeure tout aussi lié affectivement à sa mère que cette dernière peut l'être à lui. Le désir d'autonomie de l'un peut devenir aussi menaçant pour l'autre. Une mère monoparentale qui vit avec trois enfants dans la vingtaine, dont un est revenu à la maison après l'échec de son premier mariage, me soufflait au cours d'une soirée: «Vous savez, les enfants, ça s'incruste!» Plusieurs mères racontent à ce sujet des histoires d'adolescents qui s'accrochent, qui refusent qu'elles aient un nouveau partenaire simplement parce que cela menace leur sécurité dans le giron maternel. Ils font tout pour se montrer déplaisants à l'égard du nouveau venu. Ils ne veulent pas laisser leur maman vivre sa vie, de peur de perdre leur place privilégiée auprès d'elle. Ils réagissent en fait comme de petits propriétaires terriens qui vont perdre un esclave.

La psychologie parle beaucoup des traumatismes infligés aux enfants par les parents, en particulier par les mères, mais elle parle peu des traumatismes infligés aux parents par les enfants. Les mères se retrouvent elles aussi dévorées par des fils jaloux et possessifs. Ainsi, l'une d'elles me racontait qu'au moment où un nouvel homme est entré dans sa vie, son fils est devenu tout à coup inquisiteur. Il vérifiait ses heures de sortie et lui demandait, au petit déjeuner, à quelle heure elle était rentrée la veille. Tyrannique, il calculait même les calories contenues dans ses aliments et lui disait qu'elle mangeait trop!

Une femme qui venait tout juste de se remarier après avoir vécu de nombreuses années seule avec son garçon me racontait avec humour que son adolescent se mesurait sans cesse à son nouveau conjoint. Le soir, devant la table de ping-pong, le fils annonçait l'enjeu de la partie, qui était chaque fois le même: «Celui qui perd sort de la maison!» Chez cet adolescent, le complexe d'Œdipe était en train de trouver sa résolution 10 ans plus tard que prévu. Cela eut pour effet de libérer le fils comme la mère, car le rôle du père réside précisément en cela: aider l'un et l'autre à ne pas tomber dans une relation qui nie leurs besoins d'évolution respectifs. En permettant la formation du triangle familial, la présence du père bloque l'accès direct du fils à sa mère; cette dernière se sent de nouveau femme dans le regard d'un homme au lieu de se sentir uniquement mère dans celui d'un enfant.

JE TE HAIME!

«Je te haime, m'entends-tu? Je te haime!» Un adolescent exprimait ainsi sa colère contre une mère dont il réprouvait la domination. «Je te haime!», cri du cœur, cri de haine-amour contenant toute l'ambivalence qui ne peut pas se dire entre une mère et son fils. Car dans le rapport mères-fils, on a parfois l'impression que ni l'un ni l'autre n'a le droit d'éprouver de l'antipathie. Aimer son fils, tout comme aimer sa mère, est un sentiment obligé. Comme si cela allait de soi. Comme s'il n'était pas naturel à certains moments d'avoir envie de prendre congé.

Au Québec, à la fin des années 50, une chanson intitulée *Ne fais jamais pleurer ta mère* était sur toutes les lèvres. «Ne fais jamais pleurer ta mère, aime-la toujours», disait la chanson. Pleines de bonnes intentions, ces paroles équivalent pourtant pour l'enfant à une interdiction d'exprimer son «désamour» ou son désaccord à sa mère, de lui dire «non» ne serait-ce que pour la tenir à l'écart de sa propre vie. Paradoxalement, cela aura pour conséquence de lui faire perdre l'envie de dire «je t'aime»; l'amour et la haine étant, si vous me passez l'expression, comme l'eau froide et l'eau chaude qui sortent d'un même robinet. En bloquant l'expression ou l'exploration d'un pôle, on bloque aussi l'accès à l'autre pôle. Les hommes traînent longtemps cette sorte de rigidité émotionnelle dont ils ne connaissent pas la cause. Plus tard, dans la vie de couple, ils ne sauront souvent ni dire «je t'aime» ni parler clairement de leurs problèmes avec leur partenaire.

La plupart des hommes, parce qu'ils sont trop conscients de l'énorme sacrifice qu'elle a dû faire pour eux, ont énormément de difficulté à dire à leur mère pourquoi ils se détournent d'elle. Ce don d'elle-même a fait taire en eux toute possibilité de contestation. À la simple idée d'amorcer une explication avec elle, ils ont l'impression d'être des fils indignes. «Cela ne se fait pas! Un fils n'a pas le droit de dire de telles choses à celle qui lui a donné la vie!» sont les paroles typiques d'un impossible débat marqué par la culpabilité. Du même coup, on perd la possibilité d'établir une relation véritable avec sa mère et d'exprimer tout l'amour qu'on ressent pour elle.

Dans les familles modernes qui fonctionnent bien, il n'en va plus exactement ainsi. Comme les femmes sont moins identifiées à la fonction maternelle, les enfants ont plus de facilité à discuter avec elles et à exprimer leur désaccord. Habituellement, les règles ont été établies de concert avec les enfants dès leur bas âge. Ces nouvelles attitudes ont pour effet de léguer aux fils une moins grande dette envers les mères et de faire échec à la culpabilité et à l'ambivalence dans les relations familiales.

Bien entendu, *Ne fais jamais pleurer ta mère* avait sa contrepartie, qui, elle, n'a pas été mise en chanson: *Ne fais jamais pleurer ton fils!* Dans les ateliers que j'ai donnés à des mères, j'ai été étonné d'apprendre que normalement la majorité d'entre elles ne s'accordaient pas le droit de parler d'autre chose que de la *bonne mère*. Par peur d'être pointées du doigt, elles n'osaient pas faire état de la *mauvaise mère,* celle qui en a assez, celle qui se trompe, celle qui frappe, celle qui est dépressive. Pourtant, elles la connaissent toutes. Mais celle-là, la méchante, la sorcière, il ne faut surtout pas en parler. Elles ne s'accordent pas le droit à ce ras-le-bol pourtant bien légitime. Elles craignent de s'éloigner de la famille pour faire une pause. Elles *doivent* aimer être mères. Elles doivent toujours être disponibles et de bonne humeur. Elles se traitent comme des super-femmes et jugent sévèrement leurs propres faiblesses.

Dans un tel contexte, comment va s'exprimer l'agressivité que l'on garde à l'intérieur de peur de faire trop de vagues? Eh bien! elle va se manifester sous forme de maladies, d'accidents, de blessures, de tics nerveux et d'épisodes dépressifs, qui témoignent d'un besoin d'indépendance inassouvi. Ces événements offrent l'avantage, discutable il est vrai, de faire une pause sans risquer de perdre l'estime des autres. En effet, comment réagirait l'entourage si on osait affirmer son besoin de repos alors qu'on est pétant de santé? À cet égard, il est toujours intéressant d'étudier dans quel contexte survient une maladie, un accident ou encore la blessure d'un enfant ou d'un parent. De tels événements sont rarement anodins, et si l'on se donne la peine de creuser un peu sous la surface, on découvre qu'ils sont la plupart du temps conditionnés par des humeurs et des désirs refoulés.

En cours d'analyse, un homme me raconta comment sa mère s'était un jour atrocement coupée avec un ciseau à volaille. Je lui demandai d'imaginer qu'il était dans la peau de sa mère au moment de l'accident. L'exercice eut tôt fait de le convaincre qu'il avait affaire à une femme enragée, épuisée et submergée par les tâches familiales. L'accident était devenu son seul moyen de dire: «J'en ai assez!»

Quant aux adolescents, ils transfèrent bien souvent à l'extérieur les confrontations qui n'ont pas lieu à l'intérieur de la maison. Elles se produisent avec les autorités scolaires ou policières à l'occasion de divers délits et actes mineurs de délinquance. En fait, la règle est simple: plus une famille est intolérante à la dissension et fermée sur elle-même, plus grands sont les risques de dérapage. Ce qui était refoulé trouve un exutoire dans les maladies, les accidents, les blessures ou les délits. Le mauvais sang qui s'est accumulé avec les années cherche un moyen de s'évacuer. Heureusement, toute crise crée une occasion de prendre conscience de ce qui ne va pas.

SAINTE MAMAN, VIERGE ET MARTYRE

La sexualité est un autre domaine dans lequel les besoins fondamentaux de la mère et du fils sont frustrés. Comme je l'ai dit plus tôt, le parent de sexe opposé sert à confirmer la différence sexuelle de l'enfant. Cependant, il arrive souvent que la mère, au lieu de confirmer la différence sexuelle du fils, passe tout simplement celle-ci sous silence. Pire, elle la dénigre parfois ouvertement. Plutôt que de considérer la sexualité avec fierté et plaisir, les fils finissent par la considérer comme une chose honteuse et sale. Tout comme les filles ont besoin d'entendre leur père dire: «Tu es belle, ma fille, mais tu appartiendras à un autre homme!», les garçons ont besoin d'entendre leur mère dire qu'elle les trouve séduisants, voire désirables.

Or bien des mères, déçues de la relation intime avec leur conjoint, ne sont pas loin de haïr le sexe. Cela a pour principale conséquence que les fils développent une sexualité «saine» à l'égard de la mère et une autre plus dévergondée, qui se manifeste par un penchant pour la pornographie. Comme leur sexualité n'est pas bien assumée dans le cadre familial, elle reste à l'état brut. Tout cela évoque la castration. Un homme de 35 ans, tourmenté par sa mère qui le traitait encore comme un petit garçon, m'a confié qu'il s'est présenté chez elle un soir, s'est déshabillé dans la cuisine et, nu comme un ver, lui a lancé: «Regarde, maman, je suis un homme!»

Le psychiatre et éthologue Boris Cyrulnik explique de telles explosions affectives de la façon suivante. Selon lui, le développement affectif diffère passablement selon qu'on naît fille ou garçon. Le trajet des filles est plus harmonieux parce qu'en bas âge celles-ci ne sont pas confrontées au désir sexuel, la mère étant du même sexe qu'elles. Les garçons aiment leur maman de tout leur cœur mais, à partir d'un certain âge, ils inhibent leurs désirs sexuels à son égard. D'où la naissance d'une angoisse concernant la spontanéité de leur organe sexuel. Parce qu'ils doivent empêcher un certain sentiment d'émerger, les garçons sont contraints très tôt dans la vie à l'inhibition et au blocage. C'est précisément ce qui explique les dangers d'explosion affective. Plus une force vivante est réprimée, plus elle risque d'éclater de façon soudaine et violente[3].

À cet égard, une psychologue persane m'a confié que la force explosive de la révolution islamique en Iran était entièrement fondée sur la répression sexuelle. La même loi psychologique s'applique dans une famille: plus on se montre intolérant par rapport à la sexualité, plus les garçons apprennent à fonctionner sur le mode de l'inhibition et de l'explosion; ainsi, ils seront tour à tour complètement bloqués et complètement déchaînés, deux comportements sexuels que les femmes réprouvent. Ces faits devraient inciter les parents à favoriser la tolérance et le dialogue en matière d'éducation sexuelle.

Du petit garçon à l'homme: l'arrivée du sperme

Dans mon livre *Père manquant, fils manqué*, j'ai noté que, avec l'arrivée des menstruations, la nature soulignait le passage de la petite fille à la femme, et qu'il n'y avait pas d'équivalent à ce phénomène chez les garçons. Ma conception a évolué depuis, car il existe aussi un signe naturel de maturité chez eux: l'arrivée du sperme! Mon oubli m'apparaît significatif dans la mesure où cette contrepartie mâle des menstruations est complètement occultée dans notre société. Sans doute parce que l'éjaculation est une chose plaisante alors que les menstruations sont douloureuses. Voilà peut-être pourquoi on a porté tant de jugements négatifs sur cet événement, sans doute pour rendre pénible dans l'esprit ce qui est plutôt agréable dans la chair...

Lorsque j'étais jeune, on appelait *pollution nocturne* les émissions involontaires de sperme pendant le sommeil. Pollution! Aussi bien dire saletés, rebuts, déchets toxiques! C'est pour le jeune homme une bien mauvaise façon d'entreprendre l'aventure de la sexualité. Pourtant, dans les initiations tribales, on accorde une grande importance à l'arrivée du sperme. La plupart du temps, on invite les garçons à boire le sperme d'un aîné de la tribu, dans le but de s'approprier sa force vitale. Dans la Grèce antique, berceau de notre civilisation, on pratiquait ce que Élisabeth Badinter appelle une *homosexualité pédagogique*: de jeunes éphèbes étaient appelés à pratiquer la fellation sur des hommes plus vieux, encore une fois afin de s'approprier leur virilité[4].

Avec l'avènement du christianisme, le sperme a commencé à être déprécié, particulièrement en tant que produit de la masturbation, obsession favorite de nos curés. La masturbation est devenue le pire des péchés mortels, sans doute parce qu'elle procure un soulagement immédiat alors que la morale religieuse de la transcendance propose une morale de l'effort et de la retenue. Le grand saint Thomas d'Aquin, qui est à l'origine de cette condamnation sans appel du plaisir solitaire, affirmait que le gaspillage du précieux liquide séminal équivalait à un assassinat puisque le sperme, en tant que germe de l'être humain, contient l'homme complet[5].

De toute façon, il n'y a pas que dans le christianisme où l'on trouve une condamnation de la sexualité solitaire. La plupart des religions y voient une perte d'énergie vitale. Même la psychologie s'en est mêlée en professant que la masturbation, pratiquée après l'adolescence, était un signe d'infantilisme. Aujourd'hui encore, la masturbation est un sujet tabou, qui rend perplexe plus d'un parent. Bref, personne ne sait trop ce qu'il faut en dire ou en penser, mais tous s'entendent pour la condamner ou la passer sous silence.

Dans les familles évoluées, on a commencé à souligner l'arrivée des menstruations chez la fille à l'aide d'un petit rituel; quelques proches de la jeune pubère, telles que la marraine, une tante ou une amie, sont invitées à lire des poèmes et à offrir cadeaux et fleurs. Pourquoi ne fêterait-on pas de la même façon l'arrivée du sperme chez le garçon, puisqu'il s'agit là aussi du passage de l'enfance au monde de la sexualité adulte?

Un père m'a raconté que son fils, jaloux du gâteau qu'on avait fait pour sa petite sœur qui venait d'avoir ses premières règles, s'enquit du moment où il aurait droit à un gâteau lui aussi. Pris au dépourvu, le père lui dit que lorsqu'il aurait sa première éjaculation, lui aussi aurait droit à un gâteau. Un matin, le jeune garçon sortit de sa chambre en souriant, tout fier de lui, et il dit à son père: «Le gâteau, c'est pour ce soir!» Ce qui fut dit, fut fait.

Combien d'hommes ont eu l'occasion de voir leur sexualité ainsi célébrée durant l'enfance? Je crois qu'en passant sous silence l'arrivée du sperme chez le garçon, on rate une belle occasion de le responsabiliser par rapport à sa sexualité. Car l'arrivée de sa sexualité adulte annonce des plaisirs et des libertés qui comportent aussi des responsabilités. En occultant cet événement, on passe à côté d'un tournant capital de l'existence et une partie de la sexualité masculine risque de croître dans la honte, dans la culpabilité et dans l'irresponsabilité. Quand on sait que beaucoup d'adolescents refusent encore de porter un préservatif malgré le danger du sida, on se dit qu'il y a encore beaucoup à faire dans le domaine de la sexualité. En osant parler plus ouvertement des choses du sexe, on rendrait les adolescents plus conscients des véritables enjeux liés à ce grand plaisir de la vie.

La première chose à faire, c'est célébrer la sexualité comme la chose forte et belle qu'elle est en réalité. Ce qui arrive trop peu souvent. Nous n'avons pas idée à quel point notre être tout entier est sexualisé. Chaque cellule de notre organisme est sexuée et est elle-même née de la division de deux cellules sexuelles. La sexualité exprime la pulsion même de la vie. Il s'agit de sa manifestation la plus spirituelle, car elle participe du même mystère dans lequel la vie trouve son origine et son fondement. Établir, comme on l'a fait trop souvent, une stricte division entre spiritualité et sexualité, c'est poser sur la vie un regard limité qui n'arrive pas à accepter le fait que nous sommes venus au monde avant tout pour créer et procréer.

LES «MAUDITS HOMMES»

La gêne éprouvée à l'égard de la sexualité du fils a des conséquences néfastes chez l'adulte. Lors d'une entrevue télévisée, un homme avouait que les échecs de sa vie amoureuse étaient dus au fait qu'il avait tenté de ne pas ressembler à ces *maudits hommes* que son père et les autres hommes étaient devenus aux yeux de sa mère. Il désirait tant jouer les bons garçons pour ses partenaires qu'il réprimait sa sexualité dans l'intimité du couple et se laissait entraîner dans toutes sortes d'aventures extraconjugales.

Il n'est pas facile pour un adolescent d'entendre sa mère se plaindre à voix haute de la sexualité des hommes en disant qu'ils sont «tous des cochons!». Dans la pièce *Les Belles-Sœurs* du dramaturge Michel Tremblay, l'actrice principale fait un monologue qui résume bien la situation. Parlant de son mari, elle commence par dire:

> *Pis tous les soirs que le bonyeu emmène y se couche avant moé pis y m'attend! Y'est toujours là, y'est toujours après moé, collé après moé comme une sangsue! Maudit cul!... Qu'une femme soye obligée d'endurer un cochon toute sa vie parce qu'à l'a eu le malheur d'y dire «oui» une fois[6]...*

On ne saurait mieux décrire l'écœurement d'une femme brimée par l'église, la société et un mari qui ne pense qu'à sa propre jouissance. Cette femme finit par haïr la sexualité et toutes ses manifestations, car elle y voit le symbole de son esclavage domestique. Elle se refait une sorte de virginité symbolique en s'élevant au-dessus de *la chose*. Réflexe fort compréhensible, mais qui marque un pas de plus dans l'abandon de sa féminité. Ce faisant, elle consacre son rôle de martyre sans joie et sans plaisir, et condamne la sexualité de ses fils à suivre les mêmes avenues sans issue.

Aujourd'hui, nous pouvons dire que les comportements sexuels sont plus libérés. Mais le débat à propos des comportements n'a pas encore eu lieu. Tant que la sexualité ne sera pas célébrée comme une force vive qu'on doit traiter avec égards, elle continuera d'être vécue de façon désordonnée et elle n'arrivera pas à occuper la place qui lui revient dans notre échelle des valeurs. Elle continuera d'être perçue comme une force obsédante et chaotique par bien des gens. La sexualité est une divinité archétypale, elle a le pouvoir de s'emparer de notre corps et de notre esprit lorsque nous ne lui vouons pas le culte approprié. Si, au lieu de la fêter, nous la refoulons dans les recoins sordides de la psyché, elle se pervertit et s'enlaidit.

À cet égard, les Grecs anciens ont encore beaucoup à nous enseigner. Eux n'auraient pas envoyé un obsédé sexuel dans le temple d'Apollon (le bureau du thérapeute) pour qu'il apprenne à maîtriser sa sexualité. Bien au contraire, ils l'auraient envoyé prier et faire l'amour chez les prostituées sacrées du temple d'Aphrodite, car les Grecs considéraient qu'une personne obsédée était victime de la vengeance d'une déesse ou d'un dieu négligé. J'imagine l'une de ces dames chuchoter tendrement à l'oreille d'un patient: «Alors, qu'est-ce qui ne va pas? Est-ce que ce n'est pas agréable de faire l'amour? Est-ce que ce n'est pas beau? Allez, va et ne pèche plus! N'oublie plus notre sainte patronne dans tes prières! Fais l'amour et masturbe-toi en célébrant la déesse au lieu de craindre son jugement.» Tant que l'individu n'apprendra pas à valoriser la sexualité et à lui accorder la place appropriée dans sa vie, il sera possédé par les visions de la séduisante Aphrodite qui demande qu'on célèbre sa beauté. On peut se masturber et faire l'amour tous les jours sans avoir de respect pour la sexualité, tout comme on peut y renoncer complètement tout en la respectant. L'explosion actuelle des images de corps sexualisés dans la publicité, toutes plus suggestives les unes que les autres, n'exprime pas seulement la recherche effrénée de plaisir dans un monde angoissé; elle est sans doute aussi une forme de compensation à l'austère morale judéo-chrétienne qui n'accorde pas une valeur suffisante au corps et à la sexualité. La déesse reprend ses droits, mais le problème demeure entier.

LE TRIOMPHE DE L'ESPRIT DE SÉRIEUX

Ce n'est pas seulement la sexualité qui a été réprimée dans nos familles: toute sensualité a été dévalorisée. Très souvent, les mères ont eu à porter seules le principe de réalité, car elles devaient faire régner la discipline et le sens des responsabilités tout en gérant le budget familial. Ainsi, peu à peu, l'esprit de sérieux a fini par l'emporter sur l'esprit de jeu, le plaisir corporel et la joie toute simple d'exister. Le triomphe de l'esprit de sérieux est la conséquence la plus grave de la répression des besoins fondamentaux de l'être humain.

Un jour, j'ai entendu un homme qui, ironisant sur la sévérité de sa mère, s'était mis à fredonner dans un groupe *La complainte du non* qu'il avait inventée et qu'il chantait avec ses sœurs quand ils étaient jeunes. C'était une façon créatrice pour des enfants d'échapper à la tyrannie d'une mère qui opposait un refus catégorique à toutes leurs fantaisies. N'empêche que cet homme dans la cinquantaine n'était pas encore arrivé à se débarrasser de ce «non» au plaisir qui avait hypothéqué toute sa vie.

Tant d'êtres ont vécu comme lui dans des familles où l'on ne riait et ne s'amusait jamais. Les repas étaient tristes et ennuyeux. Ces mêmes êtres continuent aujourd'hui à démontrer peu d'aptitudes pour le bonheur. Ils mènent des existences mornes ou tragiques parce qu'ils n'ont pas bien été préparés à la joie profonde.

La culpabilité

L'HOMME À LA FOURCHETTE

Samedi matin, 10 h, j'anime un atelier intitulé *La relation à la mère*. Le groupe ne comprend que des hommes qui sont placés en cercle. Chacun d'eux a apporté un objet qui symbolise le mieux à ses yeux la relation qu'il a vécue ou qu'il vit toujours avec sa mère. À peine ai-je invité les participants à présenter à tour de rôle leur objet que l'un d'eux se jette à genoux au centre du cercle et tente de planter une fourchette dans le sol en criant: «Je n'en veux plus, maman! Je n'ai pas faim, maman! Peux-tu comprendre ça, maman? Je n'en veux plus!»

Benoît a 35 ans. Il gesticule et il pleure, exorcisant des années de frustration. Puis, apaisé, il nous donne quelques minutes plus tard l'exemple d'un dialogue caractéristique entre sa mère et lui lorsqu'il la visite:

— *Tu* mangeras bien un petit quelque chose, mon grand?

— Je viens tout juste de manger, maman, je n'ai pas faim, merci beaucoup.

— Allons donc, je t'ai préparé ton plat préféré. T'es sûr que tu ne veux pas manger un petit quelque chose?

— Merci, maman, je t'assure que je n'ai pas faim!

— Un petit morceau de dessert alors!

— Non, maman!

— J'ai passé tout l'avant-midi à cuisiner ça pour toi, il faut que tu y goûtes! Tu ne peux pas me faire ça! Allez, je t'en sers juste une petite portion.

Là-dessus, elle joint le geste à la parole et Benoît, rageur, finit par manger la nourriture de sa mère pour ne pas l'offusquer.

Dans l'atelier où s'est produit cet épisode, ceux qui prirent la parole par la suite éprouvèrent de plus en plus de difficultés à parler librement. À mesure que l'un et l'autre s'exprimaient, un épais nuage de culpabilité enveloppait progressivement le groupe. Un des participants, qui dînait chez sa mère ce soir-là, partit même plus tôt de peur qu'il ne lui soit arrivé un accident pendant qu'il parlait d'elle. Témoigner de la relation avec leur mère constituait pour ces hommes une trahison. Une pensée magique et concrète leur donnait l'impression qu'ils étaient en train de la tuer réellement alors qu'ils s'attaquaient en réalité au complexe maternel. Celui-ci possédait des aspects tellement archaïques que je me mis même à l'appeler le «dragon maternel». Son arme favorite était la culpabilité. C'est par elle qu'il maintenait son emprise sur le moi de chacun de ces hommes.

À mesure que le travail avançait, je ne faisais que constater combien ces hommes étaient mal séparés de leur mère. Ils n'avaient pas droit à leur propre vie. Psychologiquement parlant, le cordon ombilical n'avait pas été tranché. La dette envers la femme qui s'était sacrifiée pour leur donner la vie restait si grande que 30, 40 ou même 50 ans plus tard, au moment d'effectuer une rupture symbolique avec la mère et de remettre le complexe maternel à sa place, leur être intérieur soupirait encore: «Pardonne-moi, maman, ce n'est pas de ma faute!»

Je voulus en savoir plus long et je me mis à explorer avec eux les dynamiques de l'enfance qui avaient causé cette culpabilité.

L'OMBRE DE LA MÈRE

La plupart des mythologies prêtent à la mère des attributs de dévouement et de générosité et même de sacrifice de soi. Les diverses représentations de la *Mater Dolorosa* en font foi. Mais, bizarrement, la figure maternelle y possède toujours son contraire: si elle est donneuse de vie, elle est aussi porteuse de mort. Par exemple, en Inde, la déesse Kali préside aux naissances, mais elle est également présente au moment des décès. On dit même qu'elle danse de joie dans le sang des morts. Chaque mère porte ce côté destructeur qu'elle doit absolument reconnaître si elle ne veut pas qu'il se retourne malgré elle contre les êtres qui lui sont chers. En fait, la mère risque de se transformer en sorcière quand elle ne consent pas à ce terrible pouvoir de donner la mort.

Les principales formes d'expression que peut prendre l'ombre maternelle lorsqu'elle n'est pas reconnue consciemment s'appellent le narcissisme, le perfectionnisme, la surprotection, la violence et la culpabilisation. La frustration des besoins fondamentaux dont nous venons de parler est principalement responsable du développement de ces dynamiques. Celles-ci vont lier la mère et le fils dans un cercle vicieux de dépendance et de culpabilité qui empêcheront et l'homme et la femme d'en sortir. Mais il va de soi que les pères sont tout aussi narcissiques, perfectionnistes, violents et culpabilisateurs que les mères peuvent l'être. Et ils causent les mêmes torts aux enfants.

Les enfants intègrent les blessures psychologiques du père ou de la mère par le biais des complexes parentaux, qui représentent les parents à l'intérieur du psychisme pour ainsi dire. Ces complexes assiègent le moi toutes les fois qu'il n'est pas enligné avec les injonctions parentales. Ainsi, les blessures se transmettent d'une génération à l'autre. La mère qui a manqué de père développe un complexe paternel négatif, sa créativité est brimée; dans la vie de couple, elle est vite déçue par son conjoint, son animus s'agite, elle éduque son fils pour en faire un petit dieu et devient trop exigeante; le fils développe un complexe maternel négatif en réaction aux pressions de sa mère, il a peur des femmes, néglige sa partenaire et ses filles; celles-ci développent des complexes paternels négatifs, marient des hommes qui ont peur d'aimer, et ainsi de suite. Tout est lié dans la toile sans fin que tisse le fil de la vie.

La blessure narcissique

La première blessure qui se transmet des parents aux enfants, à travers les blâmes et les reproches, est sans contredit le manque d'estime de soi. Dans l'exemple donné précédemment, la mère de Benoît n'entend pas que son fils n'a pas faim, elle entend qu'il ne l'aime pas. Elle ne peut pas comprendre que son identité est mangée par l'archétype maternel, et qu'elle repose presque uniquement sur l'exercice de ses fonctions de mère. C'est cette blessure d'amour que laisse entrevoir son comportement. Son équilibre narcissique, c'est-à-dire la valeur qu'elle s'accorde en tant que personne, finit par dépendre du fait que son fils mange ou non le dessert qu'elle lui a préparé.

La blessure d'amour qu'une mère a reçue de son propre père, blessure d'autant plus grande qu'elle vit dans une société patriarcale qui accorde peu de valeur à sa fonction, influence son degré d'amour pour elle-même. «Réussir son enfant» devient alors l'unique façon de se mettre en valeur et de rehausser sa propre estime. La mère se retrouve ainsi seule face à son petit, à la merci des attitudes qui pourraient détruire son équilibre à elle.

Poussée par l'amour et marquée par cette blessure inconsciente, elle devient très exigeante envers elle-même. Animée d'un fort désir de bien faire, elle se rend vite compte cependant qu'il est impossible de réussir sur tous les plans; elle privilégiera donc une activité et s'y donnera pleinement. Son narcissisme fragile y établira sa demeure. Si elle est fière par exemple de ses dons culinaires, elle ne tolérera pas que ses enfants critiquent sa cuisine. Si elle tient en haute estime la performance scolaire, elle refusera les échecs des enfants. Si elle recherche la propreté par-dessus tout, gare à celui ou à celle qui salira la maison! Tant que cette activité de prédilection ne sera pas contrariée, la mère conservera son équilibre psychologique.

Bien entendu, on ne peut pas reprocher à une mère d'exprimer son amour par les soins qu'elle prodigue; cette fonction a servi l'humanité depuis toujours et elle doit absolument être remplie. Cependant, lorsqu'une femme y investit sa personnalité entière, cela conduit à des retournements de situation dont elle devient la première victime, mais dont les enfants feront aussi les frais dans un deuxième temps. Tout ce que la mère s'impose sera exigé d'eux en retour. Sa valeur propre finira par reposer sur le fait que les petits réussissent bien à l'école, parlent bien, ne se révoltent pas, ne prennent pas de drogues ou ne font pas de fugue. Elle préférera d'ailleurs nier leur responsabilité, même devant l'évidence, plutôt que de consentir à une perte d'équilibre narcissique.

Invariablement, la blessure parentale engendre le même problème chez l'enfant. Lorsqu'un enfant est obligé d'accomplir mille singeries pour être accepté par son entourage, il se retrouve nécessairement avec un problème narcissique: il ne s'aime pas et il aura de la difficulté à aimer. L'enfant développera une fausse personnalité, adoptera les comportements qui plaisent aux parents et délaissera ceux qui correspondent à sa véritable personnalité. On l'accusera par la suite d'être égocentrique, susceptible et incapable d'empathie. Cela est vrai dans la mesure où son véritable moi a manqué de renforcement positif. Ayant perdu le contact avec son identité profonde, l'enfant se trouve du même coup coupé de la vie et des racines de l'amour.

SUICIDAIRE À HUIT ANS

L'exemple de *L'homme à la fourchette* est somme toute monnaie courante dans les familles et il n'a rien d'inquiétant. Rares sont les êtres qui possèdent une estime d'eux-mêmes à toute épreuve. Mais parfois la mère a subi une telle blessure narcissique que, pour arriver à garder son estime à flot, elle exigera ni plus ni moins que la perfection à son égard et à l'égard des enfants. La mère perfectionniste exige que ses enfants atteignent les plus hautes performances, car elle dépend exagérément de leurs accomplissements pour conserver une bonne image d'elle-même. C'est sa façon à elle de leur faire payer le sacrifice de sa personne. Elle ira même jusqu'à refuser de croire les professeurs et les autres intervenants qui lui disent que quelque chose ne tourne pas rond chez un des siens, parce qu'elle en éprouve une honte personnelle.

Stéphane vient d'être hospitalisé dans un grand hôpital pour enfants. Il a huit ans. Il ne veut plus vivre. Il y a un mois il a fait une crise de désespoir dans le corridor de son école. Les larmes aux yeux et la voix pleine de colère, il piétinait son sac en criant qu'il voulait se suicider. Le directeur l'a reçu dans son bureau. Il a constaté que cet enfant avait perdu toute joie d'exister.

Pourtant, Stéphane est un premier de classe, un enfant modèle. Il vient également d'une famille modèle. Ses parents donnent l'image d'un couple heureux. Ils semblent accorder l'attention nécessaire à leur petit garçon. Stéphane apprend facilement ses leçons et il a du talent pour une foule d'autres activités. Le soir après l'école, il s'entraîne à la gymnastique à laquelle il voue une véritable passion; le samedi matin, il suit des cours de musique et, le samedi après-midi, il prend des cours de diction. Lorsqu'il n'est pas en train de faire ses devoirs, il apprend sa leçon de violon. Lorsqu'il ne répète pas sa leçon de violon, il s'entraîne à la gymnastique. La vie de Stéphane est réglée comme celle d'un athlète olympique.

Depuis quelques mois pourtant, Stéphane montre des signes d'essoufflement. À Noël, il a refusé de jouer du violon devant la parenté. Sa mère y a vu un caprice d'enfant passager. Puis, il s'est mis à négliger ses devoirs et à cesser de faire de la gymnastique. Ensuite, il y a eu cette nuit où il s'est réveillé en sursaut, en proie à un cauchemar intense. Il avait rêvé qu'il se cassait la jambe lors d'une compétition; il réclamait sa mère à grands cris, mais dans son rêve elle s'approchait de lui en le grondant pour sa piètre performance, insensible à sa souffrance. Depuis, Stéphane a des tics nerveux, est angoissé et manque totalement d'enthousiasme. Sa mère réagit tour à tour par l'incrédulité, le chantage, les menaces de punition et les promesses de cadeaux. Rien n'y fait. Elle a du mal à se rendre à l'évidence que son fils, si favorisé par le destin, éprouve de graves difficultés psychologiques.

L'enfant est naturellement ouvert, spontané et serviable. Il trouve sa raison d'être dans le miroir que lui présentent les yeux de sa mère en particulier et ceux des personnes de son entourage en général. Il cherche à plaire parce qu'il dépend véritablement de ces reflets pour construire son estime de soi. Si la mère ne lui sourit pas, il en cherchera la cause en lui-même et se sentira mauvais enfant. Bien plus, il n'arrivera pas à sourire intérieurement à sa propre personne. S'il vit dans un milieu traumatisé et déprimé, il le deviendra aussi parce qu'il s'identifie intérieurement à l'humeur de ce milieu. Si les adultes pratiquent des jugements sévères à son égard, il deviendra très sévère envers lui-même. Face à des parents perfectionnistes, il donnera sa pleine mesure pour les satisfaire et deviendra perfectionniste à son tour. S'il échoue, il deviendra malade.

Dans les hôpitaux, on rencontre de plus en plus d'enfants qui souffrent de dépression à un âge où l'on ne devrait se préoccuper que de jouer. On a leur a posé trop d'exigences. Souvent ils ont un horaire d'activités aussi rempli que celui d'un adulte au milieu de sa vie. Mais quand les exigences sont trop lourdes, il vient un temps où l'enfant a l'impression de ne pas suffire à la tâche et de mal faire. Alors il s'écroule. Le plus sainement du monde, il répond à la pression par la dépression parce qu'il ne peut pas nommer ce qui se passe en lui. L'esprit de sérieux vient de faire une autre victime.

L'enfant naturellement joueur et inventif s'est trouvé sacrifié sur l'autel du perfectionnisme. La plupart du temps, les activités ont pour but de stimuler sa créativité mais paradoxalement le contraire s'est produit: sa créativité s'est épuisée. Car s'il est vrai que l'enfant a besoin de formation et qu'il aime canaliser son énergie vitale dans des activités difficiles, il ne faut pas oublier que l'esprit de jeu doit dominer. S'il s'agit chaque fois d'exceller, la vitalité de l'enfant s'épuise.

La dépression et le suicide des enfants constituent des phénomènes nouveaux dans notre société. Ils montrent combien notre société s'éloigne de la vie. Le philosophe et généticien Albert Jacquard parle des enfants des baby-boomers comme d'une génération sacrifiée sur l'autel de l'excellence. Après avoir exploité tout le potentiel d'un monde en plein essor, cette génération de parents avait le besoin intense de se reconnaître dans le miroir de la perfection qu'allait lui offrir sa progéniture. Les enfants se sont retrouvés au service du narcissisme des parents. Ceux-ci ont cherché à trouver chez leurs petits un reflet de leur propre toute-puissance, sans doute bafouée par les jugements sévères de leurs parents envers eux. L'autoritarisme s'est transformé en un perfectionnisme qui n'a rien à envier à la sévérité d'antan. En somme, des générations complètes oublieuses de l'art et du plaisir de vivre!

MÈRE SURPROTECTRICE ET FILS DÉPENDANT

Durant un atelier, un universitaire américain raconte dans un atelier qu'il a passé plusieurs années de son enfance à la ferme de ses grands-parents. Un jour, en rentrant des champs, il éternue. Sa mère lui déclare alors que le foin et le poil de cheval ne sont pas bons pour lui. Il commence alors à développer de véritables allergies au monde de la ferme et ne peut plus se rendre chez ses grands-parents. Il est privé de leur influence bénéfique et il doit demeurer près de sa mère.

Pour symboliser la relation qu'il a eue avec elle, il a choisi d'apporter à l'atelier du foin, de la paille et des poils de chevaux dans un bocal en verre. Cet homme attachant et imaginatif est tout à fait à l'image de son petit cruchon. Il ressemble parfois à une nature déracinée, mise sous verre. Quand on est en plein air avec lui, on sent sa grande force et son immense plaisir. Mais cette force est restée timide. Devant nous, le cœur battant, il ouvre son bocal. Les senteurs qui y sont contenues embaument la pièce instantanément. À plusieurs reprises, il les respire à fond. Puis, il dit: «Tu vois, maman, je n'éternue plus.»

La mère de cet homme était une femme inquiète et surprotectrice. S'il n'avait pas eu le courage de remettre en question son complexe maternel, il serait vraisemblablement demeuré allergique, timide et effacé. La *surprotection* fait que l'ombre de la mère enveloppe l'enfant, et entraîne la formation d'un complexe maternel négatif qui fera de lui un être dépendant. La volonté d'éviter les difficultés de la vie à ses enfants, *toutes* les difficultés de la vie, est bien entendu illusoire. Ce bon vouloir empêche l'enfant de recourir à ses propres ressources pour vaincre ses frustrations.

L'enfant trouve dans le jeu la réponse normale à une situation de stress. Par exemple, si ses parents le laissent seul pendant quelque temps, il devra faire face à la colère, à l'angoisse et à la dépression que cette solitude ne manquera pas de provoquer en lui. Il construira alors ce que le pédiatre anglais Winnicott a appelé un *espace transitionnel*. Cet espace sert à l'enfant de coussin de protection entre lui et le monde, entre son moi et le sentiment d'abandon qui veut le submerger. L'enfant élabore son jeu dans cet espace. Il parlera à son nounours comme si c'était papa et à sa poupée comme si c'était maman, recréant leur présence grâce à son imagination. Il fait ainsi échec au sentiment de rejet et au monde froid de l'abandon, mais surtout il réagit *lui-même* au manque.

Par le jeu, l'enfant apprend à maîtriser des situations intérieures difficiles; il crée ainsi le germe de son indépendance future. Cependant, un tel mécanisme ne peut fonctionner si les frustrations sont trop intenses ou dévastatrices; l'enfant sera incapable de les assumer, et sa créativité s'en trouvera inhibée au lieu d'être stimulée, à moins qu'à l'inverse il se réfugie dans un monde fantasmatique qui remplace la réalité.

Dans l'exemple que je viens tout juste d'utiliser, l'enfant passe d'un besoin de satisfaction littéral, qui s'exprimerait par la présence concrète des parents, à une satisfaction symbolique de son besoin: il parle à ses parents *comme si* tous deux étaient là. Cette notion est essentielle, car le psychisme se construit à partir de telles réalités. Du point de vue psychique, il n'y a pas de différence entre une sensation réelle et une sensation imaginée. Voilà pourquoi on peut se rendre malade tout aussi bien avec des soucis réels qu'avec des soucis imaginaires. Pour la même raison, les visualisations positives de son état de santé ont un effet réel sur les processus cellulaires de l'organisme et elles accélèrent la guérison. L'enfant qui n'a pas appris à passer de la satisfaction concrète à la satisfaction symbolique demeurera à la merci de ses impulsions et de ses besoins immédiats. Il ne saura pas en retarder la satisfaction et il prendra tous les moyens pour y arriver. Il pourra même avoir recours à la violence pour se procurer de quoi se satisfaire.

Or la mère surprotectrice, qui est toujours au-devant des demandes de ses enfants dans le but de leur épargner la souffrance, les empêche de réaliser ce passage à la satisfaction symbolique de leurs besoins. Sans le savoir, elle les maintient dans un état de dépendance qui, plus tard, les empêchera de savoir ce qui leur est vraiment nécessaire. Les enfants surprotégés deviennent passifs et ils apprennent sur le tard à développer leur sens de l'initiative. La dépendance, la passivité et l'angoisse sont le lot de l'enfant surprotégé. Au contraire, la curiosité, la capacité de s'affirmer et la combativité sont celui de l'enfant qui a joui d'une protection adéquate, qui ne visait pas à lui éviter tous les coups ou toutes les épreuves.

Une psychorééducatrice qui travaille dans un centre de jour auprès d'enfants ayant des problèmes de coordination motrice m'a raconté l'épisode suivant:

> Un jour, une mère lui parle de son fils qui, à quatre ans, ne sait pas encore boutonner sa veste et attacher les lacets de ses souliers. Le centre accepte de le prendre sous observation. L'éducatrice se rend compte alors qu'il arrive très vite à maîtriser ces tâches. Non seulement il y arrive sans peine, mais il aide même les autres enfants.
>
> L'éducatrice est stupéfaite. Elle donne rendez-vous à la mère pour savoir ce qui peut bien se passer dans le milieu familial pour

que ce garçon n'arrive pas à exercer son adresse naturelle. Avec le garçon, elle attend donc que sa mère vienne le chercher au moment de la fermeture du centre. Lorsque sa mère arrive, il se précipite vers elle tout joyeux en enroulant son foulard autour de son cou et en boutonnant sa veste. La psychoréééducatrice entend alors la mère s'exclamer: «Attends, attends, mon trésor, maman va faire ça pour toi!» La mère craignait en somme de voir se développer chez son fils un problème moteur qu'elle-même provoquait par son comportement protecteur.

Une mère surprotectrice dessert ses enfants en voulant leur éviter les difficultés de la vie. Une mère trop craintive finit par empêcher ses enfants de se débrouiller face à des difficultés qu'ils sont capables de surmonter. Alors que la mère de l'exemple précédent est prise dans l'étau de l'inquiétude, le fils tente de lui faire plaisir en inhibant son adresse naturelle. Il se range auprès d'elle comme un objet mort.

La surprotection maternelle empêche l'enfant d'apprivoiser le monde. Le fils devient vite dépendant, passif et angoissé parce qu'on ne lui a pas permis de développer sa curiosité et son goût d'explorer. Ses besoins d'autonomie se trouvent entravés. Il ne développe pas ses moyens de réagir au monde et de se défendre au besoin. Il n'apprend pas non plus à exprimer ce qui lui manque parce que le parent le précède toujours. Il n'est pas souhaitable que les enfants obtiennent tout de cette façon. La frustration les oblige à créer et à inventer ce qu'ils désirent.

La véritable mère surprotectrice appartient à la famille des femmes performantes qui tentent de se prouver qu'elles sont de bonnes mères pour nier un sentiment d'hostilité, non pas vis-à-vis de l'enfant, mais vis-à-vis du fait d'avoir des enfants. De telles mères croient qu'elles n'ont pas le droit de réprouver le sentiment maternel. Pourtant, cette attitude est assez fréquente. Dans un atelier que je donnais aux États-Unis à un groupe de 35 mères, une jeune femme s'est effondrée en larmes, disant qu'elle n'arrivait tout simplement pas à aimer son enfant. Elle ne s'était jamais permis de parler de ce sentiment ouvertement, et ses pleurs la délivrèrent d'un poids immense. Elle se croyait monstrueuse et cachait ce sentiment en affichant les allures d'une mère absolument irréprochable.

En poussant constamment l'enfant à la performance *pour son propre bien,* la mère trahit sa rage refoulée et inconsciente. Sous le prétexte de l'excellence, elle force son fils à adopter la position de l'enfant propre et sage; celui-ci risque de sombrer dans la dépendance et dans la dépression s'il n'a pas l'occasion de se révolter. Elle en fera un fils soumis qui toute sa vie demandera à son entourage la permission d'être lui-même et qui s'excusera pour tout ce qu'il ressent de peur que cela nuise aux autres ou les perturbe.

Devenu adulte, le fils surprotégé portera sur ses épaules un enfant dont les espoirs ne se sont jamais réalisés et dont tous les rêves sont demeurés forces dormantes. Il risque de douter perpétuellement de ses capacités réelles. La vie d'un tel homme va souvent s'abîmer dans la dépendance affective vis-à-vis d'une partenaire, avec laquelle il agira en enfant soumis. Il recherche une compagne dominatrice qui prendra en charge pour lui la vie quotidienne, comme la mère le faisait. Cette dépendance affective peut le conduire à l'alcoolisme ou à la consommation de drogues, comportements caractéristiques des êtres passifs et irréalistes.

La surprotection de la mère peut également cacher une dépendance profonde envers l'enfant. Celui-ci devient le poupon chéri d'une femme qui combat sa peur de la solitude et ses angoisses, un poupon ligoté qu'elle mange tout cru pour combler son vide affectif et pour se protéger d'elle-même.

Il n'est pas rare de voir la surprotection maternelle aboutir à son contraire, c'est-à-dire à la situation où l'enfant est mis en position de parent. Il est *parentalisé* pour ainsi dire. Il devient alors le confident des insatisfactions matrimoniales et existentielles de sa maman. Mais l'enfant ne peut pas porter un tel poids, et son enthousiasme de vivre s'en trouve presque à tout coup détruit. Les hommes et les femmes les plus désespérés que j'ai rencontrés dans ma vie de thérapeute étaient presque immanquablement des fils et des filles *parentalisés* par leur père ou par leur mère.

Dans quelques cas, j'ai pu constater qu'une telle situation d'enfance devenait plus tard la cause de la violence d'un homme envers sa compagne ou encore de son incapacité à établir un contact profond avec une femme. Le monde de la mère a pour ainsi dire violé l'intégrité du monde de l'enfant, qui a développé une haine profonde à l'égard des femmes. Au point de vue psychique, cette animosité souvent teintée de misogynie est en quelque sorte la barrière protectrice que l'homme dresse contre un univers féminin qui a trop menacé son autonomie. Elle trahit sa grande fragilité et son besoin d'ancrage dans une réalité masculine positive.

LA VIOLENCE MATERNELLE

Les désirs refoulés et les frustrations accumulées nous soumettent à leur emprise si nous ne daignons pas les admettre dans notre panthéon psychique. Un affect submerge alors le moi et entraîne des passages à l'acte aveugles. La violence physique envers les enfants constitue un tel passage à l'acte. Une écrivain américaine en témoigne en racontant ce qui lui est arrivé lors d'un séjour de vacances.

> *À la dernière minute, son mari est retenu à la ville pour travailler et elle se retrouve seule avec ses trois enfants, alors qu'elle avait espéré un temps de repos et d'isolement pour écrire. Elle se rend compte que de jour en jour ses humeurs s'aggravent. Ses gestes envers les enfants deviennent de plus en plus agressifs et impatients en réponse à leurs réclamations. Un soir, désespérée et n'en pouvant plus, elle décide de se laisser aller à la violence qui l'habite en donnant libre cours à son imagination. La fantaisie qui monte alors en elle la pétrifie d'horreur. Elle se voit en sorcière démoniaque frapper la tête de son aîné contre un mur et se réjouir du sang qui coule. À sa grande surprise, cette vision la calme profondément. La tension la quitte. Les jours suivants, elle réussit à mieux établir les limites qui lui permettent de se consacrer à l'écriture. Sa relation avec les enfants redevient créatrice et détendue[7].*

Cette mère a trouvé dans la visualisation une solution efficace pour vaincre sa détresse. Si elle n'avait pas eu le courage de faire face à ses impulsions de violence, il est fort probable qu'elle aurait fini par brutaliser ses enfants, incarnant Kali-la-Destructrice dans toute sa splendeur. Or, dans notre société, le pouvoir de Kali-qui-donne-la-mort se trouve totalement occulté. Même si la plupart des mères en ont un vague pressentiment, elles ne se laisseront subjuguer par cette ombre que dans la furie. La mère agit alors à travers une sorte de brouillard, dans un état semi-conscient. La rage destructrice qui s'empare d'elle conserve son emprise tant que l'émotion n'a pas été déchargée.

La mère frappe alors ses enfants, mais elle n'en garde aucun souvenir. Cette perte de mémoire se compare très bien au *black-out* des alcooliques, moment qui peut durer de quelques minutes à quelques heures et pendant lequel ils perdent conscience tout en continuant d'agir; le lendemain, la personne ne se rappelle plus rien. C'est plus pratique ainsi, car l'ombre peut demeurer inconsciente; plus pratique mais d'autant plus pernicieux et ravageur.

Dans les familles, la violence verbale, psychologique et même physique n'est pas seulement le fait de conjoints mâles envers la partenaire et les enfants; cette violence est aussi celle de mères désemparées et prisonnières du silence. Au fond d'eux-mêmes, les enfants ont peur de cette sorcière, de cette femme en colère qui vient de l'ombre trop longtemps refoulée. La mère n'admet pas cette rage parce qu'elle ne veut pas être pointée du doigt comme étant *une méchante*. Mais en adoptant cette attitude de négation de l'ombre, elle empire sa situation, car la pulsion agressive se transforme en violence dans l'inconscient.

LE POUVOIR DU SERPENT

Il est fréquent de rencontrer en thérapie des adultes qui parlent de la violence psychologique et même physique que la mère leur a fait subir pendant l'enfance. Il ne s'agit pas d'une fessée à l'occasion, il s'agit de violence physique et de sévices administrés régulièrement. La spontanéité de ces enfants est détruite. Leurs relations sont marquées par l'ambivalence. Les liens de confiance qu'ils peuvent tisser avec les autres sont fragiles. Ils vivent une vie solitaire, retranchés à l'intérieur d'eux-mêmes. Ils peuvent être les garçons les plus gentils du monde, leurs cœurs restent fermés. Alors qu'ils souhaitent ardemment que quelqu'un s'approche d'eux et puisse les guérir par l'accueil et la chaleur, ils ne peuvent laisser entrer personne dans leur intimité, de peur de ressentir de nouveau toute la douleur des coups reçus. Malgré eux, ils opposeront toutes les résistances possibles pour se prémunir contre la tendresse et la compréhension. Ils détesteront tous ceux et celles qui désirent s'approcher d'eux pour leur offrir de l'amour tout en souhaitant secrètement, de toutes leurs forces, qu'ils persévèrent suffisamment pour arriver à percer la carapace de leur insensibilité.

Enfants, ils ont ressenti une terrible ambivalence sous les coups. Alors qu'ils éprouvaient une haine féroce et mortelle pour le parent batteur, ils ne pouvaient l'exprimer de peur de perdre l'attention et l'amour de ce même parent. Ils ont scindé cette haine et ont tenté de laisser ce venin dormir dans une partie éloignée et oubliée de leur être. En général, cette haine trouvera à s'exprimer sous la forme de fantasmes violents, de comportements autodestructeurs, de passages à l'acte agressifs, ou de maladies psychosomatiques.

Un homme me racontait avoir passé son enfance à comploter un meurtre parfait. Il en était venu à la conclusion que celui-ci devait être tout à fait gratuit et sans aucun mobile. Il imaginait qu'il tirait des balles d'un lieu caché et que ces balles perdues allaient tuer des automobilistes passant par hasard en face de la maison familiale. En dissociant instinct criminel et passion au sein du fantasme, il avait fini par neutraliser l'agressivité qu'il ressentait en réaction aux corrections physiques que lui imposait sa mère. Comme il avait besoin de son amour et qu'il ne pouvait se permettre d'exprimer sa haine ouvertement, sous peine de subir encore plus de coups, toute sa frustration s'exprimait en fantasmes dirigés vers l'extérieur du foyer.

Dans le secret de sa chambre, il jouait également avec un petit cobra en caoutchouc, qui sortait de son nid sous la pression d'une pompe à air. De la main gauche, il actionnait la pompe, alors que la droite se retirait le plus vite possible pour ne pas être mordue. Il mettait ainsi en scène, sous la forme d'un jeu qu'il pouvait maîtriser, les impulsions violentes de sa mère qu'il ne pouvait pas contrôler ainsi que ses propres mouvements de vengeance qu'il devait refouler. Le jeu avait l'avantage de transformer en plaisir ce qui dans la réalité se vivait dans la douleur intense. Les enfants abandonnés du Brésil, dont la vie est constamment menacée, bravent la mort chaque jour en inventant des scénarios où l'on peut perdre la vie. Ils ont alors l'impression de maîtriser par leur habileté un destin qui par ailleurs leur échappe complètement.

Ce jeu prend d'autant plus de signification lorsqu'on sait que cet enfant souffrait d'une véritable phobie des reptiles. Il n'osait même pas toucher les photos de l'encyclopédie qui en représentaient de peur que les bêtes ne se matérialisent. Il faisait des cauchemars où des gens le jetaient dans un lit de cordes qui se changeaient en serpents. Pendant plusieurs années, il n'a pas osé s'étendre de tout son long dans son lit, car il avait la conviction qu'un reptile se cachait sous les couvertures, à ses pieds. C'est là qu'il avait déposé l'agressivité mortelle qu'il ressentait et qu'il ne pouvait exprimer.

Il devint un garçon bonasse qui n'osait dire un mot plus haut que l'autre. Il souffrait d'humeurs dépressives et suicidaires et toute sa combativité était sapée par cette violence larvée. Il vint en consultation sur les conseils de son médecin parce qu'au début de la trentaine il avait contracté une grave maladie. En cours de thérapie il comprit qu'il ne retrouverait sa vitalité et sa créativité qu'après être entré en contact avec toute cette violence contenue qui empoisonnait son existence à son insu. Il souffrait de la maladie des bons garçons: la suradaptation, une suradaptation pratiquée avec complaisance qui masquait une grande peur du rejet. Il était devenu un champion de l'endurance et pouvait mieux que tout autre survivre à des situations inadmissibles tellement il avait réprimé ses réactions spontanées.

Cette rupture profonde d'avec la spontanéité psychique et physique constitue le problème central pour un être qui a été victime de violence physique durant l'enfance. Cet être se résigne et devient intouchable. Une partie de sa personne est parfaitement adaptée à l'entourage alors qu'une autre continue une vie solitaire et résignée qui n'attend plus rien de personne. De l'extérieur, l'individu a l'air contenu et rationnel alors que la passion bout en dedans. Il ne peut laisser sortir la vapeur de peur que «la cocotte-minute n'explose» comme le disait si bien un participant à un atelier. Un tel contexte devient éminemment propice à l'éclatement d'une maladie somatique.

La phobie des serpents développée par cet enfant prend toute sa signification lorsque l'on sait que les Grandes Mères de la mythologie, comme l'Égyptienne Isis ou l'Indienne Kali, sont presque toujours représentées avec des reptiles autour du cou ou des bras. Ces bêtes ne sont pas retournées contre elles comme dans les représentations des héros luttant contre des monstres. Elles symbolisent plutôt le pouvoir des mères et de la femme en général. La connivence entre Ève et le serpent décrite dans la Bible reflète la même idée. Certains mythologues pensent même que cet animal est le principal symbole du caractère féminin à travers les âges. Le serpent est doté d'une nature double et profonde: le reptile peut donner la mort, mais sa capacité de changer de peau lui octroie le secret de la transformation, son venin possède le pouvoir de guérir ou de tuer[8].

CE QUI FAIT PEUR EST UNE DIMENSION DE SOI

L'enfant d'une mère possédée à son insu par le pouvoir du serpent est pétrifié par la peur, une peur de la mort qui habite chacun de ses souffles et qui le crispe au point de ne pouvoir accomplir un geste pleinement. La peur d'être pris de nouveau dans les anneaux du serpent empêche tout engagement. Mais cette peur cache un autre sentiment qui a pour nom la haine. Que ressent le garçon que sa mère vient de battre? Il hait. Il hait les femmes de toute la force de son cœur d'enfant. Il devient vite indépendant, mais il s'agit souvent d'une fausse autonomie qui cache un grand besoin d'amour et de tendresse, auquel il ne s'abandonnera peut-être jamais de crainte que sa spontanéité ne soit de nouveau reçue avec des morsures. Il a peur d'être piqué à mort s'il ose être lui-même. Il craint également de provoquer des rejets définitifs, auxquels il pense ne pas pouvoir survivre. Il restera victime du complexe maternel et des femmes tant qu'il n'aura pas récupéré à son avantage ce pouvoir de l'ombre, et découvert son pouvoir d'affirmation.

Si ce travail n'est pas fait, la haine rageuse du fils viendra reproduire sur le terrain du couple la frustration de sa mère. Interdite d'expression dans l'enfance et refoulée, cette rage risque en effet d'éclater contre les femmes lorsque ce même fils sera devenu adulte. Il s'attaquera à sa conjointe plutôt que de prendre pour cible le complexe maternel qui le rend querelleur et violent.

Pour la mère comme pour le fils, pour la femme comme pour l'homme, il s'agit de cesser de projeter sur l'autre les parties sombres de sa personne et d'accepter qu'elles sont une dimension de soi. Ce n'est qu'ainsi qu'on récupère l'énergie de tels complexes, qu'on se met à l'abri des passages à l'acte brutaux et qu'on cesse de choisir des partenaires qui incarnent ses pires démons parce qu'on n'ose pas les exorciser.

LE POIDS DES SOUPIRS

Comme je le disais d'entrée de jeu, les dynamiques liées au perfectionnisme, à la surprotection et à la violence ont une composante commune: la culpabilisation et sa répercussion chez l'enfant, la culpabilité. La culpabilité du fils est le signe que le complexe maternel négatif est bien installé et qu'il oppresse le moi. Cette culpabilité crée une sorte de lien où l'enfant sent qu'il doit prendre en charge le bien-être de sa mère. Il n'a pas le droit d'être heureux puisque celle qui se sacrifie tant pour lui ne l'est pas à cause de ses comportements.

Le poids des soupirs empêche, à toutes fins pratiques, le fils de se séparer de la mère. Celle-ci le convainc qu'elle ne peut pas exister sans lui et qu'elle ne survivrait pas à ses crises et à ses tentatives de séparation. La pulsion d'autonomie du fils est mangée. La culpabilité étouffe ses velléités d'indépendance avant même qu'elles ne soient formulées. Il sent qu'il n'a pas le droit de rompre le lien sacré qui l'unit à sa mère. Cela dure souvent toute une vie.

Devant une telle réalité psychologique, on comprend facilement que les difficultés que de nombreux hommes éprouvent face à toute forme de séparation affective, et même face à toute forme d'engagement, puissent trouver leur origine dans la culpabilité. Enfants, ils se sentaient responsables du bonheur de leur mère. Aujourd'hui, ils se croient responsables de celui de leur partenaire. Ils n'osent pas se séparer de cette dernière et font traîner en longueur des situations malsaines de peur de la blesser. Ils craignent de perdre leur image de *bon fils à maman* et d'avoir à tolérer la culpabilité intérieure que leur geste ne manquera pas d'entraîner. Ils ne peuvent supporter qu'un autre souffre à cause d'eux.

Puisqu'ils ne se donnent pas le droit d'être eux-mêmes, cette culpabilité leur fait également ressentir de la honte vis-à-vis de leurs besoins réels. Ils sont pris dans le même cercle vicieux que la mère qui n'ose exprimer ses besoins ouvertement et qui finit par manipuler son entourage pour obtenir ce qu'elle désire. Lasses, les compagnes de ces hommes finissent par rompre elles-mêmes quand elles comprennent de quoi il s'agit.

Devant tant de problèmes à régler, plusieurs hommes décident tout simplement de ne plus s'engager. J'en connais plusieurs qui, n'ayant pas le courage d'affronter le poids des soupirs intérieurs, se condamnent littéralement à des vies de solitude désertique. D'autres deviennent totalement superficiels. Ils ont complètement abandonné l'effort de croissance personnelle et ne vivent plus que pour soigner leur image. Ils deviennent parfois des personnages publics qui poursuivent, sur la scène politique ou artistique, une quête d'amour. Au niveau fantasmatique, ils tentent encore d'être le fils divin de leur maman. Ils mènent souvent des doubles vies, le seul moyen qui leur permet de rester sensibles à leurs instincts, sans échapper pour autant à leur complexe. Jusqu'au jour où ils se font prendre. Ils ont alors le choix de se repentir en fils ingrats ou encore d'assumer leur humanité avec ses vicissitudes.

Finalement, pour faire échec à un complexe castrant et ravageur, certains hommes se réfugient dans les hauteurs du rêve, de la pensée ou de la spiritualité. Ils ont l'air de flotter au-dessus de la réalité commune, sans doute pour éviter d'éveiller le dragon endormi en eux.

Voilà esquissé ce qui s'appelle le drame du «bon gars», celui qui ne ferait pas de mal à une mouche, mais qui a peur d'aimer. Son anima est prisonnière du complexe maternel négatif comme l'animus était prisonnier du complexe paternel négatif. Pour libérer cette anima et reprendre contact avec son cœur, son inspiration et sa créativité, il devra comme la fille faire face à son ombre et affronter son dragon maternel.

7

Le drame du bon garçon

Quand j'vas être un bon gars
Pas d'alcool, pas d'tabac...

RICHARD DESJARDINS

SANTA SANGRE, LE SAINT SANG

Comme s'il avait voulu nous donner un exemple de ce que signifie pour un homme être prisonnier du complexe maternel et de la culpabilité, le cinéaste Alexandro Jodorowski a réalisé il y a quelques années le film *Santa Sangre*[1].

Dans *Santa Sangre,* Jodorowski raconte l'histoire d'un garçon qui vit dans un cirque. Son père, patriarche par excellence, est propriétaire et directeur de la petite troupe. Cet homme est très sensible aux charmes de la femme-serpent, une contorsionniste aux formes généreuses. Un jour, sa femme le surprend en train de faire l'amour avec celle-ci et elle le castre. Pour se venger, le patriarche déchaîné lui coupe les bras et se suicide. Le jeune garçon est témoin du drame et il se referme complètement sur lui-même. On l'interne dans une clinique psychiatrique où sa mère vient le chercher quelques années plus tard alors qu'il est devenu adolescent. À partir de ce moment-là, le fils devient prisonnier de l'emprise de sa mère veuve et impotente. Au point où il lui prête ses bras et ses mains pour agir. Il vit dans les mêmes vêtements qu'elle, la sert lorsqu'elle mange, tricote et joue du piano à sa place.

Un jour pourtant, il échappe à l'emprise maternelle et se laisse séduire par une autre femme. Elle veut créer un nouveau numéro de cirque avec lui parce qu'il est lanceur de couteaux comme son père l'était. Cela nous conduit à une scène très érotique où il hypnotise sa victime afin qu'elle n'ait pas peur de ses lancers. Les couteaux viennent se ficher autour d'elle avec précision. Vient alors le moment de décocher le dernier qui doit aboutir entre les jambes ouvertes de la belle, geste qui symbolise la pénétration sexuelle. La mère survient alors, et le héros perd instantanément tous ses moyens. Sa main se met à trembler et il finit par assassiner sa dulcinée en lui plantant le couteau dans le ventre sous les ordres de sa mère qui crie d'une voix désespérée: «Tue-la! Tue-la!» Toute la puissance de l'adolescent a été sapée par l'autorité maternelle.

Par la suite, nous retrouvons le fils dans un cimetière en train d'enterrer sa victime. D'autres femmes comme autant d'esprits et de formes évanescentes sortent alors des tombes avoisinantes et viennent l'entourer. Nous comprenons qu'il a tué une à une toutes les femmes qui se sont approchées de lui. Cela donne une scène très émouvante où, pleurant sur le corps de celle qu'il vient d'assassiner, il demande pardon à toutes ses amoureuses.

Finalement, le héros tue sa mère pour protéger l'amour qu'il porte à une femme qu'il a connue dans son enfance et avec laquelle il veut faire sa vie. Il s'agit en fait de la fille même de la femme-serpent. Le film se termine au moment où des policiers viennent l'arrêter pour le meurtre de sa mère alors que tous ses autres crimes étaient demeurés impunis.

Sur le plan symbolique, l'épisode du lancer des couteaux représente l'entrée en scène du complexe maternel chez un homme qui n'a pas développé une autonomie suffisante par rapport à une mère possessive. Au moment le plus inopportun, le dragon maternel intervient et lui enlève tout pouvoir. En amour, un tel homme est amené à tuer ses partenaires, c'est-à-dire à les écraser, à les trahir et à les tromper au moment où elles s'abandonnent à lui en toute confiance. Au lieu de rechercher l'amour, il cultive sans le savoir la mésentente et la confrontation sous les injonctions d'un complexe maternel jaloux.

Pour ce qui est de la scène du cimetière, elle représente le moment où le héros décide de se débarrasser de son complexe maternel. Parce qu'il se laisse toucher jusqu'au fond du cœur par la souffrance qu'il a causée autour de lui et par le malheur dans lequel il est enfermé, la transformation devient possible. La prise de conscience du drame sert à réveiller sa capacité d'aimer. La souffrance d'autrui a ouvert les portes de son cœur. Le nouvel amour, incarné par une jeune fille connue dans l'enfance, représente la libération de l'anima, la capacité de relation d'un homme. Tant que l'anima est prisonnière du complexe maternel, l'homme ne peut pas suivre le chemin de l'amour véritable.

L'arrestation du héros, qui clôt le film, est également hautement significative sur le plan psychologique. La victoire sur le complexe maternel survient quand l'homme cesse de fuir ses responsabilités en prenant les autres comme paravent, ou en prétextant une enfance difficile pour expliquer ses comportements. Il devient libre mais du même coup pleinement responsable de ses actes. Il ne peut plus être le garçon sans cesse poli, gentil, courtois; il doit assumer son ombre, sa capacité de faire souffrir. Il doit également assumer la culpabilité liée à ses actes. Il ne peut plus jouer l'innocent. En tuant sa mère symboliquement, il tue son enfance. Voilà le sacrifice auquel il doit consentir pour être un homme.

Finalement, il est intéressant de constater que le film de Jodorowski reprend le motif central du conte *La fille aux mains coupées*. C'est comme si le cinéaste avait voulu imaginer une suite à ce récit en faisant de la mère du héros une femme aux bras mutilés. Le film continue ainsi la fable en illustrant ce qui se passe chez une femme aux mains tranchées lorsqu'elle devient mère. Elle se sert de ses enfants comme d'autant de prolongements d'elle-même. Ils doivent servir sa créativité blessée et lui être totalement dévoués. Ils deviennent les bras et les mains qu'elle a perdus en raison du mauvais traitement d'un patriarche. Ils n'ont pas droit à leur autonomie. Cela est particulièrement dévalorisant pour le fils. Par le biais d'un complexe maternel négatif, l'emprise maternelle fait en sorte qu'aucune femme ne puisse plus approcher le fils. S'il accorde véritablement son amour à une autre femme, celle-ci risque d'en mourir.

Ainsi, le cycle de la misère humaine se régénère sans fin, et le sang sacré de la vie n'arrête pas d'être versé. Les hommes coupent les bras des femmes qui castrent des fils qui couperont les bras de leurs partenaires pour se venger. Jusqu'à ce que l'amour véritable arrive à provoquer un être au point où celui-ci décidera de s'affranchir de son complexe en cessant d'être un fils-à-maman.

LE CŒUR EMPOUSSIÉRÉ D'UN BON GARÇON

Le film *Santa Sangre* décrit on ne peut mieux le drame du *bon garçon* prisonnier du complexe maternel négatif. Il a peur de l'emprise féminine et il a peur d'aimer. Le bon garçon est un être qui sous des allures ouvertes a toutes les peines du monde à s'engager dans une relation, car son cœur est fermé. Pour s'affranchir, il devra à l'instar du héros du film affronter son dragon maternel et rencontrer son ombre pour délivrer sa créativité et sa capacité d'aimer.

Le bon garçon souffre de la même maladie que la *bonne fille,* à savoir une suradaptation aux demandes de son entourage. Le cœur d'un homme qui a connu une mère blessée narcissiquement, trop exigeante ou culpabilisante, est fermé à double tour. Il est le garçon le plus charmant du monde, mais il connaît une grande solitude intérieure. Cette solitude est dominée par un complexe maternel sévère qui lui interdit d'exprimer spontanément ses réactions. Son comportement a quelque chose de contraint et il ne correspond pas à sa personnalité fondamentale. Il n'entre pas dans les profondeurs de son être parce qu'il s'y cache trop de souffrances d'enfant mal aimé.

Si le bon garçon décide d'affirmer sa véritable personnalité, il risque de perdre l'estime de son entourage, ce qui le déstabilisera. Il doit surtout rompre avec sa mère et assumer le sentiment de trahison que cet acte implique. Lorsque parents et enfants sont liés par un même problème psychologique, il existe en effet un pacte inconscient qui interdit à chacun de s'en défaire.

En rompant avec sa mère, au risque de lui faire de la peine, le bon garçon éprouvera de la culpabilité. Il lui faudra surmonter cette culpabilité et cesser de croire que sa mère ne pourrait survivre à son changement d'attitude. Mais surtout il devra conquérir son feu intérieur pour retrouver sa vitalité.

Je voudrais illustrer ce propos à l'aide du cas de Henri. Après de nombreux mois de thérapie, il raconta lors d'une séance un rêve qui avait provoqué chez lui une panique intense.

Je lave mon journal personnel dans l'évier de la cuisine. Me rendant soudain compte de ce que je suis en train de faire, je le recueille juste à temps et l'essuie vaillamment pour ensuite aller le porter à sécher sur le radiateur du salon où trône une énorme statue de Bouddha. Je constate alors que quelque chose cloche dans la pièce. D'abord, elle est remplie d'une épaisse couche de poussière comme dans un grenier abandonné. Puis, en y regardant de plus près, je découvre que des voleurs se sont introduits chez moi et ont enlevé le tapis du salon pour ensuite remettre tous les meubles à leur place. Je pousse un cri d'horreur en constatant ce méfait, et un nuage de particules me sort des poumons à la hauteur du cœur, comme si on avait pressé sur un sac d'aspirateur rempli de poussière.

Le rêve reflète jusqu'à quel point le travail de dépoussiérage de sa vie intime était pénible pour Henri. Le fait de se surprendre en train de laver son journal personnel pour ensuite le récupérer *in extremis* témoigne de sa grande ambivalence vis-à-vis du processus thérapeutique. Henri noyait ses écrits pour oublier toute la difficulté du travail sur soi. Dans la vie réelle, il avait trouvé refuge dans une spiritualité ascétique, qui le tenait à l'écart de son enfant intérieur, celui qui réagissait vivement aux événements. Il trouvait ses mouvements d'humeur fort malvenus et il les réprimait de toutes ses forces, tout comme sa mère avait réprimé sa spontanéité d'enfant. Voilà pourquoi il allait faire sécher son journal au pied de Bouddha, en espérant que la confrontation avec son fond émotif lui soit épargnée.

Cette ascèse ne lui convenait qu'à moitié. Henri évitait d'accomplir une tâche importante: nettoyer cette pièce et ce cœur étouffés par la poussière. Il reculait d'horreur devant une telle tâche, mais il était trop tard. Le tapis lui était déjà tiré sous les pieds pour ainsi dire par des voleurs qui avaient pris la peine de tout replacer après leur méfait. Ces malfaiteurs enfantins symbolisent bien Hermès, le dieu joueur de tours de la Grèce antique. Hermès est le patron du commerce et des voleurs, mais il est également le patron de la transformation psychologique, car le métal qui le représente est le vif-argent, le mercure, qui a des retournements rapides et inattendus.

Henri associait le nuage de poussière qui lui sortait des poumons aux symptômes de l'amiantose dont souffrent certains mineurs. Ceux-ci ont les poumons littéralement encrassés par la poussière provenant de l'extraction de l'amiante. En notant que ce nuage lui sortait directement du cœur, Henri se mit à pleurer à gros sanglots. Il comprenait avec évidence que le résultat de son enfance malheureuse était ce cœur étouffé. Il n'avait pas le droit d'aimer. Il n'avait pas droit à une relation amoureuse satisfaisante. Il choisissait sans cesse des femmes qui avaient le même problème que lui, et celles qui ne l'avaient pas le faisaient fuir. Son enfant intérieur espérait tout de l'amour. Il souhaitait inconsciemment qu'une femme le délivre du mauvais sort que lui avait jeté sa mère. Il attendait qu'une femme l'accueille et le comprenne enfin, qu'elle lui donne la permission de vivre pleinement en accord avec ses passions et ses sentiments. Mais il était toujours déçu.

L'idée de faire ce travail lui-même lui répugnait. Il avait un dégoût profond pour cet enfant intérieur. Il avait peur de sa colère violente à l'image des rages de sa mère. Il ne tolérait rien en lui qui ressemblait à sa mère. Il avait horreur de se rendre compte jusqu'à quel point il était castré de son propre pouvoir. Il se sentait divisé, fragmenté et vulnérable, chaque fois qu'il tentait d'atteindre cet espace psychique. Il comparait sa thérapie à une horrible descente dans un nid de serpents et il avait l'impression que j'étais celui qui lui imposait un tel voyage intérieur. Parfois, il exprimait ouvertement sa haine envers moi et il parlait régulièrement d'abandonner l'analyse. Ses séances étaient suivies immanquablement de cauchemars et de maux de tête, causés selon lui par une mauvaise digestion. Mais il savait bien que ces symptômes n'avaient absolument rien à voir avec ce qu'il mangeait.

Henri n'avait pas de liberté. Il était devenu un être de devoir et de principes comme sa propre mère. La vie de Henri était consacrée à de nombreuses causes toutes aussi nobles les unes que les autres. Il était un véritable missionnaire, toujours prêt à défendre la veuve et l'orphelin. Il s'obligeait à devenir un saint solitaire sans avoir la force pour autant de résister à des fantasmes sexuels obsédants, ce qui créait encore plus de culpabilité chez lui. Ce désir de sainteté avait même son pendant ascétique. Il avait peur du confort physique et il me racontait que le salon de son appartement où se déroulait le rêve était longtemps resté vide, comme une maison sans chaleur, comme une maison sans cœur.

LES PORTES DE L'ENFER

La guérison du bon garçon est possible, mais il ne saurait y parvenir sans passer par la tourmente des émotions brûlantes. Ce n'est pas pour rien que le Christ descend aux enfers avant sa résurrection. Symboliquement, cela signifie qu'un être ne peut tout simplement pas ressusciter sans que les grandes forces vitales s'affrontent en lui, sans que le diable y mette son grain de sel. Aucun individu ne peut éviter une telle épreuve s'il veut récupérer sa créativité blessée. Il ne peut passer au-dessus de cette épreuve par la simple compréhension intellectuelle ni en dessous en se jetant tout enflammé dans un nouveau credo. Il ne peut pas non plus passer à côté en faisant semblant que cette peine n'existe pas en lui. Il ne peut que passer au travers, avec conscience et courage, horrifié et fiévreux, alors que les forces refoulées s'emparent de lui et lui remémorent la violence du drame qu'on lui a infligé ou qu'il s'est infligé lui-même.

À mesure que la tension montait en lui, Henri devait peu à peu accepter de faire face au complexe maternel qui lui interdisait la jouissance de sa vitalité. C'était même là, dirais-je, son seul espoir de rétablir la relation avec sa véritable mère, cette femme qui vieillissait et qui avait maintenant besoin de la tendresse des siens.

Malgré ses résistances, le travail avançait. Ses rêves étaient truffés de chevreuils gelés, de voitures rouge feu sur la neige blanche et de billets de métro pour des destinations aussi étonnantes que *Les portes de l'enfer*. De séance en séance, je l'encourageais à laisser émerger les émotions intenses qui se profilaient en lui. Et peu à peu, il osa s'ouvrir.

Derrière les portes de l'enfer, il trouva la rage vive, comme une plaie béante. Il trouva la colère d'un écorché, une colère que rien ne semblait épuiser. Je le soutenais dans sa démarche et l'invitais à se livrer à son tourment intérieur, quitte à en perdre le sommeil, à noircir des cahiers, à se déclarer fou et à se barricader chez lui. Il cessa pour un temps ses méditations apaisantes au pied du Bouddha. Henri n'avait pas besoin de fuir vers le ciel, il avait besoin de rencontrer le feu vital au fond de ses tripes, le feu du dedans qui est l'élément premier et essentiel de toute transformation. Sans ce feu, toute extase est illusoire. Les alchimistes le savaient, et les bouddhistes le savent aussi. Il n'est pas de biographie de yogi qui ne fasse état de ces fièvres où tout l'être est en feu. Parce que sans ce feu, toute méditation est une simagrée.

Alors que jusqu'à maintenant il s'était contenté d'être doux et compréhensif, victime compatissante qui pardonnait tout, Henri devint du jour au lendemain comme un lion en cage. Il s'appliquait à rester en contact avec le feu sans le refouler. Il le contenait, s'en nourrissait, et la transformation devint évidente à mes yeux. Lorsqu'il osait être cet animal sauvage, tout son corps se faisait plus présent dans la pièce, bien qu'il ne se soit livré à aucun exercice physique particulier. Sa force était libérée. Il me disait se sentir entier pour une des rares fois de sa vie. Il en jouissait profondément. Sa perpétuelle indécision le quitta pendant plusieurs semaines, cédant la place à un courage et à une détermination que je ne lui avais jamais connus.

Henri s'était résolu à changer même si cela devait lui coûter la vie, affirmait-il. Il brûlait son passé aux feux de la passion intérieure. La force du forgeron pliant le fer rouge lui était soudain venue alors qu'il ne s'était jusque-là identifié qu'au métal rougi et martelé. Il n'avait jamais osé manier lui-même le marteau. Il était en train de rompre avec le bon garçon et, du coup, avec son dragon maternel. Si mal aimé qu'il se considérât, il ne pouvait plus se cacher que sa mère véritable n'avait rien à voir avec sa situation intérieure. C'est à lui qu'il appartenait maintenant de redresser la situation pour transformer sa rage en créativité.

À ce stade de la thérapie, Henri était assis sur un véritable volcan en explosion. Lorsque les forces primaires sont déchaînées, les conflits primordiaux refont surface et les dinosaures de l'enfance réapparaissent inévitablement. Le terrain était maintenant prêt pour la rencontre avec son ombre.

Le péché contre soi-même

Vient un temps dans la vie d'un individu où les forces vitales ne veulent plus contribuer au péché contre soi. On peut se relaxer, bien manger, faire de l'exercice, se distraire: rien à faire. La situation ne changera pas tant que l'on n'aura pas fait face au conflit qui a pris racine en soi-même. L'exemple de Caïn qui tue son frère Abel et qui se retrouve impitoyablement poursuivi par l'œil de Dieu, lui rappelant sans cesse son péché, constitue une parfaite métaphore de ce crime contre soi. En tuant Abel, Caïn avait tué le meilleur de lui-même: la sensibilité, la spontanéité.

Sur le plan psychique, le meurtre d'Abel par Caïn condamne un individu à n'être que l'ombre de lui-même et à vivre sans enthousiasme. Le prix à payer est élevé, car nul ne peut renoncer à sa créativité sans le payer chèrement. Là-dessus, le destin ne semble posséder aucun sens moral. Il revient à nous, pauvres humains, tous plus ou moins enfoncés dans cette trahison de nous-mêmes, dans ce meurtre d'Abel, dans ce sacrifice de l'enfant intérieur, d'exercer toute la compassion dont nous sommes capables devant nos propres lâchetés. Le regard méprisant n'a pas sa place ici. «Que celui qui n'a jamais péché contre lui-même jette la première pierre», pourrions-nous dire en paraphrasant le Christ.

C'est dans un rêve élaboré par la suite en imagination active que Henri rencontra son bel Abel sacrifié. Il le reconnut sous les traits d'un jeune garçon timide et retiré, vivant dans une chambre décrépite, fabriquant des oiseaux multicolores en papier. La démarche ne fut pas facile. Au début, elle prenait les allures d'un dangereux slalom. Parfois le garçon se transformait en serpent venimeux, parfois il prenait les traits d'un émeutier qui voulait mettre le monde conscient à feu et à sang, ou encore il prenait les allures d'un véritable chat de ruelle batailleur et vengeur.

Un jour, l'inévitable se produisit. Le conflit intérieur éclata dans toute sa force. Toute la haine et le ressentiment qu'Abel éprouvait envers Caïn s'exprimèrent. Un conflit mortel entre deux frères ennemis prenait forme. Le bel Abel des profondeurs menaçait de tuer Henri si celui-ci ne parvenait pas à trouver un nouvel équilibre et s'il n'apprenait pas à respecter sa créativité. Il n'aurait alors plus d'existence possible, outre le désespoir gelé de ceux qui savent qu'ils ont raté leur vie.

Je crois n'avoir jamais assisté en thérapie à une scène aussi violente que la confrontation imaginaire de ces frères ennemis. Dans un état proche de la transe, Henri se tordait sur le divan, agité par cet affrontement mêlé de pleurs et de cris, de cynisme et d'accusations mutuelles. La division intérieure et la haine de soi d'un être qui a dû, pour survivre et plaire à ses parents, sacrifier une part trop importante de lui-même apparaissaient au grand jour. J'étais ému jusqu'aux larmes par ce drame qui se déroulait devant moi tellement il me semblait réel.

Après ces grands éclats, ce que je redoutais le plus arriva. Le conflit avait été trop vif, la lucidité trop aveuglante. Lorsqu'un être pénètre ainsi jusqu'au cœur de lui-même, embrassant d'un seul regard toute sa vie, et qu'il revit les conflits qui l'ont gardé dans le tourment intérieur pendant toute son existence, il est souvent pris d'un haut-le-cœur. Un mouvement de recul s'amorça.

Henri associait Abel à cette partie interdite et moribonde qu'il portait en lui, comme un jouet brisé mais, affirmait-il maintenant, qu'il n'avait pas la force de réparer. Il s'étourdissait de nouveau en s'attribuant toutes sortes de devoirs et de responsabilités pour ne pas faire face à son feu intérieur. Dans ses temps libres, il se masturbait frénétiquement et se le reprochait amèrement. À tort sans doute, car la sexualité manifestait dans ces moments de résistance la présence irrépressible de quelque chose de spontané en lui.

La glace réapparut dans ses rêves. Dans ces conflits de début du monde, les extrêmes se côtoient sans ménagement. Henri passait des tropiques au pôle Nord d'une semaine à l'autre. Mais le centre de sa personne avait été touché. Ce n'était plus qu'une question de temps. J'avais confiance que mon patient saurait opérer les changements nécessaires pour refaire sa vie et réparer le tort qu'il s'était infligé en reniant son être.

Par la suite, le travail d'intégration trouva un rythme de croisière acceptable. À la longue, Henri en vint même à rire du fait qu'il se retrouvait de nouveau prisonnier du bon garçon. Il faisait de plus en plus de place à l'expression de ses goûts et de ses émotions. Sa sexualité, tout comme sa spiritualité oserais-je dire, avait perdu son aspect compulsif et défensif et s'harmonisait mieux au mouvement général de l'être. Il entretenait également une meilleure relation avec sa mère réelle depuis qu'il savait résister aux attaques de son dragon intérieur.

Malgré des relations amoureuses encore problématiques, Henri comprenait mieux combien son ambivalence pouvait faire souffrir ses compagnes. Il ne les rendait plus responsables de son sort. Peu à peu naissait en lui un réel désir de s'engager davantage, désir qui n'était pas motivé par le devoir mais par le goût réel de partager sa vie avec quelqu'un. Grâce à la libération de sa créativité, le goût d'aimer profondément lui revenait. Il avait maintenant accès à ses intuitions et à ses sentiments. Il faisait de plus en plus confiance à cette sensibilité, à son anima.

LA DYNAMIQUE PSYCHOLOGIQUE DU BON GARÇON

Pourquoi donc les bons garçons continuent-ils à être bons tout en constatant que le prix qu'ils paient pour leur difficulté d'affirmation se comptabilise en dérives alcooliques, en maladies psychosomatiques, en fatigue chronique ou en tourments intérieurs? Qu'est-ce qui leur fait dire oui alors qu'ils veulent dire non? Qu'est-ce qui les empêche d'affirmer ce qu'ils pensent au risque de déplaire à leur entourage? Pourquoi s'obstinent-ils à trahir ainsi leurs convictions intimes?

Il y a une seule réponse possible à toutes ces interrogations. Le bon garçon possède à l'intérieur de lui un monstre dévorant qui le jette dans un enfer de remords, de doute et de culpabilité aussitôt qu'il se met à dire vraiment ce qu'il pense et à agir selon ses sentiments. Il préfère rester doux et complaisant au risque de ruiner sa propre santé plutôt que d'affronter ce dragon qui a le pouvoir de le mettre en pièces et de tailler le peu d'estime de lui-même qui lui reste.

D'où vient ce monstre intérieur? D'où viennent ces règles tacites? Le monstre intérieur est le produit des traumatismes de l'enfance qui ont mis en danger l'identité de l'enfant en développement. Plus les traumatismes ont été intenses, plus la désintégration intérieure a été dévastatrice, plus les règles de survie imposées au moi seront fermes par la suite. La violence d'un parent, la froideur d'une mère, un abandon précoce et mal justifié, la maladie de l'enfant sont autant d'expériences qui contribuent à la formation d'une identité fondée sur la douceur exagérée. Cela est facile à comprendre: l'enfant n'a que la douceur, l'obéissance, la complaisance et la complicité avec un parent, même abuseur, pour l'amadouer et conserver son amour. Cet amour est primordial puisque c'est sur lui que l'enfant établit le sentiment de sa propre valeur.

«Je ne le ferai plus, maman! Je ne le ferai plus!» Le cri désespéré de l'enfant qu'on frappe pour une vétille vous rappelle-t-il quelque chose? On n'est pas seulement en train de frapper cet enfant, on est en train de briser son individualité, de lui interdire d'explorer son corps et le monde ambiant. On est en train de lui dire que la curiosité n'est pas permise, que la sensualité n'est pas permise. On est surtout en train de lui dire que l'expression spontanée de ses sentiments et de ses idées est malvenue. On obtient au bout du compte un enfant performant qui fait la fierté de ses parents, mais plus tard on risque d'obtenir un adulte qui ne fait pas ce qu'il aime dans la vie, qui a peur de déplaire, qui a peur d'avoir à affronter le monstre qu'il porte à l'intérieur de lui.

Les hommes les plus charmants, les plus violents, les plus torturés et les plus coupés d'eux-mêmes que j'ai rencontrés dans mon métier sont pour la plupart des fils de mères qui ne pouvaient pas consoler la peine ou la détresse de leurs enfants. Certains hommes racontent même que leur mère les battait pour qu'ils arrêtent de pleurer tellement elle était bouleversée et incapable de répondre à leur détresse. Aujourd'hui, ils continuent de se faire à eux-mêmes ce que leur mère leur faisait. Ils ne sont pas plus capables d'accueillir l'enfant en eux, de faire face à leur nature enjouée. Ils répondent à leurs besoins intérieurs par plus de travail, plus de sexe ou plus d'alcool.

TU N'ES PAS SÉPARÉ! TU N'ES PAS LIBRE!

L'homme a d'autant plus de difficulté à accepter sa propre sensibilité que rien dans l'organisme social ne l'incite à le faire. Pourtant, il ne saurait y avoir de véritable virilité sans cette acceptation de la sensibilité des profondeurs, sinon, la sensibilité masculine demeure une pâle copie de son modèle féminin. La masculinité intégrée, qui sait allier fermeté et douceur, n'est possible qu'à partir du moment où un homme a véritablement coupé le cordon avec sa mère. Alexis Zorba, le protagoniste du célèbre roman grec de Nikos Kazantzakis, dit d'ailleurs un jour à son patron devenu son disciple qu'il ne peut pas connaître la spontanéité et la joie de vivre parce qu'il n'est pas séparé! Il n'est pas libre!

> *Toi, patron, tu as une longue ficelle, tu vas, tu viens, tu crois que tu es libre, mais la ficelle, tu ne la coupes pas. Et quand on ne coupe pas la ficelle... [...] Mais si tu ne coupes pas la ficelle, dis-moi, quelle saveur peut avoir la vie? Un goût de camomille, de fade camomille! Ce n'est pas du rhum qui te fait voir le monde à l'envers[2]!*

Il est toujours surprenant, en tant que thérapeute, de constater combien les parties inconscientes demeurent vivantes. Il est naïf de croire qu'un individu puisse échapper à ses affects en se réfugiant dans le travail. C'est au contraire leur donner encore plus de pouvoir, mais un pouvoir négatif. Car lorsqu'ils n'ont pas la capacité de donner la vie en s'associant à la conscience, ils ont celle de donner la mort en poussant l'être à se détruire.

Les bons garçons ressentent un grand vide en eux, que le succès n'arrivera jamais à combler. Cette quête extérieure d'amour et d'approbation entraîne au contraire de plus en plus de désespoir et de dépression. Ils finissent par ne plus prendre de vacances et remplissent tous leurs temps libres à l'avance. Ils craignent inconsciemment de s'offrir en pâture à l'enfant intérieur et à l'anima qui réclament leur attention. La seule solution réside pourtant du côté de la prise en charge personnelle de leur sensibilité et de leur créativité. Les bons gars doivent accueillir l'enfant de l'ombre qu'ils portent en eux et lui trouver des voies d'expression.

Chez le bon garçon, les qualités féminines sont souvent suractivées. Il en résulte une peur de s'affirmer dans sa virilité et dans sa sexualité. Son anima n'a pas la figure d'une femme douce, bien au contraire. Il demeure un homme doux par peur de la castration, mais il dissimule une foule de sentiments négatifs envers les femmes. Il achète la paix avec le monde féminin par sa douceur et sa gentillesse, mais son anima a encore le visage d'une mère dévorante ou d'une sorcière. Il risque de se retrouver avec des femmes «contrôlantes» aussi longtemps qu'il n'aura pas affronté son dragon maternel. Ou encore il recherchera des femmes autoritaires dans l'espoir secret qu'elles puissent s'opposer à sa mère et l'en détacher.

Il faut comprendre que l'anima d'un homme est fortement marquée par la personnalité maternelle et qu'elle n'a pas la possibilité d'évoluer si la séparation d'avec la mère n'a pas été faite. Un homme ne peut pas être complètement lui-même et il ne peut pas aimer véritablement s'il n'a pas affronté intérieurement sa peur d'être rejeté par sa mère, en osant se séparer d'elle. Autrement dit, un homme doit être capable de manquer de loyauté envers le mariage symbolique qu'il a consommé avec sa mère et de faire face à la culpabilité et aux remords qui s'ensuivront s'il veut gagner son indépendance réelle. Un jour ou l'autre, il faut affronter le dragon maternel au risque de faire de la peine à sa maman.

LA COLÈRE DU BON GARÇON

Qu'est-ce qui se cache derrière la suradaptation du bon garçon, derrière sa culpabilité et sa peur de l'engagement? Il s'y cache une colère contre les femmes qui a pour cible la première: sa mère. Derrière les simagrées complaisantes du bon garçon, il y a la rage, une irritation profonde due au fait que les limites du fils n'ont pas été respectées par la mère. Ce n'est pas pour rien que le bon garçon est devenu si secret et si cachottier. Il essaie de délimiter ainsi un espace personnel par rapport au dragon maternel et par rapport à la femme sur laquelle il projette ce même dragon.

Les intrusions maternelles ont fini par fermer le cœur du bon garçon. Les ayant ressenties comme une trahison de son amour pour elle, il s'est juré qu'on n'abuserait plus jamais de lui de la sorte. Mais tout comme la bonne fille, il a maintenant peur d'entrer en lui-même et de prendre contact avec cette colère. C'est pourtant cette même colère qui l'empêche d'aimer et de s'abandonner en toute confiance à une femme. Elle devra donc être mise à jour, et le destin ne manquera pas d'y mettre son grain de sel...

Ainsi, il suffira qu'une partenaire déçue ou insatisfaite exige plus d'attention pour que le bon garçon se fâche en disant que ses propres limites ne sont pas respectées. De frustration en frustration, il sentira que la marmite va un jour exploser.

Mais une telle situation, conditionnée en quelque sorte par les histoires respectives du bon garçon et de la bonne fille, peut servir en tout cas à remettre le bon garçon en contact avec ses besoins fondamentaux, dont son besoin de territoire personnel. Elle peut l'entraîner à mieux marquer ses limites et l'obliger à sortir de la complaisance pour s'affirmer. Cette affirmation est tout le contraire d'une simple décharge de colère contre sa partenaire. Elle consiste en une transformation de la rage en pouvoir positif, même si une telle colère semble dangereuse. Il n'y a pas de transformation sans le pouvoir du feu, que l'on fasse des étoiles, des planètes ou des êtres humains.

À partir de l'expérience de Henri, je me suis davantage intéressé à la présence des divinités infernales dans les cosmogonies religieuses. Les diables sont en somme les précieux gardiens du feu vital. Sans leur soutien et leur chaleur, rien ne s'élabore, et les bons garçons demeurent des anges aux ailes brisées. Car si, dans la cave souterraine, ce feu intérieur est une colère sans nom, au rez-de-chaussée il est rage de vivre et aux étages supérieurs, pure joie d'exister.

La sensibilisation à la rage, lorsqu'elle est pleinement acceptée, permet donc une réhabilitation du monde affectif et surtout des émotions dites négatives. Leur rôle dans l'harmonie générale de l'être se dessine. Elles sont invariablement le signal qu'un besoin fondamental n'est pas respecté. Reconnues pleinement, les émotions négatives permettent à un être de se retrouver dans sa totalité. L'être se guérit ainsi de la division entre raison et passion. La disparition de ce fossé constitue d'ailleurs la véritable libération de l'anima car, à partir du moment où la capacité de ressentir et d'aimer n'est plus jugée comme une faiblesse, l'individu a accès aux sentiments et aux intuitions qui peuvent guider sa vie. L'anima joue alors son juste rôle.

DE DEUX MAUX, CHOISIR LE PIRE

En résumé, la psychologie du bon garçon repose sur une faible estime de soi. Le bon garçon parvient à maintenir son équilibre en quêtant auprès de son entourage professionnel, familial et sentimental la reconnaissance dont il a besoin pour se tenir à flot. C'est pour cela qu'il est bon, généreux de son temps, égal d'humeur et bourreau de travail. Le jour où cette reconnaissance vient à lui manquer, les reproches intérieurs ne sont pas loin. Ces reproches proviennent d'abord de la mère intérieure, devenue une personnalité tyrannique qui exige toujours plus de bonté et de perfectionnisme. Celle-ci est partisane du *statu quo* et du respect des valeurs établies. L'autre instance intérieure est le frère ennemi qui souhaite le renversement de l'ordre actuel et l'établissement d'un nouveau mode de vie. Le conflit entre ces deux figures plonge le sujet dans un état d'ambivalence qui, à la longue, brise ses résistances et l'entraîne dans la maladie.

S'il écoute le bel Abel, l'individu se retrouve rapidement dans un état voisin de la terreur, car le complexe maternel élève alors le ton et prend les apparences d'un dragon qui menace le moi de honte et de déshonneur si jamais il ose affirmer sa créativité. Si, au contraire, il obéit à son dragon maternel, le désespoir sera son lot.

D'ailleurs, il faut noter ici que lorsqu'un être a connu des carences importantes durant son enfance, les figures parentales qu'il intériorise conservent souvent leur forme archaïque ou mythologique, comme celle qui apparaît dans les contes pour enfants. Normalement, ces personnages s'humanisent à mesure que l'être grandit. Mais sous le coup du choc ou à cause d'un manque, bien des êtres accusent des retards de développement et portent encore en eux des forces archaïques qui les contraignent à vivre à genoux pour le reste de leur vie.

Le conflit intérieur est véritablement torturant. Si le moi se confine au perfectionnisme en s'agenouillant devant la mère intérieure, il évite les flammes du dragon maternel et obtient une paix relative. Mais cette paix n'est pas satisfaisante à la longue, car elle est établie sur la tombe d'un enfant mort qui revient hanter les nuits de l'adulte. Ce calme manque de vitalité. L'individu tente de l'oublier en s'enrobant dans un confort sucré, la bonne chère et la bonne chair. Il se fait une raison, comme on dit. Seul le moi sait au fond de lui-même qu'il s'agit d'une pure imposture. Mais il remet constamment le changement à plus tard et finalement s'il n'est pas si malheureux, il n'est pas si heureux non plus!

Pour les êtres à qui tout ce confort répugne, comme c'était le cas de Henri, la spiritualité devient l'exutoire qui permet d'échapper à la fois à la mère et à la créativité blessée. Mais on risque ainsi de passer complètement à côté de la vie, cantonné dans une peur qui transforme le frère de l'ombre en un démon de l'enfer, qui possède tous les vices et toutes les sensualités.

Il ne faut pas confondre spiritualité et peur de vivre. La véritable spiritualité ressemble à une fleur. Elle ne craint pas le fumier, les profondeurs de la terre et la chaleur du soleil. Elle se nourrit de tout. La spiritualité a besoin de faire l'amour, si vous me passez l'expression. Elle ne peut s'élaborer contre la sexualité, contre la pulsion de vie elle-même. Si la spiritualité n'intègre pas la sexualité dans un grand mouvement vital, elle devient desséchante. Elle devient la servante du complexe maternel négatif qui interdit de vivre. Elle s'appuie sur une haine inconsciente de la vie et, par le fait même, perd toute valeur de croissance pour l'individu.

Seule la créativité a le pouvoir, par son feu, de transformer les obsessions, les manques, les blessures et les lâchetés. À condition bien entendu que l'on ait le courage d'approcher ce feu. Si on ne le fait pas, toute la souffrance qu'un individu peut éprouver perd sa raison d'être, et nul ne peut en profiter. C'est alors que la vie se confond en reproches acerbes envers les parents. L'être qui n'a pas daigné se connaître lui-même ne peut pas bénéficier de la grâce déguisée que représente une enfance difficile. Il n'arrivera jamais à saisir combien toutes ces difficultés peuvent servir à la connaissance profonde de soi-même qui, à long terme, procure l'extase de vivre.

Le bon garçon ne peut résoudre le conflit intérieur qui le neutralise qu'en choisissant de deux feux (celui du dragon maternel ou celui du feu de l'enfer) le pire, soit celui de l'enfer. Chaos, rage, peur et culpabilité sont les effets inévitables mais passagers d'un tel choix. On ne peut éviter de s'y brûler et on peut même y perdre la vie. Pour alléger le supplice, il faut sans cesse se dire que la vie ne vaut pas la peine d'être vécue en se trahissant soi-même.

La vie débordante, déboulante, rieuse et spontanée est notre plus précieuse essence. Que sert au bon garçon d'être aimé de tous s'il en vient à perdre toute valeur à ses propres yeux? Le respect de la vie est notre premier devoir, et aussi malhabiles pouvons-nous être à vivre, cela vaut encore mieux que de mener une existence morose qui équivaut à une sorte de mort psychique. La véritable beauté tient au respect de la créativité et n'est jamais ennuyante. La mort psychique ressemble à la sécheresse, qui tue plus sûrement que la famine ou la guerre.

On ne peut que se laisser emporter par les forces du printemps quand la débâcle des forces vives ne tolère plus d'atermoiements et menace de tout rompre. On ne peut que suivre, heureux et content. La glace se rompt enfin. Un jour ou l'autre, tôt ou tard, il faut avoir le courage de confesser son péché contre la vie, et obéir à sa voix intérieure. Sinon on crève dans l'absurdité la plus totale, ayant perdu le sens de soi-même, les sources du renouveau intérieur s'étant taries.

8

Réflexions sur le rôle de la mère

Le divorce mères-fils

POURQUOI LA SÉPARATION ENTRE MÈRE ET FILS EST-ELLE IMPORTANTE?

Le présent chapitre ne fait pas partie à proprement parler de la trajectoire de cet ouvrage. Mais puisque les dernières pages ont beaucoup traité des rapports mères-fils, j'ai pensé en profiter pour proposer quelques réflexions sur le rôle maternel, espérant qu'elles puissent servir à calmer les inquiétudes que certains de mes propos ont pu soulever.

Dans un atelier sur les rapports mères-fils, un homme de 50 ans racontait qu'il subissait énormément de pression de la part de sa famille pour permettre à ses parents de venir habiter juste au-dessus de chez lui dans un immeuble dont il était propriétaire. Il n'arrivait tout simplement pas à se faire à cette idée. En tentant de cerner la raison de ses hésitations, il finit par dire: «En fait je ne crains pas que mes parents viennent habiter au-dessus de chez moi, j'ai peur que mon père meure et que je reste seul avec ma mère. La pensée que ma mère habite juste au-dessus de mon propre appartement m'obsède. Je suis incapable de leur dire oui mais tout aussi incapable de leur dire non!»

Pas besoin d'épiloguer longtemps sur un tel témoignage. Cet homme ne veut pas revivre les conditions de vie de son enfance, alors qu'il craignait que la forte domination de sa mère nuise à son évolution. À 50 ans, il n'a pas encore réussi à se séparer de sa mère. Il est encore sous l'emprise du complexe maternel. Que faire pour éviter un pareil drame?

LE DIVORCE MÈRES-FILS: UN SACRIFICE

Lorsque la séparation entre la mère et l'enfant se produit à l'adolescence ou au début de l'âge adulte, elle ne fait l'objet d'aucun rituel spécial, parfois même d'aucune discussion. Les mots d'amour ne sont pas échangés, pas plus que les regrets. Tout reste muet et devrait se dérouler comme par magie. Or, ce n'est pas du tout le cas. Cette séparation se fait dans la douleur, de part et d'autre, parce qu'il y a sacrifice d'un lien. En escamotant cette réalité, notre société condamne l'homme et la femme à répéter les dynamiques malsaines qui ont pu se produire dans le passé.

Lorsqu'une relation entre deux êtres a été à ce point intime, elle laisse des traces toute la vie. Même s'ils ne vivent plus ensemble depuis de nombreuses années, même s'ils se parlent peu ou se disent des choses banales, la mère et le fils sont liés dans l'inconscient. C'est d'ailleurs à partir de l'inconscient que l'enfance continue d'exercer son influence sur l'individu sous la forme d'idées, de sentiments et de comportements qu'il adopte à son insu à chaque moment de l'existence.

Encore une fois, les mères doivent savoir à quel point le passage de fils à homme est difficile, surtout si le père a été peu présent. La mère doit accepter que son fils ne puisse être ni son partenaire, ni son ami, ni son amant. Elle vit un véritable deuil. Elle doit apprendre à laisser son rejeton libre d'agir; elle doit aussi assumer sa nouvelle vie de femme sans tenter de compenser sa solitude en se rendant indispensable pour son fils.

Pour les mères, ce deuil est plus difficile à accepter qu'il n'y paraît. Dans des ateliers que j'ai dirigés auprès de mères ayant un fils, j'ai pu constater à quel point celles-ci avaient de la difficulté à séparer la femme de la mère en elles. Elles acceptent de retrouver leurs goûts et leurs envies de femmes, mais à la condition que leurs fils demeurent les témoins privilégiés de cette évolution. Parfois, il m'a semblé qu'elles avaient besoin d'être reconnues femmes par leur fils comme des amoureuses désirent être reconnues par leurs amoureux.

Par exemple, une mère, fort attachante, désirait faire parvenir à son fils de 30 ans la correspondance qu'elle avait entretenue avec son mari et ses amants. Elle voulait que son fils la «connaisse» avant sa mort. Elle se plaignait des réticences qu'il manifestait face à un tel rapprochement, car il lui répétait sans cesse: «Tu seras toujours ma mère!» Le fils devait maintenir en place la barrière de l'inceste affectif. Mais on peut comprendre combien il est difficile pour une mère d'abandonner à sa propre vie l'homme qu'on a le plus aimé et à qui on a le plus donné. Il s'agit là d'un aspect du drame maternel dont on ne tient pas souvent compte, car il est à peine avouable.

De la même façon, le désir physique d'une mère pour son fils demeure un sujet tout à fait tabou dans notre société. Pourtant, bien des mères avec lesquelles j'ai eu l'occasion de travailler font état d'un tel désir ou d'un tel fantasme. Ce désir refoulé remonte d'ailleurs à la surface au moment où le fils choisit sa première compagne et connaît ses premières expériences sexuelles. Plusieurs mères m'ont avoué qu'elles auraient franchement préféré ne pas connaître la petite amie de leur fils. Ce problème d'inceste non résolu chez la mère n'est certes pas étranger aux conflits qui surviennent fréquemment entre belles-mères et belles-filles.

En l'absence de dialogue, le fils ne trouve pas la façon équitable de quitter sa mère, surtout lorsqu'il remplace son partenaire. Habituellement, le fils s'éloignera avec fracas ou dans un silence poli. L'étendue de la distance qu'il mettra alors entre elle et lui indiquera clairement l'ampleur du problème.

Pour éviter une telle tournure des événements, la mère doit laisser son fils poursuivre sa route vers l'autonomie dès qu'il a atteint l'âge de 14 ans. Elle doit comprendre que son fils doit surmonter sa tendance naturelle à croire que la vie sera toujours facile et sans problèmes. Il doit vaincre sa peur et mordre à pleines dents dans les difficultés. Pour cela, il devra mobiliser une énergie qui se forge dans l'adversité. À un moment donné, la mère doit se faire violence et laisser son fils essuyer seul les revers du destin. Contrairement à ce que l'on croit, les hommes ne sont pas motivés par le pouvoir mais par la peur, la peur des coups, la peur de la défaite, la peur d'avoir à se mesurer à plus forts qu'eux. Or, ce n'est pas en se réfugiant sous les jupes de sa maman qu'on apprend à être courageux.

En réalité, la mère ne peut pas initier son fils à la masculinité, qui est associée à la perte d'innocence. Dans un conte intitulé *Jean de fer*[1], la clé de la virilité est cachée sous l'oreiller de la mère; le fils ne peut pas la lui demander, il doit la lui voler. Voilà sans doute pourquoi les fils cachent beaucoup de choses à leur mère. Ils savent que s'ils agissaient autrement, elle en perdrait le sommeil. Ils tentent donc d'aménager un espace intime où s'élabore leur masculinité. Bien entendu, l'idéal serait que cet apprentissage se fasse en présence du père. Mais si ce n'est pas possible, et dans la mesure où cela ne conduit pas à de graves excès, on doit respecter les secrets du fils.

Les enfants ont leur vie à vivre et leur route à suivre; ce qu'une mère a de mieux à faire, c'est s'enlever du chemin le plus tôt et le plus souvent possible. Cela lui paraît d'autant plus difficile que ce chemin-là, elle a l'impression de l'avoir tracé elle-même avec ce qu'il y a de meilleur en elle, soit l'amour qui l'habite, sa capacité de guider, de soigner et de materner un enfant.

Une mère peut également atténuer le risque de conflit entre elle et son fils en refusant de devenir la messagère du père. Elle doit plutôt laisser ce dernier entrer lui-même en communication avec l'enfant. Elle ne doit surtout pas craindre de dire à son fils que certaines questions exigent la réponse du père. Elle sera agréablement surprise des résultats.

En résumé, face à son fils qui devient homme, la mère doit cesser de s'inquiéter et de prévoir le pire, apprendre à se détacher et à céder son emprise. À cet effet, il est bon de rappeler l'histoire de cette grand-mère qui a laissé son petit-fils monter seul son traîneau en haut d'une pente glacée. Malgré ses nombreuses chutes, l'enfant refusait son aide, et elle finit par se résigner à le laisser faire. Elle fut récompensée par le sourire de triomphe qu'il esquissa lorsqu'il arriva en haut et lui déclara, fier de lui: «J'ai réussi, grand-maman! J'ai réussi!» Elle me confia que, si elle avait été sa mère, elle n'aurait jamais pu le laisser faire; elle n'aurait pas eu le détachement suffisant. Mais elle se serait aussi privée de son sourire de triomphe. La mère doit apprendre en quelque sorte à jouer à la grand-mère avant le temps.

QUAND LES ENFANTS S'INCRUSTENT

De nos jours, la récession économique, le manque d'emploi et le coût élevé des études ne facilitent pas la nécessaire séparation entre parents et enfants. Ce sont autant de facteurs qui incitent les fils comme les filles à rester longtemps à la maison ou à y revenir. Dans certains cas, cela fait l'affaire de la mère qui trouve l'occasion de reporter l'inévitable sacrifice à plus tard. Dans d'autres cas, cela ne lui plaira pas. Par exemple, une mère qui croyait en avoir terminé avec les tâches domestiques acceptera mal de voir ainsi son rôle prolongé indûment. En réalité, il n'y pas de bénéfice psychologique à rester aussi longtemps dans la fonction maternelle ou dans la fonction d'enfants. Cela nuit à l'autonomie de tout le monde.

Les fils ont particulièrement tendance à apprécier le confort qu'apporte cette situation. Ils entrent dans une maison propre où des vêtements lavés les attendent ainsi qu'un repas chaud. Ils tiennent tout cela pour acquis. Ils ne prennent pas conscience qu'une personne sacrifie ses propres besoins pour eux. Ils finissent par penser, à l'instar des hommes de la génération précédente, qu'il est naturel pour la femme de servir, qu'elle est faite pour ça.

Les parents doivent alors avoir le courage de distribuer à chacun sa juste part des tâches domestiques. Lorsqu'on ne peut pas prendre ses distances physiquement, il devient urgent de le faire psychologiquement, en entretenant de nouveaux comportements dans l'espace familial.

Si les enfants ne veulent pas collaborer à la redéfinition des tâches, il reste toujours l'option, cruelle entre toutes pour une mère ou un père, de leur «montrer la porte». Bien entendu, il s'agit d'un geste tabou, qui entraînera sa part de culpabilité. Mais la culpabilité, ici comme ailleurs, est le prix à payer pour s'affranchir du joug de l'histoire.

Il faut surtout garder à l'esprit que la séparation adéquate entre la mère et le fils assure la bonne qualité des relations futures. À Sao Paulo, au Brésil, j'ai visité il y a quelques années un ami qui a construit sa maison sur le terrain où demeurent ses parents. En fait, les deux maisons sont si près l'une de l'autre qu'un simple corridor les relie. Le prix exorbitant et la rareté des terrains dans cette ville justifiaient une telle proximité. Pour ma part, j'étais mal à l'aise, car je ne pouvais m'empêcher d'y voir, tout psychanalyste que je suis, la marque d'un cordon ombilical mal coupé. Je décidai finalement d'en parler à mon ami qui éclata de rire: «Les gens de l'Amérique du Nord sont fous, me dit-il, ils croient que si l'on demeure près de sa mère, la symbiose continue, alors que si l'on demeure loin d'elle le problème est réglé. Entre mes parents et moi, les frontières sont très bien définies. Malgré la proximité des foyers, ils ne se permettraient jamais un commentaire sur la façon dont je mène mon ménage, et ils n'oseraient jamais frapper à ma porte sans avoir téléphoné d'abord!»

QUAND LES ENFANTS SONT PARTIS

Souvent, la femme qui a investi toute son identité dans la maternité souffre amèrement de voir le nid familial vide de ses «petits». Elle se sent mise au rancart au moment où ses forces déclinent et où elle aurait le plus besoin du soutien de ceux qu'elle a tant aimés. Prisonnière de la fonction maternelle, elle se met parfois à vivre à travers ses enfants. Elle suit les péripéties de leurs vies comme s'il s'agissait de téléfilms. Elle a alors perdu sa propre individualité. Sa vie a été dévorée par l'archétype.

Je crois qu'il faut avoir de la compassion pour nos mères, dans le destin que l'histoire leur a tracé, un destin qui fait réfléchir. Au fond, la mère devrait concevoir l'archétype qui exige le plus grand sacrifice de soi comme un pays dans lequel elle séjourne temporairement. Même s'il l'a nourrie de toutes ses saveurs, un jour elle doit se résigner à le quitter pour suivre son destin. Elle doit vivre malgré sa tristesse ou son désespoir; il ne lui reste plus qu'à tourner la page pour renaître en tant que femme.

Quand les enfants sont partis, la mère fait son bilan. Au lieu de se critiquer ou de se culpabiliser, elle doit plutôt regarder avec fierté tout ce qu'elle a fait pour ses enfants. Qu'elle en ait trop fait ou pas assez, elle a avantage à respecter et à aimer ce qu'elle a accompli. Ainsi, elle reste confiante et indulgente envers elle-même. La meilleure attitude consiste encore à considérer les difficultés passées et présentes comme autant d'épreuves qui auront servi à mieux se connaître.

Finalement, pour retrouver la femme en elle, la mère peut emprunter la route des petits plaisirs. Toute femme a en elle une âme d'enfant qui a besoin de vivre et de jouer. En prenant la route des petits plaisirs quotidiens, ceux qui ne coûtent rien mais qui réchauffent le cœur, la femme accède peu à peu au bonheur. Le temps des sacrifices est terminé. Le temps de penser à soi est arrivé, même si toute une culture le lui a longtemps interdit.

Le bonheur de la femme comblée assure la reprise des liens avec les enfants devenus adultes. Il s'agit là de la meilleure voie de réconciliation possible.

Mère monoparentale: la quadrature du cercle

PÈRE MANQUANT, FILS MANQUÉ... ?

En France, on m'a dit à de nombreuses reprises que le titre de mon premier livre, *Père manquant, fils manqué,* pouvait être culpabilisant, voire blessant, pour les femmes qui élèvent seules leurs garçons. Il semble qu'en voulant susciter une prise de responsabilités chez les pères, j'aie aussi créé de l'anxiété chez les mères. Les questions que plusieurs femmes m'ont posées, comme l'inquiétude bien réelle que j'ai sentie chez elles, m'ont amené à formuler à leur intention les quelques réflexions qui suivent. Dans son aspect fondamental, l'inquiétude des mères pourrait s'exprimer comme suit: Est-il vrai qu'une mère monoparentale ne peut rien faire pour assurer la masculinité de ses fils? Ou encore, formulée d'une manière plus positive: *Que peut faire une mère monoparentale pour assurer le bon développement de l'identité masculine de ses fils?*

D'abord, il est vrai que la mère qui élève seule ses enfants a de nombreux paradoxes à résoudre. Lorsqu'elle travaille à l'extérieur de la maison, elle se dit qu'elle ne peut être une bonne mère dans de telles conditions; lorsqu'elle reste à la maison, elle se dit qu'elle devrait plutôt aller travailler pour que ses enfants ne manquent de rien et jouissent des mêmes biens que les autres. Si elle s'épuise et ne prend pas la peine de se reposer, elle risque de devenir trop ou pas assez permissive; elle laissera chacun agir à sa guise ou elle imposera à tout le monde, elle y compris, des exigences trop nombreuses et trop strictes. Trop souvent frustrée dans ses désirs et ses ambitions de femme, elle risque fort de dépendre de ses enfants en ce qui concerne la satisfaction de ses propres besoins affectifs, avec toutes les conséquences que cela entraîne. Tout cela bien considéré, on ne doit pas s'étonner que nombre de mères monoparentales éprouvent beaucoup d'anxiété quant à l'éducation de leurs fils. Je crois que les attitudes suivantes peuvent les aider.

PRENDRE CONGÉ DE TEMPS EN TEMPS

J'ai dit plus tôt que le fils aurait besoin, pour s'épanouir et occuper sa place dans le monde, d'une force de caractère où d'une énergie qui ne s'acquiert que dans l'adversité. Or l'absence de sa mère — même de très courtes absences — représente la première épreuve à laquelle le fils est confronté. C'est le premier échec, la première limite posée à son sentiment de toute-puissance. Dans le meilleur des mondes, c'est le père qui, en participant à l'importante triangulation père-mère-fils, impose à l'enfant cet apprentissage nécessaire de la frustration. Mais la femme qui vit seule avec ses enfants peut reproduire à peu près les mêmes conditions, du moins en ce qui concerne la frustration du garçon, en créant ce que la psychanalyste Françoise Dolto appelle un *tiers symbolique*.

La mère peut avoir une activité qui l'oblige à se séparer régulièrement de l'enfant pour des périodes de temps plus ou moins longues. Ce peut être un travail, un loisir, une relation amoureuse ou une réunion d'amies, peu importe. L'important, c'est que la satisfaction qu'elle en tire lui permette de supporter la culpabilité associée à cette séparation temporaire. Le principe est toujours le même: dans les limites du bon sens et dans la mesure où cela permet d'échapper à toutes les conséquences néfastes de la fusion mères-fils, ce qui est bon pour la femme est bon aussi pour l'enfant.

À cet égard, il faut se rappeler que la pire chose pour des enfants, mis à part le fait d'avoir vécu sans parents, c'est bien d'avoir eu des parents parfaits. Tout comme le fils ne devrait pas essayer de plaire à sa mère à tout prix, il est extrêmement important que la mère n'essaie pas d'être parfaite en tout. «Je dois bien avouer que je suis heureuse lorsqu'il part retrouver son père», m'a avoué une mère après une discussion sur les rapports qu'elle entretenait avec son garçon. Dans cet aveu, son cœur de femme recommençait à battre... et son fils ne s'en portait pas plus mal, au contraire!

LAISSER LE FILS RESSEMBLER À SON PÈRE

On sait que les enfants ont besoin de maternage et de paternage. On fait du masculin avec du masculin et du féminin avec du féminin. Il faut donc s'assurer que les enfants aient suffisamment d'interactions avec des personnes significatives des deux sexes. Cependant, il peut arriver qu'à cause d'un divorce, une mère tente de tenir son fils à l'écart du père naturel ou d'autres figures masculines dont il aurait besoin pour développer sa propre identité. Cela n'est pas bénéfique et indique que cette femme doit régler les problèmes qu'elle éprouve avec son ex-conjoint, dans la mesure du possible bien entendu, et même ceux qu'elle éprouve avec son propre père. Tout simplement parce que tant qu'elle n'aura pas réglé ses problèmes avec ces deux hommes, elle aura tendance à réprimer chez son fils les comportements qui lui rappellent ceux de ces hommes. Mais elle ne pourra jamais empêcher un fils de ressembler à son père ou à son grand-père: c'est inscrit dans ses gènes, comme on dit.

Cela peut avoir pour l'enfant des conséquences graves. Par exemple, un enfant dont la mère dénigre le père ouvertement (et vice versa) se trouvera coincé dans un véritable conflit de loyauté. Il affichera telle attitude avec le père et telle autre avec la mère, comportement qui traduit bien sa profonde division intérieure et qui augure bien mal pour l'avenir. Mais si l'enfant se rend compte que les deux parents peuvent collaborer malgré leur séparation, qu'une forme d'amour et d'amitié persiste au-delà de la rupture, cela le rassurera. Voilà pourquoi il faut encourager et aider les conjoints à régler leurs différends. Lorsque ce n'est pas possible, il faut les prévenir du danger qui menace l'enfant si son amour pour le parent absent n'est pas respecté. Qu'un père soit alcoolique ou criminel, son fils l'aime et, à moins qu'il y ait danger moral ou physique pour l'enfant, il faut tenter de maintenir une forme de lien entre eux.

FAIRE ATTENTION À LA FAÇON DONT ON PARLE DU PÈRE

L'importance qu'il faut accorder à la façon dont on parle du père, l'importance des qualités qu'on lui prête et des noms qu'on lui donne lorsqu'il est absent ou disparu, tout cela ressort clairement des études menées auprès des fils de veuves[2]. On a remarqué que les fils qui avaient peu connu leur père avant son décès et dont les mères ne s'étaient pas remariées s'en tiraient mieux que les enfants qui avaient été abandonnés par leur père. Cela s'explique facilement: les veuves ont tendance à idéaliser le mari défunt et à ne se rappeler que les bonnes choses. «Lorsque ton père était là...», commencent-elles, et elles composent ainsi par petites touches une image positive du père que l'enfant fera sienne. Le fils n'a pas de père dans la réalité, mais il se sent soutenu et accompagné par une figure intérieure qui lui donne sa légitimité.

Un orphelin de père qui était né dans un petit village me racontait qu'il avait toujours entendu parler de son père en bien et qu'il en avait toujours tiré une grande fierté. Cet homme, malgré qu'il soit maintenant divorcé, n'a jamais eu de difficulté à être père, et ses deux petites filles ont toujours occupé une place importante dans sa vie.

L'estime mutuelle des deux ex-conjoints est essentielle à l'élaboration positive des images féminines et masculines chez l'enfant. Car les deux parents, même séparés, continuent de former un couple dans l'esprit de l'enfant, et c'est sur ce couple que celui-ci fonde les notions d'unité, de collaboration et de complémentarité qui lui serviront sa vie durant. Ce n'est pas tant le divorce qui est catastrophique pour l'enfant, c'est le comportement des parents après le divorce. Le respect mutuel demeure la meilleure attitude.

Penser d'abord au bien-être de l'enfant

Lorsque les deux parents arrivent à collaborer, la garde partagée qui privilégie toujours le bien-être des enfants est la meilleure solution. Lorsqu'il n'y a pas moyen de collaborer, il est préférable qu'on donne la garde exclusive à l'un des deux parents pour éviter que l'enfant ne devienne l'otage de cette guerre d'amour. La grande psychanalyste des enfants, Françoise Dolto, conseillait même dans ce cas-là de laisser les garçons au père et les filles à la mère afin d'assurer la formation de l'identité sexuelle de chaque enfant. Par ailleurs, si les droits de garde restent flexibles au fil des ans et si les parents séparés conviennent d'habiter à proximité l'un de l'autre, cela facilite grandement les choses pour l'enfant.

Lorsqu'ils sont assurés de pouvoir compter sur l'amour de leurs parents, les enfants réussissent à s'épanouir. J'ai connu une petite fille de 10 ans qui avait quitté son véritable père à l'âge de 3 ans; elle était allée vivre avec sa mère qui par la suite avait eu un autre conjoint pendant 5 ans; maintenant elle vivait seule avec sa mère. Elle était devenue, à mon avis, un modèle de sensibilité et de créativité. Elle nouait facilement des relations mais sans complaisance. Elle avait développé une grande autonomie, et toutes ses tribulations d'un foyer à un autre, d'un père à un autre, ne semblaient pas l'avoir perturbée. Quel était son secret? L'amour de son père naturel et l'amour de son beau-père. Ces deux-là s'arrachaient littéralement la jeune fille, qui se sentait aimée et désirée. Elle était la bienvenue et à son aise partout où elle allait. La collaboration entre la mère et ses ex-partenaires était exemplaire. Chaque adulte semblait s'être bien adapté à la situation et avoir fait du bien-être de l'enfant une priorité absolue. Jamais l'enfant ne s'était sentie rejetée ou responsable des séparations de sa mère. Au contraire, elle savait qu'on l'aimait, et la grande confiance qu'elle affichait venait de là.

FAIRE LES CHOSES À SA FAÇON

Les recherches nous apprennent également que l'indépendance d'esprit de la mère monoparentale — principalement à l'égard du milieu dans lequel elle-même a grandi — constitue un facteur de réussite dans l'éducation des enfants[3]. Moins la mère se sentira obligée de faire les choses comme sa propre mère les faisait, mieux elle s'en portera et ses enfants également. Elle sera plus libre d'éduquer ses enfants selon les valeurs de son époque.

FAIRE CONFIANCE À SES ENFANTS

Au lieu d'essayer de colmater les brèches à mesure qu'elles apparaissent, il vaut mieux dire franchement aux enfants ce qui ne va pas dans la famille et laisser ceux-ci trouver les solutions à leurs propres problèmes. Les enfants vivent mieux avec une frustration consciente qu'avec le non-dit, car la frustration est source de créativité. L'exemple suivant résume ce que nous venons de dire. Il s'agit du témoignage d'une veuve de 70 ans qui a dû élever seule ses trois fils.

Lorsque mon mari est mort, le plus vieux de mes trois fils avait 13 ans et le plus jeune 6 ans. Le choc a été terrible. Du jour au lendemain, j'ai dû me mettre à travailler pour gagner de quoi manger. J'étais très consciente du besoin que le manque de père allait créer chez mes enfants, alors j'ai pris les mesures suivantes. Dans un premier temps, j'ai fait l'inventaire des hommes qui, dans ma famille et dans celle de mon mari, pourraient remplir un rôle de substitut auprès de chacun de mes fils. Je ne leur demandais pas une grande présence mais de la constance à travers le temps. C'est ainsi que chacun des enfants s'est retrouvé avec une sorte de tuteur qu'il voyait de temps à autre pour une activité agréable.

En outre, j'ai dit à mes enfants: «Votre père est mort et vous avez besoin d'un père, alors vous allez vous trouver des hommes qui peuvent jouer ce rôle!» Au lieu d'avoir peur de la pédophilie, je me suis mise à encourager les liens que mes fils nouaient avec des professeurs, des entraîneurs ou des hommes plus vieux. J'ai tenté de soutenir du mieux que j'ai pu leurs amitiés masculines et leur participation à des groupes organisés comme les scouts ou les clubs de baseball du coin. Somme toute, je trouve que tout ça a très bien fonctionné. Aujourd'hui, mes trois fils sont mariés et gagnent bien leur vie.

Le génie de cette femme est de ne pas avoir traité ses enfants comme de la matière morte en prenant toute la responsabilité sur ses épaules. Elle était consciente du manque fondamental dont ils souffriraient, mais elle avait confiance en leur capacité de combler eux-mêmes le vide causé par l'absence du père. Elle a aussi réussi à surmonter la peur bien compréhensible qu'il leur arrive quelque chose de regrettable, ce qui est une autre marque de confiance d'une mère envers ses enfants et envers son destin. Autrement dit, elle n'a pas voulu que le milieu familial, par la faute de ses propres craintes, se replie sur lui-même.

En toutes choses et en toutes circonstances, la mère doit chercher l'attitude juste. Il faut être sensible à la souffrance de l'enfant, lui laisser le temps de vivre sa frustration et lui permettre de combler seul ses propres besoins d'une manière créatrice. Enfin, elle doit se souvenir de la femme en elle et lui donner l'occasion de satisfaire ses besoins, de rester en vie malgré les exigences de la tâche maternelle. Les enfants ne suivent pas toujours les conseils de leurs parents mais ils n'oublient jamais l'exemple d'une mère courageuse qui est toujours restée jeune de cœur et pleine de vitalité.

La réconciliation

Le temps de la réconciliation entre une mère et son fils commence fréquemment par les reproches du second. Reproches que la mère a de la difficulté à entendre. Identifiée depuis trop longtemps à sa fonction maternelle, elle a besoin de cultiver l'image de la bonne mère parce que c'est tout ce qui lui reste. Elle ne comprend pas que ces reproches, loin d'être une sorte de règlement de compte, sont une amorce de rapprochement. Il faut que le mauvais sang coule une fois pour toutes afin que l'amour et l'affection véritables puissent reprendre leurs droits.

J'ai accompagné en thérapie un homme dans la quarantaine dont le principal souvenir d'enfance était d'avoir été battu par sa mère. Un jour, il la confronta à cette réalité. Elle affirma alors ne pas se souvenir d'avoir jamais levé la main sur lui. Le fils se rebiffa et tenta de mettre le doigt sur des situations précises. À ce stade de leur confrontation, la mère se mit à pleurer en l'accusant d'être fou et méchant, affirmant que tout ce qu'elle avait fait, c'était pour son bien. Elle se réfugia alors dans une peine impénétrable ponctuée de sanglots profonds.

Mon patient comprit alors que derrière sa mère, il n'y avait plus de femme, c'est-à-dire qu'elle avait tant investi dans son rôle maternel qu'elle avait perdu de vue la personne qu'elle était. Son identité personnelle se confondait désormais avec sa fonction familiale. Elle ne pouvait pas se rappeler ce qui s'était passé parce que ç'aurait été trop menaçant pour son équilibre psychologique. C'est comme si on lui avait retiré son identité d'un seul coup. Elle n'entendait pas qu'elle avait pu faire quelques faux pas dans l'exercice de son rôle maternel, elle entendait qu'elle était une mauvaise personne.

Dans les mois qui suivirent, la pauvre mère crut devenir folle. Elle se sentait jugée. Un tribunal siégeait dans son for intérieur et lui répétait de façon obsessionnelle qu'elle avait été une mauvaise mère. Elle coupa donc les ponts avec son fils, érigeant entre elle et lui un mur de silence. Le tout dura jusqu'à ce que son fils lui assure que par sa confrontation il ne cherchait pas à la peiner mais bien au contraire à nouer avec elle une relation plus authentique. Cet argument la rassura, et les liens défaits entre le fils et la mère furent réparés.

Dans l'année qui suivit, la mère tomba malade et dut être hospitalisée. Le fils se retrouva donc au chevet de sa mère, tenant sa petite main frêle dans la sienne. Il sentait de grandes vagues d'amour et d'émotion le parcourir. Il voulait que sa mère vive. Ressentir tant d'amour pour cet être qui lui avait donné la vie le remplissait de joie. Il sut à ce moment-là que toute la période noire qu'il avait fait traverser à sa famille n'avait pas été inutile. Pour la première fois depuis des années, il éprouvait consciemment un sentiment d'amour pour sa mère. Enfin, il pouvait l'aimer. Son affection n'était plus prisonnière du ressentiment qu'il avait éprouvé jusque-là.

Je lui demandai s'il se serait rendu quand même au chevet de sa mère s'il n'y avait jamais eu d'explication entre eux. Il me répondit que oui mais qu'alors il l'aurait fait par devoir, en bon fils qui se doit d'aimer sa maman. Il était content d'avoir agi par amour, et dans le but sincère de rendre un peu d'affection à celle qui avait tant fait pour lui.

Devant l'éloquence de ce témoignage, je ne peux qu'encourager mères et enfants à lever le voile sur le passé afin de mieux vivre ce qui leur reste à vivre. Il ne s'agit pas de se laisser aller à des reproches sans fin, il s'agit d'aménager un espace où chacun peut raconter sa propre histoire en se sentant écouté et respecté. Mère et enfant n'ont pas à tomber d'accord sur une histoire commune. Il faut simplement qu'ils essaient de se comprendre, sans se juger.

Beaucoup d'adultes répugnent à déranger ainsi la quiétude de leurs parents de peur de les blesser. Inlassablement, je leur répète de se mettre un instant à la place de leurs parents, qui ne comprennent pas pourquoi leurs enfants se sont éloignés d'eux et ont fini par couper les ponts. Ne vaudrait-il pas mieux que chacun fasse entendre sa vérité pour que la relation, au lieu de s'éteindre peu à peu dans l'indifférence et les politesses d'usage, puisse renaître de ses cendres? À un patient qui craignait de jeter littéralement ses parents dans la tombe en agissant de la sorte, un de mes collègues a répondu: «Tu ne les tueras pas, tu leur donneras 10 ans de vie, tu les libéreras du poids du passé.»

Comment espérons-nous venir à bout des problèmes mondiaux si nous n'avons pas le courage de parler avec les êtres qui nous ont donné la vie? Comment pouvons-nous penser réparer le tissu social et familial si nous n'osons jamais parler de ce qui n'a pas été dit, de ce qui ne pouvait pas se dire durant l'enfance? Ayant fait l'expérience d'un dialogue franc avec mes deux parents, j'ai pu constater combien cela m'avait libéré. J'ai cessé d'avoir peur des gens qui sont plus vieux que moi, j'apprécie leur compagnie. Je jouis d'une énergie plus profonde parce que je ne me sens plus en rupture avec ceux et celles qui m'ont précédé. Je sais que dans la mesure de mes moyens je continue simplement la route entamée il y a 30 000 ans avec l'avènement des premiers humains sur Terre. J'ai retrouvé mes parents et le sens de ma propre histoire.

L'amour en peine

Quand on aime, on ne fait plus la différence
entre mordre et embrasser.

HEINRICH VON KLEIST

Elle et Lui dans de beaux draps

LE RÈGNE DES RÉPÉTITIONS

La troisième partie de cet ouvrage est consacrée aux rapports hommes-femmes. Comme je l'ai déjà expliqué, les impasses du présent sont largement tributaires de celles du passé et, pour cette raison, celles-ci viennent se rejouer à l'avant-scène des relations affectives.

Les individus ont tendance à répéter les mêmes types de rapports aussi longtemps qu'ils n'arrivent pas à dégager les figures symboliques qui les prédisposent à agir ainsi. L'objectif est toujours le même: gagner le droit d'être soi-même en osant faire face au monstre paternel ou maternel.

La plupart des êtres n'expriment pas leurs besoins réels de peur d'être jugés ou ridiculisés. Toutes sortes de tourments intérieurs les empêchent de savoir ce qui est bon pour eux et cela se vérifie de prime abord dans le choix des partenaires amoureux. Cependant, il est difficile de porter des jugements dans ce domaine. Qui peut dire de quel partenaire un individu a besoin pour arriver à mieux se connaître et à faire face à ce qui gît au fond de son inconscient? Nous allons donc étudier les comportements répétitifs qui caractérisent la vie de couple, en gardant cependant à l'esprit que ces répétitions constituent autant d'occasions, pour le couple, de prendre conscience des dynamiques inconscientes qui sont en jeu.

VIVRE EN COUPLE N'EST PAS UNE OBLIGATION

Une mise en garde s'avère nécessaire avant de débuter. Vivre en couple apparaît comme le mode de vie idéal dans notre société. Cependant, on ne doit pas en faire un absolu. Des individus peuvent très bien parvenir au bonheur et à la plénitude en vivant seuls, en entretenant des relations hétérosexuelles ou homosexuelles, ou encore en n'ayant aucune vie sexuelle.

Si, dans la société, le seul mode de vie acceptable était celui des couples hétérosexuels, fidèles sexuellement et engagés pour la vie, il serait vain de parler des difficultés du couple; en effet, les épreuves de la vie à deux n'ont de sens que si elles amènent chacun à se remettre en question, sexualité et mode de vie compris. On ne doit pas considérer la vie en couple comme une condition essentielle de l'existence, car cela équivaudrait à considérer comme «anormaux» tous ceux et celles qui ne s'y adaptent pas très bien. Et ils ne sont pas rares.

En réalité, la chaussure du couple ne sied pas à tout le monde, mais presque tout le monde essaie d'y prendre son pied avec plus ou moins de bonheur. Que voulez-vous, les couvents et les monastères ne sont plus aussi présents que naguère pour justifier des vies sans partenaire! Devant cette réalité, on aurait avantage à considérer chaque mode de vie comme une vocation, c'est-à-dire un appel de l'âme qui recherche la forme de vie qui l'exprime le plus justement. Ainsi, la vie en couple, le célibat, l'hétérosexualité, le don-juanisme, etc., correspondraient chacun à une vocation librement choisie par un individu. Cela nous éviterait de tout juger, de tout condamner... et de tout expliquer.

Cette mise en garde étant faite, commençons notre propos en rendant une petite visite à nos amis, *Elle* et *Lui*. Nous les retrouvons dans la chambre à coucher après une soirée plutôt difficile...

ELLE

Bon! vous ne pouvez pas dire que la soirée s'est bien passée. Après l'altercation de cet après-midi, vous êtes restée très tendue, et *Lui* aussi d'ailleurs. Vous êtes triste. Vous vous dites que vous devez quand même agir, sinon au train où vont les choses... enfin, vous préférez ne pas y penser. *Lui* est encore à la salle de bains lorsque vous arrivez dans la chambre. Vous vous rappelez vaguement les paroles de cette amie qui vous disait que, dans les situations désespérées, il restait toujours les sous-vêtements noirs et la vodka. La vodka, ce soir vous n'iriez pas jusque-là, mais les sous-vêtements noirs, pourquoi ne pas essayer? Le soutien-gorge en dentelle et les bas résille, ça le fait capoter.

Lui

Vous arrivez dans la chambre. On dirait qu'elle dort déjà. Tant mieux, car vous n'avez pas vraiment la tête à quoi que ce soit et surtout pas aux interminables discussions sur l'oreiller qu'elle affectionne tant. Elle appelle ça l'intimité. Eh bien! pour l'intimité, on repassera. Vous éteignez et là, sous les draps, vos mains ne croient pas ce qu'elles découvrent. Ah! la petite coquine a mis ses bas résille et son soutien-gorge en dentelle. Même si vous faites semblant de ne pas y toucher, votre cœur bat déjà un peu plus fort qu'avant. Vous sentez même poindre l'érection. Vous vous rapprochez d'elle et étreignez son corps tout chaud. Vos soucis sont déjà envolés. Elle résiste à votre étreinte, vous accorde finalement un baiser et vous demande d'allumer une chandelle, ce que vous faites. Elle joue un peu les vierges imprenables, et vous devez avouer que ça marche à tout coup. Vous aimez le fait qu'elle ne soit jamais tout à fait conquise, comme si c'était toujours la première fois.

Elle

Vous sentez ses mains sur votre corps, ça vous rassure. Votre petit stratagème fonctionne. Vous vous détendez peu à peu. Au fond ce n'était pas si compliqué, une paire de bas résille, et le tour est joué. Ses mains se promènent sur vous, et vous avez envie de vous blottir contre lui. Vous le sentez qui palpite déjà, qui s'excite dans votre dos. Vous vous frottez contre lui et vous vous abandonnez langoureusement. Le problème, c'est qu'il se concentre déjà sur votre sexe et sur vos seins. Il vous pince déjà le bout des tétons mais vous ne vous sentez pas prête à faire l'amour. Vous tentez quand même de jouer le jeu en espérant que ça viendra, mais ça ne vient pas du tout. Plus il s'excite, plus vous décrochez. Après un certain temps, ça commence même à vous énerver drôlement. Vous vous sentez de plus en plus comme un objet, comme un jouet qui ne sert qu'à lui donner du plaisir.

Lui

Ça allait si bien. C'était si excitant. Il fallait qu'elle commence à faire la compliquée: «Caresse-moi! Caresse-moi partout! Mon dos, mes reins, mes jambes, mes épaules, j'ai besoin d'un peu de tendresse. J'ai besoin d'un peu de romantisme.»

Romantisme! Le mot est lâché. Elle trouve toujours que vous n'êtes pas assez romantique, que vous allez trop directement à l'affaire. Votre orgueil de mâle vient d'être touché de plein fouet. À vrai dire, son romantisme, vous n'y comprenez rien. Lorsque vous la désirez ardemment, c'est pour le «cul» et lorsque vous ne la désirez pas, elle trouve qu'il y a un «problème» dans la relation amoureuse. L'autre soir, après cette soirée un peu trop arrosée chez les copains, vous avez tenté de l'embrasser, sous les rayons de la lune, en retournant à l'auto. Pour vous, il n'y avait rien de plus romantique que cela. Vous ne désiriez pas faire l'amour en pleine rue, vous désiriez tout simplement jouer les adolescents. Et, là encore, vous vous êtes fait dire que vous ne pensiez qu'à ça. Le lendemain, elle s'est excusée en disant qu'elle était tout simplement préoccupée par son travail. Mais vous, vous êtes de plus en plus mélangé. Être romantique, est-ce que ça veut dire que vous ne devriez jamais avoir d'érection en l'embrassant? Mais vous n'êtes tout simplement pas fait comme ça, et ça il faudra bien qu'elle le comprenne un jour. Finalement, vous lui tournez le dos en maugréant et vous éteignez la chandelle.

ELLE

Encore une fois dans de beaux draps! C'est le cas de le dire. Vous avez voulu arranger les choses, elles n'ont fait qu'empirer. Vous vous sentez ridicule avec votre soutien-gorge en dentelle et vos bas résille; vous enlevez tout ça avec des gestes brusques, pour le déranger le plus possible. Mais est-ce donc si difficile de comprendre que vous aimez la tendresse? Est-ce donc si dur de comprendre que vous aimez être conquise lentement, être désirée, être devinée? Ce n'est pas que vous n'aimez pas faire l'amour, c'est qu'il y a la manière. Tout est dans la manière. Le sexe pour le sexe, ça ne vous intéresse pas. Mais le sexe avec des caresses et des mots doux, wow! Quelle affaire!

Ah! tiens! voilà qu'il remet ça! Les hommes n'ont pas de fierté. Une fois excités, ils ne savent plus s'arrêter. Le voilà de nouveau en train de vous caresser les seins. Vraiment, il n'y comprendra jamais rien. Vous ne pouvez tout de même pas déposer une plainte de harcèlement sexuel contre votre propre compagnon de vie. Vous le laissez faire, mais vous êtes complètement débranchée. Ce corps qui se frotte contre vous, cette voix haletante qui vous dit machinalement: «Mon chou! mon chou!» Tout cela vous semble grotesque. Si vous ne l'arrêtez pas maintenant, dans cinq minutes vous aurez l'impression d'avoir subi un viol.

Vous vous redressez d'un seul coup et vous allumez la lampe. Vous lui déclarez sur un ton sans réplique: «Je ne veux plus jamais que tu m'appelles "mon chou"!»

Lui

Ah! ça, c'est le comble! Vous lui répondez sur le même ton que non seulement il n'y aura plus de «mon chou», mais qu'il n'y aura plus de chouchouteries non plus. Vous en avez assez d'être toujours celui dont on dispose à sa guise. Jamais elle ne prend l'initiative des caresses. Jamais elle ne propose de faire l'amour. C'est toujours vous. Maintenant, ça suffit! Désormais, c'est elle qui devra faire les premiers pas. C'est elle qui devra vous deviner. Si elle croit que c'est agréable d'être rejeté sans cesse et de toujours revenir à la charge. Voilà! Vous allez prendre des vacances d'érotisme, des vacances de romantisme, des vacances de tout. À elle d'organiser le voyage maintenant.

Vous êtes au milieu de ces réflexions et, tout à coup, vous avez l'impression d'entendre la voix de votre père en vous. Vous avez envie de brailler tellement ça fait vieux couple. La même tension, le même silence, le même problème. La même fatigue de sa femme, les mêmes désirs insatisfaits chez lui comme chez vous. Est-ce que c'est vraiment possible? Une révolution sexuelle plus tard, et c'est toujours la même histoire. Vous vous taisez et vous éteignez la lampe. Vous cherchez sa main dans le noir, mais elle se dérobe. Elle est toute raide maintenant. Vos paroles ont dû la blesser. Et vous restez comme ça, les yeux ouverts dans le noir, incapable de dire quoi que ce soit, attendant que ça passe.

Elle

Vous savez qu'il est là, les yeux ouverts, dans le noir. Vous savez qu'il vous cherche, pour se réconforter. Mais vous n'y pouvez plus rien, vous vous sentez tellement incomprise. Il vous semble que vous donnez tellement de vous-même. Vous faites tout pour lui, pour que sa vie soit agréable. Vous êtes à l'écoute de tous ses besoins. Est-ce qu'il ne pourrait pas vous approcher avec un peu de douceur? Est-ce que c'est trop demander?

Vous entendez soupirer votre mère: «Les hommes, c'est tous des c...!» Vous n'en êtes pas là, mais pas loin. Est-ce que ça va durer longtemps comme ça? Est-ce que ce sera pour vous comme pour elle, une longue attente avant de se faire une raison? Ce serait trop bête. Vous avez la mort dans l'âme. Vous vous dites que ce n'est pas grave. Mais ce qui se passe entre vous deux vous pèse tellement. On dirait que vous n'êtes jamais au même rendez-vous en même temps.

FUIS-MOI, JE TE SUIS! SUIS-MOI, JE TE FUIS![1]

Je sais, je sais... Vous pensiez que ça n'arrivait que chez vous! Désolé de vous décevoir... Ça arrive partout! Ça arrive même lorsqu'il s'agit de deux hommes ou deux femmes. Il y a toujours le partenaire plus sexuel et le partenaire plus romantique. Et c'est vrai! Ça ressemble tellement à papa et à maman.

Je sais, je sais... Il y a aussi un autre scénario. Il est tout gentil, il est tout doux, il se blottit contre vous comme un petit garçon se blottit contre sa mère. Il reçoit vos caresses, mais l'érection ne vient pas. Vous avez l'impression que votre corps a pris un coup de vieux, mais en réalité vous auriez beau être un top model, ça n'irait pas mieux. La vérité, c'est que vous lui faites peur et vous ne savez pas trop pourquoi.

Je sais, je sais... Il y a aussi un autre scénario. Entre vous et elle, sur le plan sexuel, ça fonctionne bien. Le problème, c'est qu'il n'y a que ça qui fonctionne. Vous prenez l'initiative des caresses. Elle prend l'initiative des caresses. Vous inventez des petits trucs excitants, elle en propose elle aussi. Elle aime s'habiller pour vous, se déshabiller pour vous. Ce n'est pas là que le bât blesse. C'est que toutes les fois que vous voulez régler un problème, il y a une impasse dans la communication. Si vous avez le malheur de faire une petite remarque, elle se sent tout de suite attaquée. Elle se sent coupable et se referme. Ou encore elle vous accuse et vous inonde de blâmes. Vous n'êtes plus devant une femme, vous êtes devant une petite fille. Vous avez beau lui expliquer comment ça marche la communication entre deux êtres responsables, vous avez beau lui dire qu'il s'agit pour chacun d'être un peu rationnel, un peu logique, un peu cohérent avec soi-même, ça ne change absolument rien. Alors, dans votre grande sagesse, avec vos diplômes et toutes vos connaissances psychologiques, vous commencez bêtement à l'accuser de tous les maux de la terre. Et elle vous explique que ce n'est pas ça communiquer, qu'entre deux êtres responsables...

Elle va vers *Lui*, il s'irrite. Elle lui tourne le dos, il la cherche. Il la tient à distance, mais si elle menace de partir, il la retient. Fuis-moi, je te suis! Suis-moi, je te fuis! Entre eux, la distance demeure toujours égale. Ils ne se rencontrent jamais.

Ils font tout ce qui est en leur possible pour maintenir cette distance parce qu'au niveau inconscient, ils sont trop emmêlés l'un à l'autre. Le réseau des projections et des attentes qu'ils ont tissé entre eux sans le savoir empêche toute communion véritable. Leurs territoires sont confondus, et là réside la raison de leur guerre. Ils ne luttent pas seulement pour savoir «qui est-ce qui sert et qui est-ce qui est servi», ils luttent pour savoir «qui est qui».

Avec raison, oserions-nous dire, car pour rompre avec l'héritage historique et pour en arriver à former un couple où les deux individualités peuvent exister, chacun doit se différencier et prendre conscience de soi-même. Les frictions de la vie de couple sont d'excellentes occasions pour faire cette prise de conscience.

Vue sous l'angle positif d'une recherche des différences qui permettra une meilleure communion par la suite, cette guerre apparaît plus positivement comme un combat pour l'amour. Elle sert l'égalité et la complémentarité entre *Elle* et *Lui*. Mais il est vrai qu'elle peut aussi les éloigner pour de bon s'ils n'arrivent pas à contenir la tension qui s'est accumulée entre eux.

Essentiellement, ces frictions renvoient chacun et chacune à ce que l'autre provoque en lui. Là, débute la connaissance de soi. Car nos réactions n'appartiennent pas à autrui, elles nous appartiennent. Négatives ou positives, les émotions, les pensées, voire les sensations que nos partenaires stimulent chez nous, révèlent ce que nous sommes et que nous ne savions pas encore que nous étions. La connaissance de soi prépare le terrain à la communion consciente dans l'amour, où chacun abandonne ses armes et ses pouvoirs pour expérimenter l'Unité.

Plongeons donc dans le monde des répétitions de comportements; bien comprises, elles favoriseront la connaissance de soi et de la vie.

La peur de l'engagement

Ne fais jamais pleurer… ta partenaire!

Comme nous l'avons vu, le déséquilibre du triangle père-mère-fils qui pousse la mère et son fils à vivre un mariage symbolique rendra périlleux le couple que ce dernier voudra ensuite former avec une femme. Pour un tel fils, les premières unions concourent surtout à démythifier la figure maternelle. Il va de soi qu'une grande partie des difficultés vécues lors de ces premières unions auraient pu être évitées si le père avait tenu le rôle de conjoint auprès de sa femme et accordé à son fils l'attention dont il avait besoin. Mais puisque ce n'est pas le cas, ce dernier est aux prises avec un complexe maternel qui le dévore inconsciemment et qu'il projette sur sa compagne. Cette projection entraîne automatiquement chez lui une répétition d'un comportement passé parce que le jeune homme va se mettre à agir avec sa compagne comme si elle était sa mère.

En réalité, rares sont les hommes qui ont vaincu leur dragon maternel. D'ailleurs, nous retrouvons la trace de l'emprise du complexe maternel négatif dans la complainte presque unanime des hommes: «J'étouffe avec ma partenaire!» À les écouter, on a l'impression qu'ils souffrent tous du *syndrome de la corde au cou.*

Mieux connu sous le nom de peur de l'engagement, ce syndrome se rencontre chez l'homme qui, durant l'enfance, a connu le sacrifice de ses besoins d'affirmation et d'autonomie, l'interdiction d'exprimer ses sentiments négatifs et la répression de sa sexualité.

Beaucoup d'hommes n'arrivent pas à vaincre leur complexe maternel et restent pris dans les rets de la culpabilité. Leur pouvoir d'affirmation s'en trouve d'autant inhibé. Pour ces hommes, *Ne fais jamais pleurer ta mère!* devient *Ne fais jamais pleurer ta partenaire!* La peur de faire pleurer sa partenaire, la peur de dire non à celle qu'on aime, a pourtant un effet pervers. Car lorsqu'un être est incapable d'affirmer son désaccord, il n'est pas davantage capable de s'ouvrir et de dire oui. Lorsqu'un homme, comme *Lui*, a de la difficulté à prendre sa place au sein de la relation amoureuse, lorsqu'il s'efface sans cesse pour soi-disant faire plaisir à sa compagne et lui éviter des désagréments, cette dernière finit par se sentir extrêmement seule.

Par peur de déplaire, l'homme se suradapte. Il rend service à sa partenaire comme il rendait service à sa mère. Tout cela dans le but de rendre sa partenaire heureuse. Si bien qu'*Elle* va parfois jusqu'en thérapie pour se plaindre: «Oh! il est bien gentil, il sort les ordures, il prépare à manger. Il pleure de temps en temps. Mais je me sens abandonnée!» Si elle osait, elle ajouterait: «J'ai l'impression qu'il n'a pas de couilles!» À l'évidence, la stratégie que *Lui* emploie pour éviter d'entrer en conflit avec *Elle* ne rend pas celle-ci heureuse.

Lors d'une séance de thérapie, j'ai entendu un «bon garçon» réfléchir à voix haute sur la difficulté qu'il éprouvait à se séparer de sa femme alors qu'il entretenait une maîtresse depuis de nombreuses années. Il disait: «Je crois que je pourrai me séparer uniquement lorsque je serai convaincu qu'elle pourra me pardonner.» Il aurait désiré que sa partenaire l'absolve à l'avance pour le divorce qu'il allait lui imposer. Il privilégiait une situation ambiguë par peur de blesser l'autre. En réalité, sous le prétexte de protéger sa compagne, il se protégeait lui-même; il préservait son image de bon garçon. Il ne voulait pas être le méchant, le bourreau, celui par qui le malheur arrive. Il avait toléré des années de vie conjugale insatisfaisante par peur d'affronter son dragon maternel.

La frustration des besoins d'affirmation et d'autonomie a aussi des effets dévastateurs sur *Lui*. On voit fréquemment les «bons garçons» afficher une grande agressivité. Le pouvoir d'expression réprimé se manifeste négativement par des accès de colère. Le bon garçon fait éclater sa colère à n'importe quel moment, à la suite d'une remarque incongrue de sa partenaire ou encore après avoir pris un verre de trop au cours de la soirée. Il rend alors l'autre responsable de sa propre impuissance. En se débarrassant ainsi de la pression intérieure, il finit dans les pires cas par gâcher la vie de tous ses proches.

Même si *Lui* se sent coupable de ses crises de colère, il n'en comprend pas la raison profonde. Il ne comprend pas que l'inconscient cherche ainsi à briser le *statu quo* artificiellement maintenu par le moi. Il ne comprend pas la signification psychique de ses sautes d'humeur. Il n'entend pas la voix de son anima créatrice qui cherche à le sortir de la morosité pour l'entraîner vers une vitalité nouvelle. Il ne fait que s'excuser de ses excès pour recommencer à la moindre occasion. Cette situation ne saurait être résolue que s'il entre en contact avec lui-même et cesse de juger ce qui se passe en lui. Il ne s'agit plus ici de faire plaisir à maman, mais bien de faire plaisir à son âme en quête d'une expression plus complète.

Parfois, *Lui* réussit à étouffer sa peur de déplaire et son agressivité en se réfugiant dans le silence. Si on lui demandait pourquoi il a tant de difficultés à parler, il pourrait très bien finir par dire qu'il a honte de ce qu'il ressent. Il a honte de son agressivité et de ses sentiments négatifs. Il a peine à prendre place dans le couple, n'ayant pas de place en lui-même. Car il faut bien dire que le pendant de la culpabilité est la honte; la honte de ses mouvements intérieurs et de ses propres besoins[2].

Cela s'explique aussi par le fait que les hommes sont éduqués pour vivre à l'extérieur d'eux-mêmes. Le monde intérieur leur est interdit. Pour eux, parler des sentiments, c'est agir comme une femme. De plus, en dévoilant son intimité, l'homme craint de fournir des munitions à sa partenaire. Il a peur d'être manipulé et de perdre le peu de territoire affectif qu'il a l'impression d'occuper. Il défend son identité par le silence.

En outre, si on lui demandait pourquoi les pleurs d'une femme lui font tellement peur, il dirait que, lorsqu'il était petit et que sa mère était «toute grande», ses pleurs à elle ressemblaient à un violent orage qui éclatait dans son cœur. Ses peines à elles devenaient ses peines à lui. Aujourd'hui, c'est le même orage qui éclate en lui lorsqu'il cause le malheur de sa compagne.

En fait, par son éducation de héros, il a appris à se sentir responsable des humeurs de sa compagne comme il se sentait responsable du bonheur de sa maman. Pourtant, il ne trouvera pas sa liberté et son épanouissement dans les relations intimes tant qu'il n'aura pas compris que l'expression de ses besoins peut se faire à l'encontre de ceux de sa partenaire, qu'il peut lui causer de la peine, mais qu'il n'est pas pour autant responsable de ce chagrin. En acceptant qu'il puisse à l'occasion causer de la souffrance et des désagréments à ceux qui l'entourent, l'homme commence symboliquement à faire reculer le dragon maternel. Pour vaincre son complexe, il doit sortir de la sacro-sainte image du bon garçon.

La décision d'être lui-même, de prendre la place qui lui revient, bouleversera sans doute la dynamique du couple. Elle risque même de la mettre en danger mais, si *Elle* et *Lui* passent à travers l'épreuve, leur union s'en trouvera vivifiée. Elle cessera d'être une relation mensongère, faite de principes et de conventions; ce sera une relation authentique fondée sur l'amour de deux êtres.

LE MÉPRIS ENVERS LES FEMMES

Tous les hommes ne cachent pas leur faiblesse comme *Lui* derrière une façade de suradaptation mielleuse. Certains ont tellement de mal à s'affirmer et craignent tellement de tomber sous l'emprise d'une femme qu'ils tentent de contrôler tout ce qui se passe à la maison. Ils s'acharnent à diminuer et à critiquer leur partenaire afin de l'empêcher de prendre trop de pouvoir. En réduisant sa partenaire au rang d'objet, l'homme se venge de la trop forte influence exercée par sa mère durant l'enfance. Sur le plan symbolique, son comportement révèle un être qui s'est senti lui-même réduit au rang d'un simple objet soumis aux volontés du désir maternel.

Les blagues visant à dénigrer systématiquement les femmes sont une autre facette de la méchanceté masculine. En résumé, ce qui apparaît à l'extérieur comme un mépris souverain à l'égard des valeurs féminines se présente à l'intérieur comme le seul moyen de défense d'un petit garçon désemparé qui n'arrive pas à assumer son propre pouvoir d'affirmation. Il tente de maîtriser le complexe maternel en asservissant la femme avec laquelle il vit.

LA SEXUALITÉ OBLIGÉE

La sexualité est un mode d'expression majeur de l'être humain. Ne sommes-nous pas le produit de deux cellules sexuelles qui se rencontrent? Chacune des fibres de notre être exprime la sexualité; il est vain de tenter de la réprimer, elle emprunte alors toutes sortes de chemins détournés pour s'exprimer.

Pourtant, dans les familles traditionnelles, on ne parlait tout simplement pas de la sexualité. Toutes les formes de sexualité faisaient l'objet d'un tabou. Cette austérité d'hier a encore de profondes répercussions sur la vie sexuelle du couple.

Ainsi, beaucoup d'hommes pensent encore aujourd'hui que les femmes n'ont pas de désirs sexuels. Cela est dû au fait que de nombreuses mères se sont pour ainsi dire refait une virginité en enfantant. À partir du moment où la famille était fondée, les pères restaient seuls à porter cette chose innommable qu'est le sexe.

Or, les jugements négatifs portés sur la sexualité masculine prédisposent mal les hommes à leur vie conjugale. Sur le plan sexuel, plus que sur tout autre plan, ils se croient obligés de jouer les héros et de prendre les initiatives. La plupart du temps, ce sont eux qui prennent le risque du rejet ou du refus de leur partenaire. Autant de blessures d'amour-propre qu'ils ont appris à dissimuler dans leurs relations intimes.

Dans la chambre à coucher comme ailleurs, les hommes veulent se montrer performants, ce qui les empêche d'être vraiment présents à l'autre. Comme ils n'ont pas appris à se détendre et à partager le plaisir avec leur partenaire, ils ont souvent du mal à s'abandonner totalement. Ils se croient obligés de rendre caresse pour caresse dans un scénario presque minuté. Au fond, ils continuent d'être de bons petits garçons qui tentent de faire plaisir à leur maman.

«JE M'EXCUSE, ÇA M'EXCITE DE TE CARESSER!»

Les hommes se sentent parfois tellement coupables face à leurs désirs sexuels qu'ils adoptent des attitudes tout à fait surprenantes. Dans un atelier où je discutais avec un groupe d'hommes de l'intimité amoureuse, un des participants racontait que le principal problème qu'il éprouvait lorsqu'il faisait l'amour, c'était d'être en érection trop tôt. Il pensait que sa réaction trahissait un égoïsme fondamental et une forme de mépris envers sa femme. Il voulait tellement être au service de sa compagne qu'il en oubliait son propre plaisir.

Je me rendis compte qu'à l'instar d'autres hommes de notre groupe, il avait honte de son monde intérieur rempli de fantasmes sexuels. Il avait de la difficulté à avoir du plaisir en donnant du plaisir. Il caressait sa partenaire en oubliant la joie qu'il éprouvait à la caresser. Une éducation sexuelle déficiente avait fini par inhiber fortement ses pulsions. Il n'arrivait pas à croire que sa propre excitation stimulerait sa compagne.

LE VAGIN DENTÉ

La popularité des conversations téléphoniques «érotiques», au cours desquelles un homme confesse à une femme ses fantasmes les plus profonds, traduit bien ce genre d'impasse sexuelle. En agissant ainsi dans l'anonymat, l'homme n'a pas besoin d'être un héros. Il paye et ne doit rien. Un tel recours à la femme-objet, celle dont on peut disposer sans engagement, trahit l'angoisse de castration qui habite de nombreux hommes.

En effet, l'absence de démystification de la figure maternelle engendre une peur telle que le petit garçon la conservera parfois jusqu'à l'âge adulte. Par exemple, la bouche de la sorcière aux dents longues prend la forme fantasmée du «vagin denté» de la sorcière qui peut trancher le pénis d'un homme. J'ai rencontré en thérapie des hommes qui avaient peur de la fellation parce qu'ils avaient l'impression qu'ils y perdraient leur organe.

Les fantasmes ou les pratiques sadomasochistes expriment aussi ce rapport non résolu avec la mère. Attacher une femme, lui tordre les seins, la faire souffrir et l'asservir sont autant de tentatives symboliques de conjurer le pouvoir féminin et, plus particulièrement, l'emprise maternelle. La situation contraire a exactement la même signification. L'homme attaché et humilié rejoue sur le plan sexuel l'atmosphère psychologique de son enfance.

Il est intéressant de noter, par exemple, que les clients des prostituées dites «dominatrices» sont souvent des hommes qui occupent des postes de pouvoir dans la société. Le jeu sexuel masochiste sert à expier aux pieds du dragon maternel le fait de lui avoir volé son autorité.

Mais ce n'est pas seulement l'emprise maternelle qui est en cause dans de tels comportements. Le manque de participation du père à l'éducation du fils entraîne chez celui-ci une grande fragilité de l'identité sexuelle; plus tard, il aura peur d'«entrer» dans la femme, sur le plan littéral comme sur le plan symbolique. Sur le plan littéral, l'homme a un problème d'éjaculation précoce ou d'impuissance sexuelle. Sur le plan symbolique, il a peur de l'intimité avec la femme. On peut également lier le don-juanisme, c'est-à-dire le besoin de pénétrer dans toutes les femmes, à une tentative d'échapper à la castration maternelle. D'une façon effrénée, le don Juan tente de se prouver qu'il n'a pas peur de ses compagnes.

Ainsi, beaucoup d'hommes entreprennent leurs premiers rapports sexuels en projetant sur leur partenaire une diablesse qui menace de les castrer.

D'ailleurs, cette peur de la castration trouve souvent sa justification dans la réalité; la rage d'avoir manqué d'attention paternelle rend souvent les femmes inconsciemment castratrices à l'égard de leur partenaire masculin. Un désir de vengeance inconscient à l'égard du père est transposé dans le couple.

LE BOUTON DE PANIQUE

L'activité d'un voyeur dans un *peep show* ou devant un film porno, ou encore la simulation de l'acte sexuel dans la réalité virtuelle d'un ordinateur, expriment bien, elles aussi, la peur de la castration. Le voyeur jouit d'une position auto-érotique où l'autre n'existe qu'en tant qu'objet soumis à la satisfaction de ses fantasmes. Il n'y a aucun engagement amoureux avec tout ce que cela comporte de risques. Sans compter que la consommation exagérée de matériel porno engendre une dépendance qui masque le manque réel, à savoir le besoin d'amour. À la longue, cela ne peut être qu'insatisfaisant pour l'âme qui cherche l'union intime.

Il n'y a rien de plus agréable que de faire l'amour lorsqu'on est amoureux parce que toutes les dimensions de notre être participent alors à la sexualité. Dans ces moments-là, les différences s'anéantissent dans la fusion profonde avec l'autre. Mais que de difficultés et de rejets a-t-on dû subir avant de parvenir à ces moments d'extase qui paraissent parfois trop brefs. Jouir en l'absence de l'autre peut alors apparaître comme le succédané acceptable d'une extase trop rare et trop difficile à atteindre.

La pornographie risque pourtant de renforcer la culpabilité ressentie vis-à-vis de la femme et de soumettre l'homme encore plus au pouvoir du dragon maternel. En effet, comme cette sexualité se déroule la plupart du temps en cachette, elle place l'homme au rang de petit garçon dissimulant à son milieu familial sa véritable libido. Les dessous de lit, les tiroirs, les tablettes de garde-robe deviennent alors autant d'endroits servant à dissimuler les objets convoités de celui qui n'ose pas assumer complètement ses désirs devant sa partenaire.

Un ami me confiait que l'on peut maintenant observer sur l'écran de l'ordinateur des couples faisant l'amour. L'un des programmes qui le permettent est assorti d'un «bouton de panique» que l'on peut presser si quelqu'un entre à l'improviste dans la pièce. Apparaît alors à l'écran un rapport de comptabilité. Rien de plus prosaïque, direz-vous, mais il s'agit d'une feuille de comptabilité factice des œuvres de Mère Teresa! Je n'ai pu que rire à gorge déployée lorsque mon ami m'a raconté ce fait. Selon moi, cela venait confirmer à quel point la sexualité des hommes se déroule à l'ombre d'une sainte Maman, vierge et martyre.

La sexualité est une dimension très importante de la vie des hommes. Beaucoup plus importante qu'on ne veut l'admettre. La prolifération de la pornographie et le tourisme sexuel le prouvent amplement. Si nous tentons de comprendre l'aspect symbolique des comportements sexuels, nous découvrons alors une misère affective masculine qui a souvent peu à faire avec la sexualité elle-même.

Par exemple, j'ai eu en thérapie un patient qui voyageait beaucoup et qui, d'une chambre d'hôtel à l'autre, avait développé tout un arsenal de moyens pour écouter ce qui se passait dans la chambre voisine. Ses masturbations les plus frénétiques et les plus satisfaisantes avaient lieu au moment où il écoutait un couple d'étrangers qui faisait l'amour. Or ce patient avait singulièrement manqué d'attention de la part de ses parents lorsqu'il était jeune. Il agissait par vengeance. En volant leur intimité à des étrangers, il avait l'impression d'emmerder ses parents, surtout son père, pour avoir été exclu de la cellule familiale. Son obsession traduisait à la fois sa colère et sa déception d'enfant rejeté.

Les hommes accèdent au romantisme et à l'amour par la sexualité, alors que les femmes accèdent à la sexualité par l'amour et le romantisme. À cet égard, les cultures masculine et féminine sont très différentes. Les hommes ont besoin que l'on prenne leur sexualité au sérieux, même dans ses aspects les plus étranges. Leurs fantasmes doivent être compris comme les formes d'expression les plus profondes de leur être. Pour qu'un homme puisse s'engager complètement dans le rapport intime, il est nécessaire que sa vie sexuelle soit acceptée sans préjugés, car elle est le lieu de symbolisation par excellence du rapport non résolu avec les complexes maternel et paternel.

LE VOYEUR AUX YEUX FERMÉS

La force sexuelle mâle est souvent prisonnière du silence et de la gêne. Bien des hommes n'arrivent pas à dire à leur partenaire ce qui leur fait plaisir; parfois, ils ne parviennent même pas à lui dire combien ils ont du plaisir à la toucher et à la regarder. Cela crée une situation tout à fait paradoxale puisque les femmes s'attendent à ce que ce soit la parole de l'homme qui les valorise. Une femme consacre beaucoup d'attention à son corps pour qu'il soit beau, pour que sa peau soit bien douce. En retour, elle a besoin que la parole et le regard de l'homme viennent confirmer cette beauté.

À ce propos, un homme de 35 ans m'a raconté l'anecdote suivante:

Il était marié depuis six mois et venait d'emménager dans un nouvel appartement avec sa femme. Or, la fenêtre du salon donnait sur la chambre d'une femme qui se déshabillait en laissant la lumière allumée. Pour cet homme, qui avouait avoir des tendances au voyeurisme depuis sa plus tendre enfance, la surprise était de taille. Peu à peu, il prit l'habitude de laisser sa femme aller se coucher toute seule après les informations télévisées. De cette façon, il pouvait rester dans le salon à se masturber en contemplant sa voisine.

Après quelques mois de ce stratagème, il se sentait si mal qu'il décida d'en parler à sa femme. Elle eut alors une réaction extraordinaire. Elle lui dit très tendrement: «C'est curieux parce que, lorsque nous faisons l'amour, tu as toujours les yeux fermés! Toi qui aimes tellement voir, tu ne me regardes pas lorsque je me fais belle pour toi et que je jouis. J'ai besoin que tu me dises que tu me trouves belle moi aussi. J'aimerais que tu me dises que mes seins sont beaux et que tu trouves mon sexe agréable. Je voudrais que nous sortions de la sexualité conventionnelle dans laquelle nous sommes enfermés. J'aimerais inventer des jeux avec toi et créer des scénarios. Je ne veux plus faire l'amour les yeux fermés.»

Cet homme ferme les yeux pour que sa véritable sexualité ne soit pas vue par sa partenaire. Sa culpabilité l'empêche de comprendre combien sa femme a besoin d'être regardée et appréciée. En réalité, bien des hommes continuent à jouir en cachette, comme dans leur enfance. Le corps de leur partenaire demeure interdit tout comme le corps de la mère l'était.

LE TRIOMPHE DE L'ESPRIT DE SÉRIEUX

Ce que je viens de dire sur la psychologie des hommes, même si cela évoque l'image d'un petit garçon qui se bat encore avec sa mère, ne peut pas être considéré comme un état pathologique. Ce l'est seulement si un homme ne peut jouir que ligoté ou s'il ne peut maintenir une érection que lors d'une masturbation solitaire et jamais avec un partenaire réel. Mais pour le reste, homme ou femme d'ailleurs, nous pourrions dire que symboliquement nos corps et nos psychés appartiennent très longtemps à nos parents et à tout le milieu familial dont nous sommes issus.

Le plus désolant est de constater que la misère sexuelle marque le triomphe de l'esprit de sérieux. Il n'y a pas de joie, ni de fierté d'être homme quand la sexualité a été inhibée dans sa famille. Peu d'êtres sont capables de rester enjoués au lit. Même chez les partenaires les plus fantaisistes, il semble n'y avoir rien de plus sérieux que de faire l'amour. Le silence, les attentes, la gêne et parfois même la honte imprègnent trop souvent les gestes érotiques. Un nombre incalculable de fantômes du passé peuplent les chambres à coucher: papa, maman, monsieur le curé, les maîtresses et les amants, etc. Voilà pourquoi la véritable révolution consiste à créer un espace unique, délivré de ces lourdeurs, où deux êtres établissent une authentique relation amoureuse.

Mais, bien souvent, l'esprit enjoué et fantaisiste de l'homme s'affadit aussitôt qu'il se trouve en présence de sa partenaire. Un homme m'a raconté qu'il ne voyait son père afficher son exubérance que lorsque sa mère était absente. La maison se transformait alors en une immense salle de jeux où le père menait rondement tours de magie et chasse au trésor. Aussitôt que la mère réapparaissait, il redevenait sérieux. Qu'est-ce qui empêche un homme de montrer son enthousiasme et sa joie de vivre à sa partenaire? Est-ce parce qu'il n'a pas encore réussi à se séparer de sa mère? Est-ce la crainte du jugement d'autrui? Pourquoi la joie est-elle encore plus difficile à exprimer que le désir érotique?

En définitive, la véritable victime de la castration n'est pas la sexualité mais la joie, la simple joie d'exister. L'enthousiasme, la vitalité, voilà ce qui a été sacrifié au nom du puritanisme et du sérieux de la société patriarcale.

La joie est le signe manifeste d'une vie amoureuse et sexuelle réussie. Nous nous contentons hélas souvent d'une vie érotique triste et conventionnelle. Il nous semble alors que les ailes de Cupidon ont perdu bien des plumes et que ses fléchettes sont empoisonnées.

COMMENT LES HOMMES TENTENT DE FAIRE ÉCHEC À LEUR PEUR DES FEMMES

Au sein même de la relation, les hommes emploient diverses stratégies pour faire échec à leur peur profonde de la femme. La première, à laquelle j'ai déjà fait allusion, pourrait porter le nom de *dépendance totale* par rapport à la partenaire. Celle-ci occupe d'office la position de mère de substitution par rapport à son partenaire. C'est elle qui le lave, qui choisit ses vêtements et qui le «baise». Elle lui permet de rester dans la douce irresponsabilité de l'enfance, même si les besoins d'affirmation, d'autonomie et d'indépendance en prennent pour leur rhume.

La seconde stratégie de l'homme qui craint l'emprise de sa partenaire consiste à *lui faire un enfant*. Ainsi, elle pourra accorder toute son attention à un être et le conjoint se sentira du même coup libéré de ses devoirs affectifs. Le summum de l'art consiste à laisser un fils prendre place dans le lit conjugal entre les deux conjoints. Ainsi on s'assure que la race des hommes qui souffrent d'emprise maternelle et qui ont peur de nouer des relations intimes avec leur partenaire pourra se perpétuer...

La troisième stratégie est la *contre-dépendance*. Il s'agit d'une sorte de célibat défensif. Son adepte pourrait s'exprimer ainsi: «Je suis autonome, je me prends en main sur tous les plans, je n'ai pas besoin d'une femme pour vivre!» Autrement dit, le contre-dépendant choisit ses vêtements seul, mange seul et se baise tout seul! Son lot est le lit vide, la solitude et la performance occasionnelle. Ses besoins d'union et de dépendance sont refoulés. Ses tripes pleurent pendant qu'il pratique l'autodiscipline et l'ascèse.

Depuis la libération sexuelle, une quatrième stratégie semble gagner en popularité. Elle vient satisfaire l'homme qui ne peut s'installer ni dans la dépendance ni dans la contre-dépendance. Elle consiste à fréquenter plusieurs femmes en même temps comme si on fréquentait des *morceaux de femme*: l'homme sort avec une femme parce qu'elle fait bien l'amour, il en fréquente une autre parce qu'elle aime le théâtre et il est en relation avec une troisième parce qu'elle a un petit côté mystique. Ainsi, il arrive à respecter à la fois ses besoins d'union et de séparation.

Une élaboration postmoderne de la fameuse division entre la vierge et la putain, commune à bien des mâles, représente la cinquième stratégie. Elle consiste à *épouser une femme honnête et respectable* qui plaît à sa propre famille, à la cantonner à la maison, et à entretenir une maîtresse avec laquelle on fait des fugues. L'adepte de cet art mène une double vie pour conserver son image sociale et permettre aux enfants de grandir sans perturbations; c'est l'attitude typique de l'homme qui n'a pas le courage de se séparer. Dans plusieurs sociétés antiques, dont la Chine et le Japon, cette coutume était officialisée. La maîtresse devait même être présentée à l'épouse officielle, qui acceptait ou refusait sa présence. Mais, fait notable dans ces sociétés, le statut de mère est le stade ultime auquel une femme puisse aspirer, et les complexes maternels des hommes sont énormes.

À considérer de plus près l'éventail de ces stratégies, on se rend compte que leur motif profond n'est pas réellement la peur *des* femmes, mais plutôt la peur de s'engager auprès *d'une* femme, parce que dans le psychisme de l'homme, cette situation est associée à une situation vécue durant l'enfance avec la mère.

Le besoin de romantisme

POURQUOI LES FEMMES TIENNENT TANT AU COUPLE

Les hommes sont élevés pour être des héros, et les femmes sont élevées pour vivre en couple avec ces héros. Si le complexe maternel masculin se manifeste principalement sur le plan de la sexualité, le complexe paternel féminin se manifeste sur le plan du romantisme et de l'amour. Si les hommes souffrent du *syndrome de la corde au cou*, les femmes, quant à elles, souffrent du *syndrome du lasso*. Elles veulent attraper leur héros par le cou.

L'absence du père a pour conséquence essentielle une blessure d'amour-propre qui touche la femme dans son pouvoir relationnel. Elle se sent rassurée dans son identité par la présence de la mère, mais sa différence sexuelle n'a pas été confirmée par le père. Sa valeur en tant que femme sexuée devra donc être reconnue. Elle ne pourra s'aimer elle-même tant qu'un homme ne l'aimera pas. Elle développe l'obsession de vouloir vivre à deux. Elle cherche à tout prix le regard de l'homme et ses mots doux pour se faire confirmer sa propre valeur. Elle n'agit pas par amour, elle agit par amour-propre. C'est l'héritage psychologique qui entraîne les femmes à confondre les deux. Elles ont l'impression d'agir par altruisme alors que tout leur comportement vise simplement à prouver qu'elles existent.

Le statut de femme n'existe pas à leurs yeux. Elles ont l'impression qu'elles ne peuvent pas être heureuses et même qu'elles ne sauraient vivre sans la présence d'un partenaire. Elles croient que l'amour va tout régler, qu'il comblera le vide par un sentiment de plénitude. Elles pensent qu'en s'occupant d'un homme ou d'un enfant, elles trouveront nécessairement le bonheur.

De plus, la femme en viendra à croire qu'en exerçant son emprise sur l'homme, elle obtiendra toute l'attention désirée. Elle se livrera donc à toutes sortes de manipulations pour parvenir à son but. Séduction, soumission, retraits silencieux, soupirs, crises de larmes, elle mettra tout en œuvre pour le convaincre qu'il doit s'occuper d'elle.

Une telle attitude produit l'effet contraire. L'homme la fuira ou s'attachera à elle pour une raison autre que l'amour. Il pourra, par exemple, se sentir coupable de quitter une femme en détresse. La culpabilité de cet homme sera d'autant plus vive qu'il n'aura pas vaincu son complexe maternel négatif.

PARLEZ-MOI D'AMOUR

La sorcellerie des Yaqui du Nord-Ouest mexicain enseigne que les hommes trouvent la force dans leur cerveau et que les femmes trouvent l'énergie dans leur vagin. L'Orient professe que les hommes relèvent du principe Yang actif et créateur de l'univers, alors que les femmes s'identifient à son contraire, le principe Yin, réceptif. Jung pensait que le principe masculin dépendait du Logos, c'est-à-dire de l'esprit au sens général, et que le principe féminin dépendait de l'Éros, le sens de la relation. Bref, *Lui* obéit à la loi de la Raison. *Elle* obéit à la loi de l'Amour.

Cela se vérifie en grande partie. En général, les femmes vouent un véritable culte à l'amour. J'emploie à dessein le mot *culte* parce qu'à certains égards, pour elles, l'amour est une religion dont Vénus est la déesse. Les femmes font des sacrifices pour l'amour, lui font des offrandes et se rendent disponibles pour son épiphanie. D'une relation amoureuse à l'autre, elles observent des temps de repos. Et quand l'amour est là, elles lui font toute la place.

Ce monde amoureux a ses philtres et ses sortilèges, ses mystères et ses brouillards anesthésiants. La nature, avec ses vents et ses marées, son tonnerre et ses éclairs, ses sécheresses et ses inondations, le décrit d'ailleurs beaucoup mieux que la plus belle description psychologique.

Voilà pourquoi les femmes se montrent sensibles à la poésie. Elle casse la linéarité du langage rationnel pour le faire s'épanouir en figures de style, en métaphores et en climats suggestifs. Rien ne peut combler autant l'âme féminine que d'inspirer une poésie d'amour. J'entends les paroles d'une vieille chanson exprimer cela avec tellement de justesse:

Parlez-moi d'amour, redites-moi des choses tendres
Votre beau discours, mon cœur n'est pas las de l'entendre
Pourvu que toujours, vous répétiez ces mots suprêmes:
«Je vous aime!»

Cette chanson exprime à elle seule l'essence du désir féminin. Rien n'exprime mieux l'âme féminine que l'esprit devenant poésie, que le Logos épousant la langue fleurie.

«CETTE ENCRE, C'EST MON SANG...»

Dans la pièce *Cyrano de Bergerac*[3], Edmond Rostand fait une démonstration magistrale de ce qui précède. Le brave Cyrano, enlaidi par un énorme nez, ne peut obtenir les faveurs de sa cousine Roxane qu'il aime. Celle-ci est amoureuse d'un jeune homme, beau et bien fait, mais sot. Doté de talents poétiques, Cyrano offre donc au prétendant ignare d'écrire à sa place les lettres d'amour qui l'aideront à conquérir Roxane. Le premier mot d'amour qui fait chavirer le cœur de la belle est le suivant: «Ce papier, c'est ma voix. Cette encre, c'est mon sang. Cette lettre, c'est moi!» On voit ici comment le «Verbe fait chair» incarne bien l'animus féminin. Lorsqu'elle lit «Cette lettre, c'est moi!», Roxane a l'impression de toucher à l'âme de son bien-aimé.

Aussi lorsque Roxane rencontre son soupirant en personne, elle s'installe tout à son aise pour recevoir ses mots d'amour, mais il ne peut que répéter platement «Je vous aime! Je vous aime!» en tentant de l'embrasser. Roxane est tellement déçue qu'elle le répudie. Cela nous mène à la fameuse scène du balcon où, prenant la place du jeune homme dans le noir, Cyrano regagnera par la grâce de ses mots le cœur de la jeune femme.

Pour Roxane, comme pour *Elle,* comme pour bien des femmes, le sentiment d'amour qu'elle inspire à son amoureux est beaucoup plus important que ses propres réactions physiologiques. Elle désire aussi l'embrasser, mais l'atmosphère de ce baiser compte tout autant que le geste lui-même. Lorsque l'ambiance proprement érotique n'y est pas, lorsque les deux êtres ne sont pas liés par l'*éros* au même sentiment, lorsque l'acte n'a pas d'âme, la femme se sent réduite au rang d'objet. Le sexe pour le sexe ne l'intéresse pas. Voilà sans doute pourquoi la pornographie attire peu les femmes. Elles cherchent dans l'amour la manifestation d'un supplément d'âme.

Or, à l'instar du jeune prétendant de Roxane, *Lui* ne sait pas parler d'amour. Il est prisonnier du silence tout comme son père l'était. Dans un tel contexte, *Elle* va tout mettre en œuvre pour «faire parler son homme». Elle va chercher, par ce qui semble être caprices et manipulations de toutes sortes, à le mettre malgré lui en situation de chevalier servant. On pourrait penser qu'il s'agit là essentiellement d'une manifestation de l'égoïsme féminin ou de la revendication d'un être blessé d'amour qui réclame finalement sa part d'attention. Mais il y a plus.

Au fond de ses entrailles, dans le clair-obscur des choses que l'on sait sans les savoir, *Elle* pressent que son accomplissement se trouve dans le don de soi sans compter, par amour. Elle cherche dans l'amour personnel une façon de délivrer sa force. Elle tente donc d'amener son compagnon à donner un peu de lui-même, car elle saura en retour amplifier ce don pour le rendre heureux. Voilà pourquoi Roxane demande à son prétendant de jouer les héros romantiques avant de se donner à lui.

LA PRATIQUE DE L'ERREUR SYSTÉMATIQUE

La rêverie romantique a aussi son côté négatif. Si elle éloigne de la mièvrerie et des tracas du quotidien, la femme peut facilement se perdre dans un tel univers, qui met un écran de fantasmes entre elle et la réalité. Dans son imagination, elle fera de son partenaire un chevalier servant, et peu à peu le choc de la réalité la ramènera à elle-même: l'homme avec qui elle vit n'est pas celui qu'elle avait imaginé.

Le romantisme poussera même certaines femmes à se tromper systématiquement dans leur choix amoureux. Une femme peut confondre le machisme, par exemple, avec la fermeté. Elle pense trouver la sécurité auprès d'un partenaire qui inspire la force. Mais elle déchantera lorsque cette force se retournera contre elle. Une autre croit que le silence de son partenaire est une forme de sagesse... pour réaliser plus tard que cet homme n'avait tout simplement rien à dire. Une autre encore «tombe» devant les belles paroles d'un séducteur, convaincue que cette attention manifeste un sincère intérêt pour elle. Après s'être livrée corps et âme, elle se rendra compte qu'elle a été prise au piège.

Dans le même ordre d'idées, la fille qui a dû se faire la confidente d'un père alcoolique ou dépressif a bien appris son rôle de victime dans l'enfance. Par la suite, elle se liera à des êtres dépendants qui abusent de drogues ou d'alcool ou qui ont peine à assurer leur subsistance. Elle tentera de les tirer d'affaire en jouant les salvatrices. L'attente inconsciente de celle qui épouse un homme en détresse est de réveiller le prince charmant endormi en lui. Celui-ci ouvrira son cœur et la confirmera dans sa valeur. «Un jour, mon prince viendra!», pense-t-elle intérieurement. Mais souvent le crapaud se change en prince pour abandonner celle qui l'a soutenu dans son combat.

Cette femme découvrira un jour que si elle est capable d'aimer avec autant d'abnégation, c'est tout simplement parce qu'elle ne s'aime pas suffisamment. En aidant l'autre à maîtriser sa dépendance, elle masque la sienne.

LE JEU DE LA DEVINETTE

Le romantisme présente aussi d'autres pièges. L'attente d'un prince charmant incite la femme à entretenir un fond d'amertume constamment stimulé par les déceptions causées par l'homme avec qui elle vit, notamment en ce qui concerne l'incapacité de ce dernier à appréhender le monde féminin. Elle aimerait trouver un homme qui sache aller au-devant de ses désirs sans qu'elle ait à les formuler.

Nous sommes ici devant un paradoxe. Alors qu'une femme se targue d'être compétente dans le domaine des relations sentimentales, bien souvent elle n'ose pas dévoiler ses désirs réels à l'homme avec lequel elle vit. Elle croit à tort qu'il la connaît d'emblée et elle l'accuse intérieurement de ne pas vouloir répondre à ses besoins. Elle considère que si elle doit tout dire, le jeu n'en vaut pas la chandelle. La gratification attachée à un désir que l'on a dû exprimer ouvertement lui semble amoindrie. Avoir à nommer ses envies prive sans doute les relations d'une certaine aura de mystère, mais comment pourrait-il y avoir communication réussie entre deux êtres s'ils ne sont pas prêts à exprimer leurs désirs authentiques?

Les femmes pensent que les hommes sont comme elles et qu'ils excellent à deviner le jeu d'autrui, alors que les capacités d'intuition de leurs compagnons sont souvent atrophiées faute d'avoir été encouragées par leur éducation. Les hommes se situent mieux par rapport aux positions claires. Je préfère que ma compagne me dise: «J'ai envie d'un souper en tête-à-tête au restaurant» au lieu de me dire sur le ton du reproche: «Tu n'as jamais envie d'être seul avec moi.»

D'autre part, une femme peut aussi se laisser tromper par son sentiment intuitif. Elle prend alors pour vérité ce que son imagination lui fait croire du monde de l'homme. Elle lui met à l'avance des pensées dans la tête, des sentiments dans le cœur et des mots dans la bouche. Elle doutera même de lui si par malheur ce qu'il dit ne correspond pas à l'univers intérieur qu'elle avait imaginé. Pas étonnant que dans un tel contexte un homme se taise. Il ne se sent ni écouté ni respecté dans sa vérité. Il se sent manipulé et finit par s'enfermer dans le mutisme parce que sa partenaire prétend savoir mieux que lui ce qui se passe à l'intérieur de lui-même.

LA DIFFICULTÉ DE COMMUNIQUER CLAIREMENT

Pour communiquer vraiment, il faut s'ouvrir à la réalité de l'autre en prenant un peu de distance par rapport à soi. Si une femme pleure ou exprime de la déception chaque fois que son compagnon ose parler de ses sentiments, aucun dialogue ne sera possible. Il éprouvera une sensation d'étouffement, de révolte et d'impuissance. Il se sentira pris dans un double lien. Elle l'invite à s'exprimer et dit souffrir de son silence, mais aussitôt qu'il ouvre la bouche, elle se met à parler d'elle-même ou à le contredire. En pratiquant ce style de communication, une femme tisse son propre malheur et celui de son amoureux.

Pour une telle femme, communiquer signifie d'abord et avant tout apprendre de la bouche de son compagnon ce qu'il pense d'elle.

Lorsqu'une femme se place ainsi au centre de la conversation, elle exprime une blessure narcissique qui empêche toute forme de respect mutuel. Il est légitime de vouloir entendre l'autre dire ce qu'il ressent par rapport à soi, mais encore faut-il s'exprimer clairement en disant: «Je désire connaître tes sentiments réels envers moi!» ou même: «J'ai besoin d'entendre ce que tu penses de moi.» Cependant, une fois la demande clairement formulée, chacun doit être prêt à accueillir la réponse (ou la non-réponse) de l'autre comme elle est, et agir en conséquence.

Malgré leur aisance à naviguer dans le monde affectif, les femmes éprouvent souvent de la difficulté à communiquer clairement leur message. Entre elles, les frustrations s'expriment franchement; devant l'homme, c'est autre chose. Or, tant que cette attitude ne change pas, il n'y a pas de communication possible. Il ne saurait y avoir de communication fructueuse entre deux êtres si chacun ne fait pas l'effort d'identifier par lui-même les besoins qui se cachent derrière les sentiments et les frustrations, et de les exprimer sous la forme de demandes réalistes.

Une femme doit accepter — et un homme aussi, il va sans dire — qu'il n'y a pas de partenaire qui, tel un devin, comprendra d'avance ses besoins et y répondra avant même qu'ils n'aient été formulés. Ce devin n'existe pas.

Les mêmes remarques s'appliquent sur le plan sexuel. La plupart des femmes répugnent à être traitées comme une commodité sexuelle par leur partenaire et elles s'en plaignent amèrement. Pourtant, si le désir du partenaire vient à flancher, elles ne se sentent plus désirées et se posent des questions sur la vitalité du couple!

Voilà un autre double lien qui rend difficile la vie à deux. Encore une fois, la femme doit exprimer franchement ses désirs, plutôt que de formuler des plaintes qui mettent sans cesse l'homme en échec. Cependant, il faut admettre que les hommes ont encore plus de difficulté à communiquer ce qu'ils ressentent que les femmes.

La femme, qui fait place en elle à la différence fondamentale que représente le monde masculin, trouvera l'égalité qu'elle recherche avec son partenaire. S'il est vrai que les hommes sont en général plus cérébraux et les femmes plus instinctives, les uns et les autres ont avantage à s'en servir comme base d'échange. La raison masculine apporte un brin de relativité souvent bien nécessaire face aux emportements du sentiment féminin. Mieux vaut en rire plutôt que de s'en offenser.

La guerre des sexes

L'INFANTILISATION DE L'HOMME

Société patriarcale oblige, nos mères sont devenues des femmes de devoir et de principes, qui ont fait régner l'esprit de sérieux dans la famille. Cantonnées aux tâches domestiques et à l'éducation des enfants, elles perdaient vite le sens du jeu et du plaisir. Leurs désirs personnels se noyaient dans l'amertume et dans la solitude. À force de voir la vie par ce bout de la lorgnette, plusieurs de ces femmes ont fini par avoir une piètre opinion des hommes qui partageaient leur vie. Pendant longtemps au Québec, les mères ont prévenu leurs filles que le premier enfant qu'elles auraient à élever serait leur mari!

Ainsi les jeunes femmes apprennent à dominer leur partenaire comme l'a fait leur mère. Par la parole, par le sexe, par les plaintes, les soupirs et les humiliations, elles essaient d'«éduquer» leur compagnon à la relation, prenant parfois pour des dialogues authentiques leurs longs monologues sur la vie à deux. En réalité, bien des femmes ne se rendent pas compte à quel point elles peuvent être «contrôlantes», parce que cette coercition subtile est la seule forme d'«amour» qu'elles ont apprises des générations précédentes.

Plusieurs femmes pensent qu'un tel contrôle est de bonne guerre face à l'irresponsabilité des hommes et à l'oppression qu'ils leur ont fait subir. Peut-être. N'empêche que la coercition perpétue la lutte de pouvoir entre l'homme et la femme au sein de la vie privée. Cette attitude cache une rage et un mépris entretenus pendant des siècles contre les hommes. Elle ne conduit pas à l'égalité, elle détruit le couple à coup sûr. Elle accentue l'angoisse de castration masculine et force l'homme à se rebeller ou à se placer dans la position d'enfant soumis. Cela n'arrange rien puisque s'il plie, il perd le respect de sa partenaire et s'il se révolte, cela entraîne le couple dans des discussions sans fin.

La femme qui infantilise son mari se retrouve immanquablement au bras d'un homme qui ressemble au père qu'elle a tant décrié pendant ses jeunes années, un homme qui manque de solidité et qu'elle ne peut admirer. Par conséquent, elle ne pourra jamais s'épanouir auprès de lui. Elle considérera alors le don de sa personne comme une forme d'exploitation ou de servitude.

LE MEURTRE DU PATRIARCHE

Les hommes et les femmes ne se rangent pas en blocs monolithiques du côté des opprimés ou des oppresseurs. L'oppression sociale et idéologique masculine trouve à l'occasion sa contrepartie féminine sur le terrain affectif et privé, lorsque certaines femmes exercent une forme de dictature. Habituées à se considérer comme «victimes», elles ne se rendent pas compte des ravages de leur pouvoir opprimant.

À cet égard, Jung a suggéré à de nombreuses reprises que l'opposé de l'amour n'était pas la haine, mais le pouvoir. Lorsque nous n'aimons plus ou que nous ne nous sentons plus aimés, nous entrons en conflit. Ce phénomène se vérifie particulièrement bien dans le cas du couple. À mesure que l'amour diminue, il est remplacé par une sorte de guerre d'usure.

Ainsi, lorsqu'une femme est déçue du rapport qu'elle entretient avec son conjoint, elle sent une protestation sourde se lever en elle, qui l'oppose à son mari et à ses enfants. Nous en avons parlé plus tôt comme de la voix de l'animus, prisonnier d'un complexe paternel négatif, mais Jung voyait aussi dans la formation de cette attitude dominatrice l'effet d'un complexe maternel négatif. Il disait qu'une telle femme a eu une mauvaise relation avec sa mère et que, par conséquent, elle n'arrive pas à s'identifier aux comportements et aux attitudes féminines traditionnelles. Elle veut vivre dans un monde clair, dépourvu des obscurités du monde maternel. Si elle trouve un compagnon qui peut accueillir la force et l'originalité de son esprit, son animus s'épanouit. Sinon, elle sombre dans la morosité et devient possédée par un animus qui fait tout pour briser la force de l'homme[4].

La pièce *Le père,* de l'auteur norvégien August Strindberg[5], en fait une démonstration magistrale. Elle met en lumière la dynamique inconsciente qui prend place dans un couple patriarcal. Le contexte social de la pièce est aussi fort intéressant. L'auteur l'a écrite au moment où le féminisme naissait en Norvège, à la fin du XIXe siècle. Les femmes vivaient alors dans un monde où tout était réglé par la loi du Père. Dans un tel univers, la femme n'avait le droit d'exister que dans la cuisine ou dans la chambre à coucher. Elle devait afficher un sourire éternel de servante radieuse. Elle n'avait pas de place pour exercer son pouvoir, mais celui-ci parvenait à s'exprimer de façon très perverse.

L'œuvre nous présente Adolphe, un capitaine d'armée passionné par la recherche scientifique, et sa femme Laura, qui finit par le rendre fou et le faire interner. Laura est aigrie et prête à tout pour faire vaciller la raison de son mari et se délivrer ainsi de l'emprise qu'il exerce sur elle.

La stratégie qu'elle utilise est terrible dans un monde de patriarches. Pour garder leur fille à la maison, alors qu'Adolphe veut l'envoyer étudier en ville, Laura laisse entendre qu'il n'est pas le père de l'enfant. Cette insinuation rend le capitaine furieux et finalement l'entraîne dans la folie.

À un moment pivot de la pièce, Adolphe déclare à sa femme qu'elle le rend fou parce qu'elle cherche uniquement le pouvoir. Laura admet alors que c'est bien de cela qu'il s'agit. Elle est complètement obsédée par son besoin de domination et elle met toute son intelligence pour arriver à le satisfaire.

De l'extérieur, on comprend sa méchanceté; de l'intérieur — comme spectateur et sans doute comme homme! —, on la redoute car c'est la méchanceté d'une déesse trahie et blessée. D'ailleurs, lorsque Adolphe s'écrie: «Qui donc dirige la vie?», elle répond: «Dieu, et Dieu seul.» Adolphe reprend: «Le dieu de la guerre alors!» Et il ajoute: «Ou plutôt la déesse[6].»

Ce passage est troublant, car il fait ressortir la capacité de violence d'une femme opprimée. Laura ne tue pas son mari avec un fusil, elle s'applique plutôt à le tuer psychologiquement. Strindberg lui-même employait l'expression «meurtre psychique» pour décrire ce qu'il avait vécu avec sa propre femme.

LA FORCE DES FEMMES, LA FRAGILITÉ DES HOMMES

Il y a un autre moment de vérité terrible dans cette pièce. En se perdant dans les souvenirs de son enfance, Adolphe se retrouve tout attendri. Sa femme Laura, qui est constamment dure et implacable, devient tout à coup douce et tendre envers lui. Elle prend sa tête dans ses bras et le berce en lui caressant les cheveux comme on fait à un enfant. Elle lui avoue qu'elle n'est jamais plus heureuse que lorsqu'ils se retrouvent dans cette position et qu'il appelle la mère en elle.

Pour Laura, tous les hommes viennent d'un ventre de femme et, à ce titre, toutes les femmes sont leurs mères. Les hommes doivent demeurer des enfants toute leur vie. C'est ainsi qu'ils attirent l'amour des femmes. Laura déclare à Adolphe que c'était folie de sa part de chercher la femme en elle, parce que la femme est infiniment supérieure à l'homme, plus forte et plus intelligente. Elle lui dit qu'à partir du moment où il a voulu quitter sa position d'enfant amoureux, la guerre devait éclater entre eux.

Le Capitaine. — ... *Moi qui, à la caserne ou à la tête de mes hommes, étais toujours le chef, j'étais près de toi celui qui obéit. Et je te regardais comme une créature surnaturelle, comblée de tous les dons, et je buvais tes paroles comme un enfant stupide...*

Laura. — *Oui, et c'est pourquoi je t'aimais comme un enfant. Mais, ainsi que tu as pu le constater, chaque fois que la nature de tes sentiments changeait, chaque fois que tu te comportais avec moi en amant, j'avais honte, honte comme une mère que son fils caresserait! Quelle horreur!*

Le Capitaine. — *Je l'ai constaté, mais je ne l'ai pas compris. Sentant ton mépris, je voulais te conquérir en te prouvant ma virilité.*

Laura. — *Eh bien! c'était là ton erreur. La mère était ton amie, mais la femme ton ennemie, car l'amour entre les sexes, c'est le combat et la haine. Ne crois pas que je me sois jamais donnée à toi; je n'ai rien donné, j'ai toujours pris ce que je désirais, voilà tout*[7].

Cette partie de leur dialogue est très révélatrice d'une dimension cachée dans beaucoup de relations hommes-femmes. Le patriarcat a tenu les femmes en état d'infériorité pendant de nombreux siècles, mais il ne s'agit là que de la surface des choses. Dans le clair-obscur de l'inconscient, nous pourrions dire que c'est tout le contraire. Par compensation, pour faire l'équilibre en quelque sorte, une conviction de supériorité règne chez la femme. Cela est d'ailleurs vrai pour tout être humain: celui ou celle qu'on diminue rêve toujours de montrer sa primauté avec éclat. Ainsi, la force d'affirmation des femmes s'appuie souvent sur cette conviction de supériorité qu'elles portent intérieurement. Pour un temps, elles risquent même de s'y identifier totalement et de souffrir, comme Laura, d'un certain aveuglement.

Chez les hommes, on retrouve exactement le contraire. Plusieurs d'entre eux croient en leur prédominance, croyance qui leur a été inculquée par la culture patriarcale depuis l'enfance. Mais cette supériorité affichée cache une grande vulnérabilité. Ainsi, le capitaine Adolphe, qui jouit d'une grande réputation chez les militaires, perd son autorité à l'instant même où sa femme met en doute sa paternité. Le complexe d'infériorité qui se cachait dans l'inconscient vient de monter à la surface et de subjuguer la personnalité consciente.

Cette infériorité cachée explique d'ailleurs pourquoi les hommes réagissent au désarroi amoureux en abusant de la drogue, de l'alcool ou du sexe, comportements qui trahissent tous une faiblesse intérieure. Les statistiques confirment d'ailleurs une telle interprétation: trois fois plus d'hommes que de femmes souffrent de problèmes d'assuétude[8]. Il faut croire que la virilité masculine n'est souvent qu'une parure qui masque une grande dépendance.

On peut d'ailleurs lier cette dépendance au manque de présence du père. Le manque de modèle masculin engendre une blessure d'identité, que l'homme tentera de compenser par la construction d'une armure rigide. Cela produit le machisme masculin, où les hommes tentent d'affirmer leur supériorité sur les femmes. On peut même y voir les racines névrotiques du patriarcat. On met en place un échafaudage idéologique et social pour masquer une blessure de fond et se convaincre de sa propre force, par peur de sa fragilité.

D'ailleurs, il n'y a qu'à regarder du côté de la pornographie destinée aux hommes pour se convaincre d'une telle interprétation. Dans des poses suggestives, la plupart des femmes déclarent avoir besoin à tout prix de l'organe sexuel mâle pour satisfaire une pulsion urgente. On sait bien que du côté de la réalité il n'en va pas toujours ainsi; ils ne sont pas rares les couples où madame est fatiguée des attentes de monsieur. Ainsi donc la pornographie sert à renforcer une estime de soi défaillante et jette un baume sur le fragile ego masculin.

Les hommes semblent avoir besoin d'un renforcement constant de leur virilité pour maintenir leur équilibre narcissique. À certains égards, toute la culture semble construite sur le maintien de ce renforcement. Voilà pourquoi la remise en question du patriarcat fait apparaître la vulnérabilité, la fragilité et l'impuissance qui se cachent sous la carapace masculine.

Si les femmes peuvent être possédées par la certitude intérieure d'avoir toujours raison, les hommes en retour peuvent être possédés par le désespoir, en tentant par des gestes ultimes de rétablir de façon bien illusoire la supériorité perdue. Chaque semaine, les actualités rapportent des gestes de forcenés qui se sont barricadés dans leur maison après avoir pris en otage femme et enfants. De façon criante, leurs gestes mettent dramatiquement en scène l'isolement intérieur qui est le lot de tant d'hommes. Ces hommes sont les purs produits d'une société qui leur a demandé de se taire et qui les a amenés à se barricader en eux-mêmes. Il est pitoyable de voir des hommes tuer leurs proches parce qu'ils n'ont pas de mots à mettre sur leurs sentiments et qu'ils ne peuvent faire face à la révélation de leur vulnérabilité.

Bien des couples modernes vivent des échanges où la dynamique traditionnelle des pouvoirs est inversée. Lorsque la femme s'affirme avec passion, fière de la nouvelle force qui naît en elle, l'homme se retrouve soudain anéanti sans raison. Cela rend la communication très difficile. À la passion et au courroux de la déesse répond un petit garçon qui a peur de perdre ses prérogatives.

Tout se passe comme si une relation de type pères-filles en surface cachait une relation de type mères-fils en profondeur. Passer à une relation de type mères-fils en surface, masquant une relation de type pères-filles dans l'inconscient, n'arrangerait rien à la chose. Dans chaque couple, l'homme comme la femme doivent lutter pour ne pas sombrer dans l'archaïsme des relations mères-fils et pères-filles. Ce qui ne veut pas dire qu'on ne visite pas ces positions régulièrement, mais la fixation dans une dynamique donnée heurte le développement psychologique. Seule une vigilance accrue peut permettre l'égalité psychologique des partenaires.

LA MONTÉE DES AMAZONES

Le féminisme a permis à bien des femmes d'afficher leur côté amazone, de rehausser leur amour-propre et d'affirmer leur identité sans attendre que l'homme la leur reconnaisse. Cela a produit, sur le plan collectif, une véritable génération d'amazones et a donné lieu, sur le plan amoureux, à des retournements inattendus. Heinrich von Kleist, un écrivain allemand, décrit cela remarquablement dans une pièce de théâtre intitulée *Penthésilée*[9]. Il y a près de deux siècles, il préfigurait déjà les amours contemporaines.

Penthésilée était la reine des Amazones, ces guerrières légendaires qui s'amputaient un sein pour ne pas être gênées dans le maniement des armes. Les Amazones ne toléraient pas les hommes, les tuaient à la naissance ou en faisaient des «esclaves d'amour» pour assurer leur descendance. L'inverse, en somme, du patriarcat qui a fait des femmes les esclaves des hommes.

Dans la pièce de Kleist, les amazones partent en campagne et rencontrent sur leur chemin les Grecs ayant à leur tête le bel Achille. Les Amazones s'attaquent donc à eux et, dans la fièvre des combats, Achille et Penthésilée tombent amoureux l'un de l'autre. Cherchant par tous les moyens à se rapprocher de sa rivale pour lui témoigner son amour, Achille finit par la provoquer en duel singulier au centre du champ de bataille. Penthésilée accepte, malgré les incitations à la prudence de ses consœurs qui remarquent que le sang de leur reine ne bout pas seulement de la fièvre des combats mais aussi de celle, beaucoup plus dangereuse, de l'amour. Mais Penthésilée reste sourde à leurs supplications. Elle ne reconnaît pas son amour pour Achille et jure qu'il périra par son épée.

Voilà cependant qu'au milieu du combat, Achille a la main haute sur Penthésilée, mais ne peut se résoudre à la tuer. Il décide donc de se livrer, torse nu, à son amoureuse, et de devenir son esclave pour pouvoir demeurer à ses côtés. Refusant de céder à la faiblesse de l'amour, Penthésilée ne reconnaît pas le geste d'Achille et le tue. Revenue au camp, reine victorieuse portée par les siennes, ivre du combat, elle refuse d'abord de croire qu'elle a tué son amoureux. La prêtresse lui fait alors emmener le corps du héros déchiqueté.

La Prêtresse. — *Il t'aimait! Il voulait être ton prisonnier! Il était prêt à te suivre au temple d'Artémis. Il est venu à ta rencontre le cœur plein de joie... et toi... tu l'as...*

Penthésilée. — *Non! Non! Non! Ça n'est pas moi!... Je ne l'aurais pas défiguré... à moins que je l'aie déchiré à force de l'embrasser. Je me suis emportée. Quand on aime, on ne fait plus la différence entre mordre et embrasser. (Elle s'agenouille devant le cadavre.) Mon pauvre Achille! Pardonne-moi! Je n'ai pas pu retenir mes lèvres amoureuses. Je voulais seulement t'embrasser... (Elle embrasse le cadavre.)*

La Prêtresse. — *Éloignez-la d'ici!*

Penthésilée. — *Vous avez toutes aimé au point de vouloir mordre! Vous avez toutes murmuré à l'oreille de vos amants que vous vouliez les dévorer... eh bien moi, je l'ai fait!... Je ne suis pas folle!*

Finalement, reconnaissant qu'elle vient d'assassiner le seul homme qu'elle ait jamais aimé, Penthésilée se suicide à son tour.

Tentant sans doute de régler quelques mésaventures personnelles par l'écriture de sa pièce, le romantique auteur était loin de se douter qu'en faisant appel aux amazones mythiques, il dresserait le tableau des relations amoureuses de l'avenir. En effet, l'inversion des rôles traditionnels a de plus en plus cours dans nos relations. Cela vaut en particulier pour la jeune génération. De plus en plus de jeunes hommes accusent maintenant leurs partenaires du même âge d'être dures et intransigeantes. Elles mènent le bal d'un bout à l'autre. Elles décident quand la relation commence, comment elle doit se dérouler et quand elle doit finir. Alors qu'ils sont eux-mêmes les garçons des premières féministes, qu'ils ont une oreille plus attentive aux revendications des femmes, ils s'offrent, pour ainsi dire, le poitrail ouvert tout comme Achille, à leurs amoureuses. Mais celles-ci ont justement appris des mêmes mères à ne plus se fier totalement à leur sentiment amoureux. Elles ont appris à se durcir et vont parfois trop loin dans l'exercice. Elles tuent leur relation pour ne comprendre que plus tard l'aspect inconscient du drame à l'image même de ce que les hommes font dans leurs rapports amoureux.

La démesure des déesses

Il est notable que Laura, dans la pièce *Le père,* aussi bien que Penthésilée se réclament de la déesse. Comme elles, plusieurs femmes, en redécouvrant les déesses antiques, en viennent à croire que ces dernières n'ont pas d'*ombre*[10]. Comme si les déesses n'étaient que généreuses, fertiles, bonnes et douces et que sous leur régime, il n'y avait que la paix. Ces femmes appellent de tous leurs vœux un passage rapide au matriarcat, croyant qu'ainsi le monde deviendrait doux et accueillant. Il faut cependant noter que les déesses de la mythologie possédaient tout autant de capacité de violence que leurs homologues masculins. Par exemple, chez les Grecs, on connaît les trois Grâces, mais on connaît aussi les trois Furies. Il s'agissait de femmes complètement hystériques qui représentaient le côté irrationnel de la colère féminine. La belle Artémis, déesse sauvage, lançait ses chiens à la poursuite de celui qui la voyait en train de prendre son bain. Elle laissait ses bêtes le déchiqueter sous son regard impassible.

L'histoire est pleine, en réalité, de la violence des déesses. Cela est d'autant plus vrai que plusieurs d'entre elles possédaient comme caractéristique principale une sorte de démesure, que ce soit dans la piété, dans le don de soi ou encore dans la méchanceté. L'amazone moderne qui se réclame des déesses antiques peut elle aussi, à l'image de Penthésilée, être victime de la démesure. Elle abat alors son compagnon et brise son couple pour se rendre compte quelque temps plus tard qu'elle a été intransigeante et qu'elle l'aimait sincèrement.

Mais en raison de l'atrocité des brutalités commises par les hommes, parler de la violence des femmes est un sujet tabou dans notre société. Ce qui fait dire à la psychanalyste jungienne Jan Bauer que les femmes d'aujourd'hui sont devenues intouchables et qu'elles mettent tout sur le dos du patriarcat. Fatiguées de porter l'ombre collective et de servir de boucs émissaires aux hommes, elles se débarrassent à juste titre de cet aspect, mais elles oublient la dimension de l'ombre individuelle, la part de mal qui afflige tout être humain, qu'il le veuille ou non. C'est ainsi, continue-t-elle, qu'apparaissent de nouvelles hypocrisies et de nouveaux tabous:

> *Comme si les femmes ne pouvaient avoir tort, comme si elles ne devenaient mauvaises que poussées par les hommes, à moins d'être, exceptionnellement, démoniaques! Elles sont censées être toujours bonnes, toujours victimes. Non seulement cette façon de voir est-elle aberrante, mais, à la limite, elle nous enlève toute di-*

gnité. Pour qui veut parvenir à la plénitude, l'autocritique est essentielle. [...] Le grand défi pour les femmes est justement d'embrasser toute leur humanité, côté obscur et côté lumineux[11].

CHAQUE CŒUR VIENDRA À L'AMOUR

En explorant les dynamiques de pouvoir qui viennent remplacer la collaboration et l'enthousiasme quand l'amour fait défaut, nous finissons par comprendre qu'une guerre sourde règne entre les sexes depuis fort longtemps. Cette guerre a commencé bien avant le féminisme. Mais j'ai l'impression que les hommes l'ont prise au sérieux uniquement à partir du moment où elle s'est mise à faire des victimes dans leur camp.

Toujours est-il qu'aujourd'hui, *Elle* et *Lui*, comme bien des couples, en font les frais. Comment cette guerre finira-t-elle? Faute de combattants...? Par épuisement...? Je me demande parfois si le chanteur Leonard Cohen n'a pas raison lorsqu'il dit: «Chaque cœur, chaque cœur viendra à l'amour, mais comme un réfugié[12].» La guerre fera peut-être rage jusqu'à ce que le champ de bataille soit complètement dévasté et que tout soit détruit. Alors peut-être l'homme et la femme, devenus des exilés et des réfugiés, seront-ils prêts à reconnaître leur besoin d'amour. Cette guerre aura servi à les préparer. Elle les aura labourés, mis en pièces, torturés, tourmentés. Elle leur aura fait connaître l'illusion de la victoire et l'illusion de l'échec. Elle leur aura fait vivre des heures de grande noirceur dans les prisons du cœur... jusqu'à ce que plus rien ne compte à leurs yeux qu'une main tendue dans le noir.

N'est-il pas vrai que plusieurs d'entre nous arrivent à l'amour ainsi? Battus, humiliés, nous cherchons un dernier refuge. Alors l'amour apparaît, resplendissant, et nous reprenons nos vies, purgés de cette immense prétention qu'est la volonté d'exercer un quelconque pouvoir sur l'autre. Le seul pouvoir qui nous intéresse alors est celui d'aimer, avec force et humilité, sans fierté et sans honte, comme des êtres humains.

Voilà où nous en sommes. Le couple moderne est devenu un champ de bataille, et les nouvelles du front sont celles qui parviennent des chambres à coucher, des cuisines et des salons, des villes et des campagnes. Il se peut bien que les dynamiques de domination soient en voie de renversement et que l'avenir appartienne aux femmes comme le passé appartient aux hommes. Le balancier est peut-être en train de passer d'un extrême à l'autre. Ces mouvements sont les mouvements mêmes de la vie. Je souhaite pour ma part que, durant le passage de l'ancien patriarcat à un éventuel matriarcat, les hommes et les femmes disposeront de quelques générations pour marcher côte à côte dans une réelle fraternité. Et qu'ils y prendront goût.

LA VIE EST PARFAITE

Que nous vivions selon des dynamiques de pouvoir traditionnelles ou nouvelles, que l'on soit une femme qui aime trop fréquentant un homme qui a peur de s'engager, ou une femme forte et rationnelle aimant un homme très féminin, il faut bien reconnaître que la vie est parfaite. Non pas dans le sens qu'elle est toujours douce et bonne, nous accordant ce que nous voulons, mais plutôt dans le sens qu'elle nous donne toujours ce dont nous avons besoin pour évoluer. Elle fait ressortir ainsi tous nos complexes et nous oblige à les vaincre plutôt qu'à les éviter. Elle ne nous laisse pas tranquilles, nous poussant toujours en avant, nous forçant à découvrir les parties sombres et claires de nous-mêmes, pour nous amener à cette vérité fondamentale: chacun est le premier artisan de sa joie.

L'amour en joie

Buvons à la liberté et à l'amour!
L'un n'excluant pas l'autre.

JULOS BEAUCARNE

Le travail de l'Amour

«TOMBER AMOUREUX» N'EST PAS ENTRER EN RELATION

Les comportements répétitifs que l'on adopte dans la vie en couple ont ceci de positif qu'ils favorisent la prise de conscience des carences de chacun, condition préalable à l'évolution du couple. Mais pour rendre le couple viable, on doit encore combattre certaines idées reçues. Ce sera l'objet de ce chapitre. Nous tenterons de mesurer l'ampleur du défi que le couple doit relever et d'identifier les attitudes qui peuvent aider les deux êtres à y parvenir.

Le couple commence à se former dès le moment où l'on «tombe amoureux» de quelqu'un. L'amour-passion projette les amants dans un espace étrange où ils ne se maîtrisent plus. Les désirs embrasent d'un seul coup la forêt des fantasmes. Chacun voit défiler devant soi la possibilité de réaliser ses aspirations les plus profondes. Voici que l'être, subitement transformé, devient plus ouvert, plus uni à la vie. L'autre apparaît alors comme l'élément indispensable au maintien de cette ouverture. On ne veut donc plus le perdre. On ne veut plus le laisser aller, on tente de contrôler ses allées et venues. C'est ainsi que le bonheur à peine entrevu se perd.

L'amour ne peut pas nous sauver de nous-mêmes. Notre partenaire ne peut pas agir à notre place. Il ou elle ne peut pas nous faire échapper à notre misère intérieure. C'est l'amour-passion qui crée cette illusion que tout peut se régler en soi grâce à autrui. Or, l'amour-passion se fonde sur les carences de chacun, il devient vite une prison parce que nous exigeons de l'autre qu'il sauve notre être en détresse, qu'il nous guérisse de nos blessures cachées. Les êtres victimes de la passion souffrent sans le savoir d'un grand vide intérieur. Ils vivent comme dans le vacuum que l'on crée en laboratoire pour analyser un produit. Aussitôt qu'on soulève le couvercle, le produit aspire tout ce qui l'entoure. Les êtres carencés et désespérés produisent le même effet dans leur entourage. Ils attirent et fascinent autrui parce que leur vacuum intérieur joue le rôle d'un aimant. Lorsque deux êtres ainsi carencés se rencontrent, ils se soudent passionnément.

L'amour est un choc, un traumatisme même. Il ne faut jamais oublier que la déesse de l'amour, Aphrodite, est née des testicules du dieu Ouranos, que son fils Cronos avait coupés puis jetés à la mer de peur que son père ne le dévore. La passion amoureuse provoque en nous cette sorte d'arrachement qui donne l'illusion de pouvoir échapper à son environnement habituel[1].

Mais il ne faut pas confondre le fait de «tomber amoureux» et le geste d'entrer en relation. Lorsqu'on entre dans une véritable relation, on pose un choix conscient et articulé, fondé sur le partage de certaines valeurs. La plupart du temps, nous croyons entreprendre une véritable relation alors que nous ne faisons que nous jeter dans les bras l'un de l'autre.

LA PHASE NARCISSIQUE DE L'AMOUR

Passer de la passion amoureuse à une relation véritable, c'est passer du couple narcissique au couple qui peut collaborer et s'entraider. Dans la phase narcissique de l'amour, nous voyons dans les yeux de l'autre, comme s'ils étaient une sorte de miroir, nous renvoyant l'image positive ou idéale de nous-mêmes. Ces yeux-là nous font découvrir que nous sommes beaux, généreux et séduisants.

Plus notre identité sera fragile, plus nous manquerons de cette reconnaissance, plus l'amour prendra d'importance dans notre vie. Du moins cette sorte d'amour qui, dans ses premiers élans, ne reconnaît pas véritablement l'autre, qui ne sert pour ainsi dire que de reflet à notre être. Cette phase narcissique a quand même le grand avantage de laisser entrevoir notre personnalité à son meilleur. Elle procure l'impression de vivre dans un état de fusion amoureuse où tout est harmonie. Cette impression apporte le soutien nécessaire pour entreprendre la route qui conduit au véritable couple.

Les couples contemporains ne durent pas parce que, bien souvent, ils ne dépassent pas la phase narcissique. Ils fonctionnent tant que les deux partenaires peuvent se contempler dans le reflet positif qu'ils proposent l'un à l'autre. Mais, passés les premiers émois, le miroir s'assombrit. On commence alors à découvrir son vis-à-vis d'un œil différent. La réalité renvoie alors l'image peu flatteuse d'un être faible ou blessé.

«Tu n'es qu'un paquet d'os, je ne peux plus t'embrasser!» lançait un jeune amoureux à son amoureuse après quelques mois d'une aventure au cours de laquelle celle-ci s'était montrée patiente et initiatrice sur le plan sexuel. Les paroles de cet amant déçu pourraient se traduire ainsi: «Je ne peux plus m'embrasser et me reconnaître à travers l'image que tu me renvoies de moi-même!» Lorsque les yeux du partenaire ne reflètent plus aussi fidèlement le sentiment de perfection, cela signifie que l'épreuve du couple commence.

Pourquoi est-il si dur d'abandonner le rêve que l'on s'est fait au sujet du partenaire idéal? Tout simplement parce que, pour chaque être, l'abandon de ce rêve correspond à une perte de virginité sur le plan psychologique. Pourtant, il ne peut y avoir de relation véritable sans cette perte. Chacun y résiste, l'homme comme la femme, parce qu'il s'agit alors d'entrer en relation avec l'autre tel qu'il est et non pas tel que nous le souhaiterions. Il s'agit d'aimer quelqu'un même s'il ne correspond pas parfaitement à sa propre image d'anima et d'animus. Une relation authentique ne peut s'établir qu'à partir du moment où les deux partenaires ont accepté l'un comme l'autre cette perte de virginité.

Si le rapport amoureux parvient à s'établir sur des bases plus solides que les fantasmes, la communication véritable prendra forme. Les rêves et les idéaux, les goûts et les désirs de chacun peuvent alors être échangés comme de précieuses lignes directrices, mais ils n'entraînent plus de comportements compulsifs ou de décisions à l'emporte-pièce. La relation amoureuse peut alors s'épanouir dans le respect mutuel.

L'AMOUR EST UN COMBAT INTÉRIEUR

En fait, dès le moment où chaque individualité refait surface avec la fierté, la pudeur et les autres traits qui la caractérisent, le véritable travail de l'amour débute. Mais ce travail ne pourra être accompli que si les deux êtres conserve en mémoire ce moment d'éclosion premier et spontané où, dans les émois de la passion, ils ont prononcé un *je t'aime* sans retenue.

Idéalement, la trajectoire de l'amour va de: *«je t'aime et je ne peux pas me passer de toi parce qu'en réalité je ne m'aime pas et j'ai besoin que tu me confirmes ma valeur»* à: *«j'aime que tu sois là, mon amour, j'aime que tu existes et je n'ai plus besoin que tu me confirmes sans cesse ma propre existence».* Dans le couple, chaque être passe nécessairement par l'amour et le respect de soi-même. En apprenant à s'apprécier, chacun s'affranchit de sa dépendance à l'autre et peut relâcher son emprise sur lui. Mais l'individu doit se livrer à un véritable combat intérieur avant d'en arriver à suffisamment de détachement pour permettre à l'autre de vivre librement.

En ce sens, l'amour pourchasse l'égocentrisme de façon impitoyable. La mesquinerie, la susceptibilité, la jalousie, l'intolérance, l'orgueil, bref toutes les formes d'égocentrisme, qui sont autant de formes de résistance à l'amour, sont attaquées de toutes parts. Tout en voulant profiter des effluves passionnés et des ouvertures illuminées, le petit moi égocentrique ne veut pas se transformer. Pour ne pas changer, un individu ira même jusqu'à tuer l'amour pour ensuite se plaindre amèrement d'une infortune qu'il a lui-même provoquée.

Le couple est donc un champ de bataille où se mène la lutte contre l'orgueil personnel. En sacrifiant ses revendications égocentriques, chaque être se rapproche de l'amour. Ce processus engendre bien des souffrances. Certains jours, le sacrifice semble trop lourd, et la mesquinerie l'emporte de nouveau. Peu à peu cependant, l'amour triomphe de l'égocentrisme et finit par régner sur le cœur.

L'AMOUR AVEC UN GRAND A

S'unir par amour et rester ensemble par amour représente incontestablement un défi pour le couple. Pour relever ce défi, il faut remettre en question certaines idées reçues. La première d'entre elles veut qu'être complet signifie être à deux. En réalité, si l'on s'unit à quelqu'un pour trouver sa *douce moitié,* on court à l'échec. Tout simplement parce que dans un couple il y a tellement de frictions entre les deux partenaires qu'on ne saurait parler d'addition (1/2 + 1/2 = 1) mais plutôt de multiplication. Or si l'on multiplie 1/2 par 1/2, on n'obtient pas une unité mais un quart. Voilà où le bât blesse. Lorsque deux individus vivent ensemble, ils deviennent souvent le quart d'eux-mêmes. Si vous les fréquentez seuls, ils se montrent pétillants et créateurs. Si vous les rencontrez en présence de leur partenaire, ils semblent moroses et conventionnels.

Comme je l'ai dit plus tôt, pour pouvoir vivre en couple, on doit savoir également que l'on peut vivre seul. On doit considérer le célibat comme une option valable, non comme un choix égocentrique. On peut l'envisager comme une occasion de retraite ou comme une pause dans le but de refaire ses forces. On peut même adopter ce mode de vie pour toute son existence, si l'on a décidé de consacrer ses énergies à autre chose qu'à former un couple ou à fonder une famille. Dieu merci, l'état amoureux échappe à l'obligation de vivre à deux. C'est parfois même dans les moments de solitude extrême que l'état amoureux s'éprouve avec le plus d'intensité.

La vie en couple a cependant la faveur du plus grand nombre. On aurait avantage à considérer l'amour en adoptant encore une fois la perspective inverse. En effet, la plupart du temps nous concevons l'amour comme quelque chose que nous devons cultiver. Mais, en réalité, ce n'est pas nous qui travaillons et labourons le champ de l'Amour, c'est plutôt l'Amour qui travaille et laboure notre champ intérieur jusqu'à ce que nous donnions nos fruits les plus beaux. À mesure que nous avançons, les obstacles et les difficultés agissent sur nous et nous pressent de nous ouvrir au labeur de l'Amour. Plus nous résistons à ce travail, plus nous souffrons, ce qui confirme notre participation intime à l'œuvre de l'Amour. Le but de la vie est réalisé lorsque nous devenons Un avec ce divin laboureur.

Le couple sert donc principalement de lieu d'évolution dans notre route vers l'Amour avec un grand A. Dans la friction intense du quotidien, tous nos points de résistance sont provoqués. Il y a tellement de frottement entre les deux âmes mises en présence que toutes les peurs émergent. Elles se manifestent pour que nous puissions les comprendre et les dépasser.

Il est tout à fait normal que les hommes et les femmes appellent et craignent l'Amour tout à la fois, parce qu'il est d'abord et avant tout une épreuve d'ouverture et d'expansion de l'être. La possibilité de se perdre dans l'autre plane toujours tout comme, à l'inverse, celle de s'enfermer en soi-même et de vivre une mortelle solitude à deux. Il ne faut donc pas avoir honte de cette peur du rapport intime avec l'autre car, sur le plan de l'identité, l'enjeu est réel.

LA RESPIRATION DU COUPLE

Le sentiment amoureux est motivé par un besoin de communion que nous cherchons à concrétiser en nous unissant à une autre personne.

Nous souhaitons que le sentiment amoureux chasse le sentiment de solitude et de séparation qui nous accable. Inconsciemment, nous désirons réparer notre blessure narcissique liée au fait de n'être qu'homme ou femme. Nous cherchons donc à pallier notre incomplétude de base en nous unissant à quelqu'un d'autre.

Mais la recherche de l'amour n'est pas seulement une tentative de réparation narcissique. Le sentiment amoureux semble correspondre à une pulsion naturelle de l'être vers autrui. Comme si, pour résoudre le paradoxe central de notre identité, qui oscille entre l'individualité et l'universalité, l'amour entre deux personnes allait apporter la réponse essentielle. Si je parviens à rester moi-même en présence d'un autre sans me fondre totalement en lui, si je parviens à me reconnaître complètement dans une autre personne sans perdre le sens de ce que je suis, alors le paradoxe est résolu. Je saurai comment être à la fois un et deux, au lieu de tout l'un ou tout l'autre.

Le bonheur repose sur le respect de deux besoins opposés mais complémentaires: d'une part, le besoin d'union et, de l'autre, le besoin de séparation. La capacité de régénération d'un couple repose sur la respiration entre ces deux pôles. La phase d'inspiration correspond aux moments où l'on se retrouve à deux et en harmonie; la phase d'expiration correspond aux moments où l'on se retrouve seul et où on reprend contact avec sa propre individualité.

Bien entendu, le besoin d'autonomie individuelle soumet à rude épreuve le besoin d'unité conjugale. Très souvent, nous préférons oublier que nous existons encore comme individualité séparée. Mais le modèle du couple *collé-collé,* où deux êtres vivent ensemble 24 heures sur 24 dans la plus parfaite harmonie sans jamais se quereller, ne résiste jamais bien longtemps. Ce modèle est d'ailleurs la cause de nombreuses souffrances.

Les couples où la fusion est trop forte sont ceux qui manifestent le plus d'agressivité. Lorsque le besoin d'autonomie de chacun n'est pas respecté, on assiste à des querelles de ménage ou à une guerre larvée qui finissent par détruire la forte intimité qui unissait les deux partenaires.

La question de l'autonomie de chacun des partenaires fait ressortir toute la difficulté d'être à deux. Ici plus qu'ailleurs, la peur de blesser l'autre ou d'être abandonné si l'on ose prendre du temps pour soi stimule le registre des peurs primaires. Voilà pourquoi la question de l'autonomie individuelle, de sa limite ou de son ouverture, doit être discutée à deux. Il s'agit d'établir ensemble l'échelle du tolérable et de l'intolérable pour chacune des deux personnes. Des divergences de fond risquent alors d'apparaître. Parfois, le simple fait d'aborder cette question relève déjà du domaine de l'insupportable. Il faut alors discuter des menaces intérieures qui rendent l'ouverture pénible.

Il est important que chaque partenaire se réserve quelques minutes chaque jour ou quelques heures chaque semaine pour pouvoir se ressourcer et être en mesure de régénérer le couple, sinon l'ennui s'installe rapidement. Le couple s'embourbe alors dans une routine où plus rien de nouveau ne se produit. À long terme, c'est la sécheresse. Pour demeurer vivante, l'union doit être celle de deux individus qui se rencontrent et qui se redécouvrent à nouveau régulièrement.

Lorsque les membres d'un couple ne respectent pas leurs besoins individuels d'isolement temporaire, toutes sortes de sentiments négatifs les obligent à se replier sur eux-mêmes et à retrouver l'introversion qu'ils se refusent consciemment. De cette façon, chacun finit par se retirer dans sa bulle, ne communiquant plus avec l'autre, et le couple meurt.

Se donner l'espace dont on a besoin pour grandir s'avère donc un ingrédient essentiel du couple possible. Car il va de soi que la personne que l'on aime le plus est également celle que nous risquons de haïr le plus, parce que c'est elle qui constitue la plus grande menace à notre identité personnelle. Face aux difficultés, il faut se rappeler que la liberté constitue sans doute le plus beau cadeau que l'on puisse offrir à l'autre. Car dans son essence, l'amour est liberté absolue. L'amour se donne sans conditions et sans contraintes. Le couple sert à l'apprentissage de l'amour inconditionnel à l'image de la nature qui s'offre à nous sans que nous ayons besoin de la réclamer.

PEUT-ON VIVRE SANS «CONTRÔLER» QUELQU'UN D'AUTRE?

Mais à bien y penser, peut-on accepter de vivre en couple sans exercer un contrôle sur son ou sa partenaire? Ou même est-il possible de vivre sans dominer quelqu'un d'autre? Est-il vraiment possible de «boire à la liberté et à l'amour, l'un n'excluant pas l'autre», comme le propose le poète belge Julos Beaucarne?

En effet, cela est difficile. On dirait qu'aussitôt que nous nous retrouvons en couple, nous tentons de faire fi de l'incontournable individualité de l'autre être. C'est comme si nous refusions d'admettre que l'autre existe vraiment, avec une histoire, des désirs, des sentiments et des besoins différents des nôtres. Nous résistons parce que nous vivons justement en couple pour tenter de réparer la déchirure de notre narcissisme fondamental qui affirme que nous sommes le seul dieu ou la seule déesse de l'univers, le seul maître à bord. Voilà pourquoi l'être amoureux adopte d'emblée des attitudes qui visent à nier l'existence de l'autre.

La première de ces attitudes consiste à *devenir tout pour l'autre*. En se rendant complètement indispensable à l'autre, on finit par abolir sa différence, son existence même. L'attitude inverse consiste à faire que *l'autre devienne tout pour soi*. Alors on aime l'autre plus que soi-même, comme le dit l'expression, on sacrifie volontairement sa propre individualité pour ne pas briser la bulle d'amour où l'on s'est enfermé. Plus les êtres se cantonnent dans de telles habitudes, plus leur vie de couple sera empreinte de domination, de possessivité et de jalousie.

Or, toutes les conditions que l'on pose à l'amour créent une tension qui finit elle-même par créer de la douleur. La souffrance dans le couple vient du fait que chacun tente de maîtriser la vie de l'autre. Nous surveillons la façon dont l'autre mange, le bruit qu'il fait en dormant, ce qu'il pense, les fantasmes qui lui trottent dans la tête et même l'attirance qu'il peut éprouver envers d'autres personnes.

Par exemple, pourquoi tenons-nous tant à contrôler la sexualité de notre partenaire? Est-ce à dire que, pour nous, l'intimité se résume à la sexualité? Comment se fait-il que des destinées entières se jouent autour de quelques morceaux de peau? Par ailleurs, pourquoi avons-nous l'impression qu'une certaine liberté sexuelle aboutirait à une débauche totale? Cela ne trahit-il pas plutôt la frustration que nous éprouvons par rapport à nos propres besoins sexuels? Est-ce parce que nos vies sont exemptes de joie et que la sexualité est le seul domaine qui nous en donne que nous tenons tant à contrôler les besoins sexuels de nos proches?

L'INFIDÉLITÉ

La sexualité est un sujet délicat. Dans presque tous les couples, les infidélités sexuelles et les tromperies se situent à la limite de cet intolérable qui peut faire éclater la relation. Nous pouvons bien sûr les juger et les condamner sans autre forme de procès. Nul doute cependant qu'elles obligent à un réel travail sur soi, car elles agitent les peurs et les insécurités de base, qu'on les commette ou qu'on les subisse, d'ailleurs.

Si on accepte de tirer des leçons de l'infidélité, on peut découvrir que l'on ne se respecte pas en demeurant avec un partenaire infidèle, tout comme on peut s'apercevoir que les tromperies sont le symptôme d'un malaise profond dans la relation qui remet les deux partenaires en question. On peut ainsi en arriver à élargir sa conception de la sexualité et de la fidélité ou, au contraire, à quitter celui ou celle que l'on aime parce qu'on ne se sent ni aimé ni respecté.

Le partenaire infidèle a aussi intérêt à se questionner. Quelle prise de conscience refuse-t-il de faire par rapport à lui-même ou à son couple? Quel est le non-dit ou la frustration qui se profile derrière ses actes? Quelle insatisfaction profonde son comportement cherche-t-il à masquer? Procéder à un tel examen de conscience est plus productif que de se plier sans conviction aux prescriptions de la morale ou aux récriminations d'un ou d'une partenaire. Il s'agit d'examiner son comportement dans le but d'en comprendre les motifs profonds.

Au cours d'un atelier qui avait pour thème les relations amoureuses, un homme nous a fait la confession suivante à propos de ses nombreuses infidélités conjugales:

> J'ai réalisé que la plupart du temps, mes fugues masquaient une insatisfaction profonde dans ma vie de couple, une insatisfaction que je n'osais pas nommer par crainte de tout faire éclater. L'infidélité me permettait en somme d'accepter un *statu quo* qui autrement m'aurait paru intolérable. Cette stratégie me préservait d'avoir à incarner le «méchant» en provoquant la crise, et par-dessus tout elle m'évitait de passer à travers la douloureuse épreuve de la rupture.
>
> Je me suis rendu compte aussi que mes infidélités me mettaient à l'abri d'un abandon éventuel par ma compagne. J'avais bien enterré en moi les douleurs liées au fait d'avoir été trompé à quelques reprises, douleurs intenses qui m'avaient désillusionné par rapport à l'amour. C'est comme si je m'étais juré de ne plus jamais être fidèle à une femme. Cela m'amenait d'ailleurs à me sentir plus à l'aise dans des unions où j'aimais à moitié, vivant dans une sorte de détachement qui me permettait de procéder à une facile remise en question de la jalousie.
>
> La souffrance criante — dans tous les sens du mot — de mes compagnes a pourtant fini par me faire comprendre combien non seulement je manquais de respect au cadeau d'amour qu'elles m'offraient, mais également combien je piétinais mon propre idéal amoureux. Les amourettes me permettaient d'échapper à cette pulsion très profonde en moi qui cherche désespérément à réaliser une union intime avec succès.
>
> Je regrette profondément la souffrance que j'ai pu causer aux autres. En même temps, je ne croule pas sous le poids de la culpabilité. Cette histoire est la mienne et me permet d'entrevoir

aujourd'hui une forme d'engagement qui est exempte de toute rigidité morale. Lorsque le cœur est touché, il retrouve par lui-même son intégrité.

Je sais que je ne pourrai plus vivre avec une partenaire qui a une conception trop étroite de la liberté. Chaque dimension intime doit être évaluée à la lumière de l'histoire de chacun. J'ai besoin d'un couple ouvert où chaque partenaire est suffisamment enraciné dans son processus personnel pour comprendre que l'infidélité place d'abord celui qui la commet face à lui-même.

À l'évidence, la question de l'autonomie sexuelle doit être discutée en fonction des besoins de sécurité affective de chacun. Mais elle n'est pas sans intérêt, ne serait-ce que d'un point de vue théorique, parce qu'elle fait ressortir un autre sujet qui m'apparaît essentiel à la libération du couple, à savoir l'amitié entre les deux partenaires.

S'AIMER D'AMITIÉ

Dans combien de couples les partenaires peuvent-ils affirmer qu'ils s'aiment d'amitié? La fusion des identités est telle que nous n'acceptons de notre partenaire que le quart de ce qu'un ami ou une amie pourrait nous raconter. Nous ne jugeons pas nos amis mais nous jugeons notre partenaire parce que nous nous identifions trop à lui ou à elle. Pourtant, l'amitié est un des facteurs qui contribuent le plus à la création de l'intimité véritable. Elle nous permet d'accueillir l'autre et de le comprendre en tenant compte de tous les aspects de son expérience individuelle.

L'amitié favorise la respiration du couple, elle apporte un ancrage plus solide et plus durable que la sexualité dans l'établissement d'une relation à long terme. Elle repose sur la communication authentique et véritable, qui elle-même s'appuie sur une parole exprimant le sentiment. En amitié, tout peut être dit et tout peut être reçu sans jugement. Peu de couples arrivent à réaliser une telle entente. Ceux qui y parviennent transportent avec eux une aura de créativité et d'amour véritable.

L'amitié en amour est difficile parce qu'elle oblige à un réel effort de détachement. Non pas un détachement stoïque qui aboutit à l'indifférence, mais un détachement bienveillant qui laisse l'autre être ce qu'il est. Nous cessons alors de vouloir contrôler les aspects de la personnalité de notre partenaire qui nous dérangent.

ÇA VA MIEUX QUAND ÇA VA MAL!

Chaque difficulté que présente la vie à deux nous place devant des questions essentielles. Croyons-nous vraiment qu'il nous soit possible d'être heureux individuellement et ensemble? Est-ce que nous méritons ce bonheur? Est-ce que nous préférons vraiment la paix à la guerre?

Souvent, nous prétendons chercher le bonheur et l'amour, mais en réalité ils représentent ce que nous craignons le plus. Combien de gens peuvent tolérer plus de deux ou trois jours de bonheur sans nuages? Avant de partir en vacances, par exemple, la plupart des couples sont souriants — à moins qu'ils ne se soient querellés en faisant les valises, ce qui est un «classique» de la résistance au bonheur —, mais ils en reviennent silencieux et moroses. Après deux ou trois jours d'une vie sensuelle et paradisiaque, l'un d'eux s'est tout simplement réveillé de mauvaise humeur, un beau matin, comme ça, sans raison, parce que le bonheur devenait insupportable.

Un autre exemple? Imaginez que vous rentrez du travail épuisé et que votre partenaire a préparé un petit repas à la chandelle... Quel plaisir! Quelle gentille attention! Mais si vous rentrez un deuxième soir et que la chandelle est de nouveau sur la table, vous commencerez à vous poser des questions et croirez qu'il y a anguille sous roche. Le troisième soir, tout cela deviendra absolument suffocant. Vous voudrez rompre avec cette atmosphère par trop romantique. L'un de vous renversera son verre de vin, le rôti brûlera ou une querelle éclatera à propos d'une vétille.

Le bonheur est intolérable. Nous avons appris à en rêver, nous n'avons pas appris à le vivre. Il s'agit donc de s'habituer à développer des énergies positives. Il s'agit de les cultiver en comprenant peu à peu par quelle attitude on peut les stimuler. Cela peut nous entraîner à rompre avec certaines habitudes qui nous conduisent trop souvent à la lourdeur et à la morosité.

Aussitôt que nous sommes sortis de l'enfance, nous oublions que nous sommes sur terre pour nous amuser et pour célébrer la vie. C'est comme si nous trouvions que «ça va mieux quand ça va mal», si vous me passez l'expression. Peut-être tout simplement parce que dans le malheur nous avons la sensation d'exister. Le malheur est palpitant, intense! Si nous devons vaincre une situation difficile, reconquérir notre partenaire ou jouer les héros dans un contexte de crise, cela nous semble excitant. Lorsque nous sommes malheureux, nous sommes centrés sur nous-mêmes, sur notre vie, nous avons l'impression de vraiment exister.

En comparaison, l'idée du bonheur paraît plutôt statique. On reste assis sur un petit nuage à contempler le bon Dieu jusqu'à la fin de ses jours. Finie l'aventure! Il faut faire l'ange et se contenter de dégager des odeurs de sainteté. Cette conception va à l'encontre de la vie. On va même jusqu'à dire que les gens heureux n'ont pas d'histoire. Mais qui souhaite ne pas avoir d'histoire?

Nous associons fréquemment l'état bienheureux à l'ascèse et à la rigidité. Il manque à cette idée la force de l'émotion et la créativité, parce que nous sommes essentiellement émotion et créativité. Pour en arriver à une félicité plus vivante, il nous faut dépoussiérer ces notions désincarnées et embrasser l'idée d'un bonheur palpitant, curieux et aventureux. Nous devons opposer à l'idée d'une joie statique et tiède celle d'une joie vibrante qui utilise toutes les ressources de l'être humain.

Nous sommes sur terre pour être heureux dans notre corps, en utilisant tous nos sens et toutes les possibilités de notre esprit. Si tel n'était pas le cas, nous serions des anges. Chaque couple, comme chaque individu, est donc invité à communier avec la pulsion de vie. Puisque la crise a fait éclater à peu près toutes les raisons valables d'être ensemble, la seule véritable motivation de la vie à deux qui demeure est la recherche d'harmonie dans la joie.

Le contrat de mariage psychologique

UNE RELATION LIBÉRATRICE REPOSE SUR UN CHOIX CONSCIENT

Au moment où notre culture est en train d'éclater, nous sentons le besoin de sonder notre monde intérieur pour y trouver des bases solides. Aujourd'hui, ce n'est plus un contrat de mariage religieux ou civil qui peut offrir de telles bases. Ces contrats ont cependant leur contrepartie psychologique qu'il importe de conserver. Par exemple, on peut établir un contrat de confiance mutuelle où chaque partenaire énonce les principes qui lui sont chers et qui peuvent servir à bâtir une entente. Un couple a tout avantage à négocier un tel contrat intime, à le conclure et à le renouveler à l'occasion.

Nous ne sommes pas habitués à négocier de façon franche et authentique ce qui concerne notre monde intérieur. Nous n'avons pas l'habitude de discuter de tout et d'établir à deux les cadres de notre vie commune. Par exemple, y a-t-il suffisamment d'intimité entre nous deux pour empêcher que notre couple verse dans la possessivité? De combien de temps chacun dispose-t-il pour exercer ses activités personnelles? Comment organiser ce temps? Comment souhaitons-nous régler les inévitables situations de conflit? etc. Il est nécessaire d'aborder franchement toutes ces questions et bien d'autres parce qu'une relation libératrice repose sur un choix de vie volontaire.

Cela aide à prendre conscience qu'une relation existe avec sa dynamique propre. Elle représente un tiers symbolique dont il est bon de reconnaître la réalité. La relation contient pour ainsi dire les deux individus. Elle devient un contenant symbolique très utile en cas de difficulté. En effet, préparer un repas ou faire les courses ne présente aucun problème lorsque nous sommes amoureux, mais, lorsque nous vivons une tension, cela devient problématique. Alors nous ne voulons plus rien faire pour l'autre et nous entrons en lutte de pouvoir avec lui.

Si nous avons pris la peine d'élaborer ensemble le mode de vie qui correspond à notre idéal commun, il est plus facile de participer aux tâches quotidiennes. Par exemple, l'un ne sort plus les poubelles à la place de l'autre, il les sort pour le couple, pour le «nous». Il ne sacrifie plus ses amourettes pour faire plaisir à l'autre, il le fait pour nourrir leur union.

À mon sens, tant que de telles ententes n'ont pas eu lieu, le couple n'existe pas encore réellement. L'idéal partagé permet de créer une référence commune. Ces valeurs agissent comme arbitres dans les situations difficiles et permettent de sortir des luttes de pouvoir, sans que l'un ou l'autre perde la face. Il est plus facile d'admettre que l'on n'a pas respecté une valeur commune que d'avouer son erreur à l'autre.

LE COUPLE RÊVÉ

Dans les ateliers sur l'intimité amoureuse créés à Montréal avec ma collègue Danièle Morneau, nous avions l'habitude de proposer l'exercice suivant. Des inconnus se groupaient deux par deux pour former des couples fictifs. Durant la première période de 40 minutes, chacun des partenaires proposait sa vision du couple idéal; par la suite, ils devaient négocier ensemble leur contrat de vie commune. Une autre période de 40 minutes servait à décrire les vacances idéales du couple dans les moindres détails. Par la suite, l'exercice prenait une tournure dramatique au moment où l'un des partenaires devait annoncer à l'autre qu'il avait décidé de se séparer de lui.

Cette simple mise en situation réactivait des traumatismes très profonds. Le plus surprenant était de voir que des personnes se connaissant depuis à peine 90 minutes croyaient beaucoup en la solidité de leur couple. Chaque fois, je ne pouvais m'empêcher de constater la puissance du rêve partagé. Je me demandais ce qui se passerait dans nos intimités si chaque couple prenait la peine d'élaborer une situation idéale et s'engageait par la suite à la vivre réellement.

Nous n'utilisons pas suffisamment le pouvoir du rêve. Nous devrions faire comme les politiciens et les hommes d'affaires qui sont toujours à la recherche d'une vision globale pour orienter leurs actions. L'intimité a besoin du partage des visions de chacun pour évoluer. De toute façon, tout évolue à partir de l'idéal que nous portons en nous. Alors pourquoi ne pas le mettre franchement sur la table puisque c'est lui qui, lors d'un conflit, servira d'arbitre conscient ou inconscient?

L'IMPORTANCE DU JEU ET DE LA SENSUALITÉ

Dans mes ateliers, j'ai remarqué également que, pour arriver à «sortir de la tête» d'où proviennent les jugements que l'on porte sur soi-même ou sur autrui, il faut faire entrer en jeu la dimension corporelle. Pour ce faire, j'utilise toutes sortes de techniques qui vont de la danse au «toucher affectif». Cette dernière pratique me semble particulièrement efficace et peut très bien s'appliquer à la vie à deux. Il s'agit tout simplement de toucher l'autre avec toute l'authenticité et la bienveillance dont nous sommes capables. Notre partenaire se met alors en état de réceptivité et nous lui faisons éprouver un simple sentiment d'attention chaleureuse. Cela peut durer quelques minutes ou se prolonger. Ce n'est pas un massage, mais une attention silencieuse qui passe par les mains et qui a généralement pour effet de rassurer les partenaires l'un vis-à-vis de l'autre. Un climat de confiance et d'amour peut s'établir ainsi en dehors de la sexualité active[2].

Ces nouvelles attitudes envers le corps sont absolument nécessaires parce que toutes nos tensions et nos résistances y sont concentrées. Cela est particulièrement vrai pour les hommes dont la structure corporelle est empreinte de rigidité. Toute notre enfance, on nous a dit de ne pas avoir l'air trop sensible ou sensuel, parce que ça faisait efféminé. Il faut donc apprendre à relâcher cette rigidité défensive.

La libération du corps exige également la remise en question de la croyance qui veut que la sexualité éloigne de Dieu. Dans les religions patriarcales traditionnelles, ce sont les prêtres et les religieuses qui vivent et communiquent avec le divin. La vie sexuelle ne semble réservée qu'aux personnes incapables de vivre en véritable harmonie avec le divin. Jésus-Christ, à l'instar de la plupart des grands maîtres, n'a pas de vie sexuelle, et ses disciples sont tous des hommes. On finit par se sentir honteux de sa propre humanité. Il me semble parfois que si Jésus avait couché avec Marie-Madeleine et n'était pas né d'une vierge, cela nous aurait facilité les choses! Même la spiritualité moderne nous invite à participer à une communion abstraite avec l'univers dans une sorte de fusion avec le soi cosmique et à refouler nos besoins sexuels d'homme ou de femme.

Pourtant, le désir sexuel existe. Hétérosexuels ou homosexuels, les hommes et les femmes sont attirés les uns par les autres. L'existence de cette attraction est l'essence même du mystère de l'amour qui nous entraîne dans l'aventure de la vie. Il nous faut donc envisager un changement radical de conception et commencer à penser que les êtres peuvent très bien se rapprocher de Dieu en célébrant le corps et la sexualité. Le refus de la sexualité cache une haine de la vie et une perception limitée de l'existence terrestre.

Il me semble en fait que, en réprimant la sexualité, nous posons la question à l'envers, comme si nous voulions faire pousser un arbre par la tête. L'expérience de la vie sexuelle dans la communion amoureuse de deux êtres peut servir de tremplin vers une extase d'où la sexualité sera peut-être absente, mais qui a quand même commencé par là. Comme le dit si bien le dicton populaire: «Il ne faut pas mettre la charrue avant les bœufs.»

NOUS AVIONS BESOIN DE LA CRISE

Le défi d'une nouvelle intimité dans le couple est grand. Car il est comme une nation qui se relève péniblement après des siècles de répression. Il y a tout un apprentissage à faire et tout une déprogrammation à opérer face à la domination et à la soumission qui ont conditionné la vie à deux pendant des siècles. Voilà pourquoi nous avions besoin d'une crise fondamentale pour permettre un si grand changement. Nous vivons un moment unique, exceptionnel. La communication réelle veut naître entre les hommes et les femmes. La démocratie veut s'instaurer dans le couple.

J'entends des femmes et des hommes dire: «Oui, mais pendant ce temps, nos vies sont sacrifiées...» Si on pense de la sorte, on risque de souffrir de la crise sans contribuer à sa solution. Cette manière de penser relève de la même croyance qui dit qu'une vie n'a de sens que si elle est vécue en couple. Il s'agit justement de retrouver le sens de la vie en elle-même, avec ou sans le couple. Aussi longtemps que notre bonheur personnel sera lié à la présence d'un partenaire amoureux, nous sentirons une faille importante dans notre être. La découverte de l'aptitude à être heureux ou heureuse sans amour romantique est cruciale pour la nouvelle intimité. Moins on dépend de son partenaire pour trouver le bonheur, plus la vie à deux devient enrichissante. Si la vie en couple est absolument nécessaire pour que toute vie ait un sens, il devient alors impossible qu'une rencontre réelle se produise entre un homme et une femme.

Autrement dit, une femme ou un homme doit savoir dépasser par lui-même le sentiment de vide et de dépression qui l'habite lorsqu'il ou elle n'est pas en amour. Seule la découverte de la joie de vivre, celle qui existe indépendamment de toute romance, peut servir de base à une vie à deux honnête, intègre et authentique.

En termes clairs, il ne saurait y avoir d'intimité avec l'autre sans inti-mité avec soi-même. C'est là l'ampleur de la révolution amoureuse à laquelle sont conviées les générations qui viennent. Nous pouvons déjà y participer si nous consentons à traverser cette crise en suivant les ensei-gnements qui en découlent.

L'intimité avec soi-même

Nous avons l'âge de notre tendresse.
Notre usure, c'est de l'amour inemployé!

STAN ROUGIER

INTIMITÉ BIEN ORDONNÉE COMMENCE PAR SOI-MÊME

J'ai déjà dit dans l'introduction que, pour sortir du champ de bataille de l'amour, on ne peut emprunter qu'un seul chemin: celui qui conduit à l'intérieur de soi. L'intimité avec autrui renvoie à soi-même, et l'intimité avec soi enrichit l'intimité avec autrui. Il s'agit en somme du va-et-vient de l'amour. La plupart du temps, on se cantonne dans le pôle de la rencontre avec l'autre, sans jamais se pencher sur soi-même. Cette attitude met l'individu à la merci des événements et le condamne à vivre perpétuellement dans l'attente et la dépendance. À l'opposé, les personnes qui se cantonnent dans le pôle du rapport autosuffisant avec soi-même appauvrissent leurs rapports avec autrui. Cette position trop frileuse aboutit elle aussi à un cul-de-sac.

L'amour représente un défi constant, très difficile à relever. Mais si nous pensons que les difficultés qu'il présente ne relèvent pas du hasard et qu'elles ont un sens, celles-ci serviront alors de tremplin vers une profonde communion avec l'autre, avec soi, avec la vie.

L'intimité avec l'autre repose sur la capacité d'intériorisation de chaque personne. La crise actuelle des couples tient à ce manque d'intériorisation. Lorsque l'argent, les enfants et les jugements d'autrui ne s'avèrent plus des motifs suffisants de rester ensemble, le couple peut trouver dans l'évolution personnelle de chacun un motif de maintenir l'union.

Le défi de l'intimité est donc une invitation au travail sur soi. Chacun peut alors réaliser qu'il n'est pas facile de délaisser ce qui fait souffrir l'être. Nous éprouvons un véritable attachement pour ce qui nous détruit. Nous sommes à ce point habitués à la haine et aux conflits intérieurs qu'ils nous empêchent de voir ce qui est bon pour nous. Par exemple, nous reconnaissons tous qu'un peu d'exercice physique quotidien fait le plus grand bien. Pourtant ils sont nombreux ceux et celles qui persistent à ne rien faire, espérant qu'un coup de baguette magique les préservera de la maladie.

De la même façon, nous préférons entretenir l'illusion qu'un amour fantastique viendra transformer notre vie, ce qui évite d'avoir à nous prendre en main. Pourtant, il suffit de s'accorder chaque jour un peu de présence à soi-même, à ses maux, à ses tristesses, pour provoquer un changement important. Le simple fait de se réserver un peu de la sollicitude que l'on accorde habituellement à l'être aimé peut apporter le bien-être. Cette compassion est le secret du respect de soi-même.

En vérité, on ne peut aimer quelqu'un si l'on ne s'aime pas soi-même. S'aimer soi-même, c'est être bon pour soi, au lieu d'être d'une exigence impitoyable. C'est surtout passer du stade d'enfant, où tout semble arriver par accident, au stade d'adulte, où l'on est responsable de ses états intérieurs. S'aimer soi-même, c'est comprendre enfin que dans l'univers, tout réagit par aimantation et que, pour attirer la bonté vers soi, il faut cultiver en soi l'état de bonté. Bref, il faut connaître une autre attraction, celle de la paix et de la joie intérieure.

S'aimer soi-même, c'est aussi rester attentif à ce qui est donné plutôt qu'à ce qui manque. Cela signifie également que l'on entretient un rapport constant avec le Bien-Aimé intérieur, ainsi que l'appelle le soufisme. Quand l'amour est autant en soi qu'au dehors, quand on a pris soin de répondre à ses propres besoins, alors on cesse d'agir en victime. On se rend compte enfin que l'amour que l'on cherchait est partout en soi et autour de soi et que, par conséquent, on ne peut le perdre. Il n'y a que l'Amour. Il s'agit de le reconnaître à travers les plus petits détails de la vie et de l'accueillir. Nul besoin d'être parfait ni d'avoir réalisé tel ou tel projet. L'amour est là! Il nous attend. Il suffit d'aller à sa rencontre.

LE SENS DES DIFFICULTÉS

Évaluer une relation à la lumière de ce qu'elle nous fait vivre intérieurement constitue également une façon de prendre soin de soi-même. On peut alors être amené à mettre fin à une situation négative ou au contraire choisir de la maintenir parce que la rupture entraînerait une douleur trop vive. Dans cette dernière éventualité, il s'agit alors de vivre en toute conscience un tel attachement afin de retirer une connaissance émotive et une sagesse de l'expérience. De toute façon, les arrachements trop durs ne font souvent que renvoyer à plus tard l'exploration de la noirceur qui nous avait mené à une union souffrante.

Un être pourra découvrir alors que la haine de soi est au cœur de la difficulté de rompre une relation inadéquate. La magie de la liberté individuelle fait que l'on peut s'y complaire tant qu'on veut, personne ne cherchera à nous en empêcher. De toute façon, tant que la mélancolie nous habite, nous risquons de retourner n'importe quelle histoire contre nous-mêmes.

Dans un tel contexte, nous pouvons même nous demander s'il est souhaitable de rencontrer l'amour idéal puisqu'il ne fera que retarder la prise de conscience de notre misère intérieure et nous fera vivre dans l'illusion de l'amour restauré alors que rien n'a été accompli sur le plan conscient et qu'aucun choix n'a été posé en faveur de l'ouverture et de la joie.

Lorsque nous acceptons de reconnaître que les événements sont l'œuvre secrète de nos désirs, aussi bien ceux que nous ne voulons pas nous avouer que ceux que nous chérissons, nous libérons les autres de toute responsabilité à notre égard. Lorsque ce n'est plus la faute de papa, ni de maman, ni du gouvernement, lorsque nous admettons notre entière responsabilité par rapport à ce qui nous arrive, alors les difficultés prennent un sens.

Nous pourrions même ajouter qu'à partir du moment où elles deviennent conscientes, les relations les plus difficiles sont vraisemblablement celles qui donneront le plus de fruits. Elles obligent l'être à fournir un immense effort d'ouverture pour en arriver à reconnaître sa propre image dans les aspects rebutants de son partenaire. En intégrant une ombre plus grande, on avance plus rapidement. C'est sans doute ce que voulait dire le poète Rainer Maria Rilke lorsqu'il a écrit: «Nous savons peu de choses, sauf qu'il faille nous en tenir au difficile...»

Le véritable objectif de la vie à deux est de stimuler la créativité de chacun. Mais pour que s'exerce cette créativité, les deux partenaires doivent accepter d'emblée que ce qu'ils considèrent «positif» ou «négatif» n'a pas grand-chose à voir avec la vie. La vie stimule notre personne en nous brossant le poil tantôt dans le bon sens, tantôt dans le mauvais sens. À chacun d'établir son propre seuil de tolérance.

En fin de compte, force est d'admettre que pour en arriver à évoluer dans la joie plutôt que dans la souffrance, on doit habituellement avoir connu de grandes peines. La sagesse exige d'embrasser la vie telle qu'elle est sans jugement. En général, nous acquérons cette sagesse à force de répéter les mêmes schémas limitatifs jusqu'à plus soif. Mais, en stimulant la connaissance de soi, les difficultés de la vie à deux finissent par ouvrir le chemin d'une communion plus intense avec l'univers et avec la pulsion de vie que chacun porte en soi. Cette communion intense peut se vivre tout aussi bien à travers le tourment qu'à travers l'extase. Il semble que la vie prenne tous les moyens pour nous éveiller et nous entraîner à découvrir notre identité profonde.

Par ailleurs, la compréhension de la vie n'oblige personne à endurer une situation intenable. Par exemple, lorsque la séparation du couple est inévitable, chacun doit s'y résoudre: cependant, il vaut mieux demeurer dans des conditions critiques jusqu'à ce que chacun ait acquis un détachement suffisant, pour éviter d'accuser l'autre de tous les torts. L'observation vigilante et sans jugement d'une conjoncture accablante permet de prendre conscience de la dimension de soi qui nous y a entraîné. En agissant ainsi, on tire des leçons pour l'avenir.

LE MIROIR BRISÉ

Passer d'une position de victime à la perception concrète de la façon dont il crée lui-même son propre destin constitue la révolution la plus profonde qu'un individu puisse effectuer au cours d'une vie. Tout le monde est appelé à vivre ce moment charnière, mais la majorité des gens passent outre sans sourciller. Ce passage est comparable à l'initiation que doit subir l'enfant pour accéder à l'âge adulte. Paradoxalement, une telle mutation exige le deuil de l'enfance, pour que prenne forme un véritable esprit de jeu, de liberté et de légèreté.

Sur le plan amoureux, cette révolution invite à dégager l'autre des exigences que nous avons envers lui. Il s'agit d'arrêter de lui demander de se plier à l'image idéale d'homme ou de femme que nous portons. Autrement dit, les projections de l'animus et de l'anima doivent être retirées. Le *retrait des projections* s'avère pour un individu le seul moyen de récupérer son pouvoir personnel et de toucher à son être fondamental. Tant qu'il vit dans l'illusion de ses projections, il ne peut faire de progrès psychologique ou même spirituel[1].

Les projections doivent être retirées dans la mesure du possible, car nous ne voyons pas l'autre comme il est, nous le voyons comme nous sommes. Tout ce que nous reconnaissons en lui s'avère également une partie de nous-mêmes. Bien entendu, la plupart du temps il faut que l'autre possède une sorte de « crochet psychologique » sur lequel on peut accrocher la projection. Mais, à la base, pour être en mesure de reconnaître un trait de caractère chez quelqu'un, il faut le posséder en soi.

Pour illustrer le jeu des projections au sein du couple, j'emploierai l'exemple suivant. *Elle* trouve que *Lui* est handicapé en ce qui a trait à l'expression de ses sentiments. Elle souffre du silence dans lequel il se réfugie et le tient responsable de la détérioration de leur relation. Sa première attitude est accusatrice. *Elle* demeure en projection active, sans avoir fait son propre examen de conscience.

Le retrait des projections s'effectue en plusieurs étapes qui l'amèneront à constater comment elle contribue à renforcer la dynamique de cette situation. Dans la première étape, elle doit se poser les questions suivantes. Est-ce qu'elle accepte d'écouter ce que son partenaire lui dit quand il exprime ses sentiments? Est-ce qu'elle émet rapidement des jugements sans jamais le laisser aller au bout de son émotion?

Dans la seconde étape, elle cherche en elle-même comment s'exprime son propre handicap en ce qui a trait au partage des sentiments. *Elle* peut alors découvrir que, dans certains cas ou par rapport à certains sentiments, elle apparaît fort handicapée elle-même. La constatation d'une blessure similaire chez elle lui permettra alors de bâtir un pont entre elle et lui et de trouver la base d'une entente.

La troisième étape consiste à comprendre comment sa vision des choses est conditionnée par une réalité antérieure. *Elle* prend alors conscience des arrière-plans de son irritation. Si, étant petite fille, elle se sentait responsable des silences de son père et craignait ses colères, elle peut très bien être en train d'appliquer le même schéma à la situation qu'elle vit avec *Lui*.

Au lieu de bêtement accuser l'autre, elle peut alors lui faire part de son trouble intérieur. Elle peut lui dire: «Lorsque tu es silencieux, je me sens comme une petite fille devant son père et je crains tes réactions.» La confession du vécu affectif favorise la communication avec autrui au lieu de provoquer des réflexes de défense, tels que le blâme ou les reproches. Cela permet à *Lui* de comprendre ce qu'*Elle* vit intérieurement. Elle peut alors lui parler du besoin de sécurité affective qu'elle ressent. Elle peut même compléter son propos en formulant une demande du genre: «J'aurais besoin que tu me rassures en me disant quelques mots sur ce que tu vis actuellement par rapport à nous deux et sur ce qui, dans la situation actuelle, rend la communication avec moi si difficile.»

COMMUNIQUER POUR VIVRE

Les étapes que nous venons de décrire résument le processus de communication non violente établi par le psychologue Marshall Rosenberg. Bien qu'à proprement parler ces étapes n'accompagnent pas nécessairement tout «retrait des projections», il faut bien dire qu'il y a un immense avantage à communiquer à notre partenaire ce dont nous prenons conscience. Car la guérison vient de là. Nous sommes essentiellement des êtres de communication, ce qui signifie que nous devons transformer le message que nous recevons pour le rendre aux autres sous une forme modifiée. Cela permet à l'énergie de circuler et au processus de continuer. Le message de quelqu'un m'interpelle, je réagis, j'interprète son contenu et je le lui rends sous une forme différente, ce qui stimule la personne en retour. Celle-ci reçoit mon message, émet des réserves, le refuse ou l'accepte, l'intègre d'une façon quelconque, et le transforme avant de le communiquer à son tour. Et ainsi de suite.

Tout ce qui nous est communiqué agit sur nous afin que nous puissions le transformer en nous exprimant. Ainsi la vie stimule la vie, et les êtres deviennent eux-mêmes. Ce n'est pas l'intensité d'un stimulus qui rend quelqu'un malade, mais bien l'incapacité de la personne à le transformer en une création quelconque. Lorsqu'un besoin demeure frustré, lorsqu'un sentiment intense demeure bloqué, le flux vital refoule vers l'intérieur et se met à stagner. La maladie physique ou psychologique n'est pas loin.

À la limite, il est plus important que les sentiments et les idées circulent que de trouver une solution aux problèmes. Même la décharge brute et impulsive d'un sentiment est plus saine que son inhibition. Bien entendu, nos réactions aux stimuli se font de plus en plus consciemment, ce qui nous amène à maîtriser progressivement notre destin. Nous sommes des êtres de langage et, en ce sens, la communication verbale dans les relations intimes représente une dimension essentielle de nos vies. La danse, le dessin et les diverses formes d'expression artistique sont d'autres moyens que l'on peut utiliser pour communiquer avec autrui.

Partir de la communication brute d'un message et le transformer en communication créatrice de paix et d'intimité, c'est essentiellement passer de l'expression du «tu» qui tue l'autre, à l'expression du «je» qui parle de soi en respectant la liberté inaliénable d'autrui[2].

Dans un premier temps, *Elle* observe un comportement sans le juger (le silence de *Lui)*. Dans un deuxième temps, *Elle* vérifie ce que ce comportement lui fait vivre sur le plan des sentiments (de la crainte et de l'insécurité). Puis, en tirant pour ainsi dire sur la corde affective, elle tente dans un troisième temps de découvrir le besoin fondamental (la sécurité) que l'attitude de *Lui* vient heurter. Finalement, elle formule une demande adéquate à son partenaire pour l'inviter à satisfaire son besoin («Dis-moi quelques mots...»). Observer sans juger, éprouver un sentiment, identifier un besoin non comblé et formuler une demande réaliste, telles sont les étapes d'un processus qui dans la pratique exige beaucoup de tact. À l'évidence, le même processus vaut pour *Lui*.

Le travail de retrait des projections s'appuie sur une communication authentique qui suscite le dialogue entre les partenaires plutôt que la confrontation. En développant sa capacité de communiquer, le couple devient un instrument de libération et de connaissance de soi. Je me souviens d'avoir été très ému en thérapie par un couple dans lequel la femme souffrait d'une grande timidité. Les deux partenaires étaient conscients de cette difficulté; la femme tentait de se faire aider dans l'acquisition de nouveaux moyens d'expression. Cette épreuve avait soudé le couple, mais avait exigé de chacun l'abandon des rêves de perfection.

Ces problèmes ont l'air faciles à résoudre, mais ils constituent des épreuves souvent insurmontables sur le plan humain. Chacun de nous répugne plus ou moins à faire ce travail de retrait des projections, car on y dévoile à coup sûr sa vulnérabilité. Collaborer ou s'entraider, au lieu de verser dans le «chacun pour soi» et dans les procès permanents, demeure et demeurera pour longtemps le défi d'un couple qui désire construire une intimité profonde. Le principe de base d'une telle collaboration est pourtant facile à formuler: chacun des partenaires est responsable à 100 p. 100 de tout ce qui arrive dans le couple. Cette formulation reprend sur le terrain du couple le principe de *responsabilité globale* prôné par le bouddhisme tibétain.

LA CONFRONTATION AVEC L'OMBRE

Faire sienne la part d'ombre entrevue chez tous ceux qui, dans leur ignorance, nous ont fait du mal est un exercice laborieux. Pourtant en acceptant de reconnaître qu'un être autoritaire, menteur, traître ou hypocrite puisse résider en soi, on acquiert un pouvoir sur ces formes d'expression: on cesse d'en être victime parce qu'elles sont présentes en soi plutôt que dans l'autre. L'autre symbolise bien souvent une part de nous-mêmes avec laquelle nous ne sommes pas à l'aise ou que nous ne connaissons pas; nous resterons liés à cet autre tant que cette part n'aura pas été reconnue. La reconnaissance de l'ombre en nous-mêmes ouvre ainsi le chemin du pardon et de la compassion. Ces sentiments prennent place lorsque nous admettons que l'autre dans sa faiblesse et dans sa méchanceté est pareil à nous.

Jung appelle *confrontation* cette rencontre avec l'ombre, pour marquer à quel point la tâche n'est pas facile. Pourtant la véritable liberté ne se gagne qu'au prix d'une telle confrontation. Lorsqu'un être a délivré famille, partenaires et amis du poids de leurs ignominies, lorsqu'il a clarifié dans son cœur la nature de ses diverses relations, il s'allège et devient libre.

Pourquoi l'intégration de l'ombre nous rebute-t-elle à ce point? Parce que la prise de conscience de l'ombre vient briser l'illusion que nous entretenons en ce qui concerne la perfection et l'innocence de nos gestes quotidiens. Le travail sur l'ombre ne mène pas pour autant à une attitude résignée et dépressive. Il permet de découvrir qu'on a le pouvoir d'agir sur soi au lieu de laisser les autres agir à sa place. Lorsqu'un être découvre que ce pouvoir est sien, il entrevoit la possibilité de se comporter différemment. Au lieu de jouer les autruches et de se plaindre du sort qu'on lui impose, faisant tout pour ignorer qu'il est l'artisan de son propre malheur, l'être peut commencer un dialogue avec cette ombre qui fait partie de lui.

Qu'est-ce qui nous entraîne irrésistiblement à être négatif devant certaines situations? Quelles sont nos motivations? Quelles sont nos envies et nos jalousies cachées? Pourquoi avons-nous tendance à nous comporter de façon telle que les situations se retournent contre nous? Y a-t-il un personnage intérieur qui préfère que rien ne se règle? Quel est ce personnage qui se délecte de notre mauvaise humeur et qui aime faire la guerre? Quel plaisir prend-il à trancher les conflits par des gestes d'éclat qui humilient autrui, annihilant toute possibilité de relation? Voilà autant de questions qui mènent directement à la rencontre de l'ombre.

La reconnaissance de ce personnage obscur, présent dans chaque situation conflictuelle de notre vie, aura tôt fait de nous convaincre que la cause des querelles de couples et de la guerre dans le monde ne réside pas seulement à l'extérieur de nous. Un tel examen nous répugne, car il signifie le déplacement du lieu du conflit de l'extérieur vers l'intérieur. La négativité que l'on reproche à son partenaire quotidiennement pourrait très bien représenter le combat que l'on mène contre sa propre négativité. Il est simplement plus commode de projeter cette négativité sur lui que de l'affronter au-dedans de soi-même.

Trouver un bouc émissaire pour lui faire porter le poids de nos torts est d'ailleurs l'attitude psychologique typique du couple traditionnel. Blâmer, ça ne règle rien mais, d'une certaine façon, ça fait du bien! En réalité, dans le quotidien, notre partenaire sert surtout à ça: avoir quelqu'un à accuser. Sur le plan collectif, nos boucs émissaires sont les Russes, les islamistes, les femmes, les hommes, les immigrants, etc. Sur le plan personnel, nous n'avons personne à accuser. Notre partenaire remplit ce rôle à merveille, d'autant plus que la durée de notre relation nous a permis de découvrir autant de failles qu'on voulait; de toute façon, nous sommes toujours plus habiles à voir ce qui ne va pas chez le voisin ou la voisine plutôt que chez nous.

La projection de l'ombre est un des mécanismes de défense favoris du moi, qui tente ainsi de préserver l'illusion de son innocence. Plus l'amour-propre est faible, plus l'autre sera utilisé comme bouc émissaire. Voilà pourquoi certains conflits amoureux ne peuvent absolument pas se régler paisiblement. La fragilité de l'estime personnelle de l'un ou l'autre des partenaires ne le permet pas. Admettre ses torts et ses faiblesses devant l'autre serait alors perçu comme un échec trop cuisant pour la structure du moi. On préfère donner une image de soi forte et continuer de se croire victime de la méchanceté de l'autre, de peur de tout perdre.

Comme je l'ai mentionné plus haut, l'ombre n'a pas que des côtés négatifs. Nous projetons également certains aspects de nous-mêmes qui sont positifs, mais peu développés. Ces aspects nous attachent tout autant à nos partenaires que les aspects négatifs. On doit aussi se les approprier pour se défaire des attachements qui nous font souffrir. Ainsi, une personne peut être convaincue qu'elle est idiote et tomber amoureuse d'une autre, très douée sur le plan intellectuel. S'ils en viennent à se séparer, l'idiote aura l'impression qu'on lui arrache une partie d'elle-même, qu'on la mutile ni plus ni moins. Sur le plan psychologique, c'est exactement de ça qu'il s'agit. Tant qu'elle ne fera rien pour soutenir sa partie intellectuelle, cette personne la projettera sur les autres et répétera le même style d'attachement.

Nos projections nous contraignent à suivre nos passions. Notre être inconscient se manifeste à la conscience par ce biais. Voilà pourquoi le seul fait de *tomber amoureux* s'accompagne souvent de maux de ventre et de bouffées d'angoisse. Pourtant nous pouvons introduire un choix là où il ne semble y avoir que détermination aveugle. Nous gagnons cette liberté en acceptant de nous confronter à l'ombre que nous projetons sans juger ni l'autre ni soi.

L'intégration de l'ombre nous ouvre à l'universalité. En consentant intimement à la part de négatif qui loge en moi-même, je peux accueillir ce qui me semble mauvais dans l'univers. Sans ce travail, je ne pourrai jamais parvenir à l'Unité, car ma vision exclut toujours une moitié de l'univers et me fait délaisser cette partie en croyant gagner un peu de paix. La voie de l'ombre est plus efficace. En résolvant mes conflits intérieurs entre le bon et le méchant, je deviens uni en moi-même et sans conflit; je peux alors devenir Un avec le cosmos. Je constate peu à peu qu'il n'y a rien à changer. Les forces de destruction servent aussi bien le renouvellement de la vie que les forces de création. La danse de la vie est parfaite, il n'y a rien à changer. L'intégration de l'ombre enfante un détachement qui permet la naissance d'une sérénité se situant au-delà de la douleur et du plaisir. C'est-à-dire qu'il y a encore de la douleur et du plaisir, mais ils deviennent plus relatifs. On les prend moins au sérieux. Ils sont le jeu de la vie en soi, qui procure le plaisir de l'expression et de la communication.

Déferle alors dans l'être une joie concrète. Cela ressemble à des influx nerveux dont la fréquence et l'intensité augmentent à mesure que l'individu devient conscient du processus, jusqu'à ce qu'il s'enracine dans une paix durable. Il ne s'agit pas d'une paix factice de l'esprit faite de renoncement à soi-même et à la vie, mais au contraire d'une paix dynamique, engendrée par un consentement total au vivant. Cette vibration d'enthousiasme n'exige pas des heures quotidiennes de méditation, l'abandon des relations sexuelles et un silence absolu de l'esprit. Au contraire, elle est plongée consciente d'elle-même dans la joie de vivre.

LA PAIX DE L'ÂME ET LA JOIE DU CŒUR

La communion avec la joie exige une liberté par rapport à *toutes* les relations que nous avons nouées dans notre vie, particulièrement celles qui sont restées insatisfaisantes et problématiques. Pour être libre, il faut se dégager de chacune d'elles, c'est-à-dire qu'il faut retourner consciemment vers le passé et laisser jaillir ce qui vient spontanément. On suit les fils et on dénoue les écheveaux créés en soi par chacune de ces unions. Cela pourra exiger d'écrire quelques lettres, de faire quelques appels téléphoniques, d'organiser quelques rencontres pour échanger en profondeur; la légèreté du cœur ne se gagne qu'à ce prix.

Il ne faut rien laisser derrière soi. Il faut faire un à un le tour de tous ses attachements. Il faut examiner chaque ressentiment qui habite l'être et faire tout ce qu'on peut pour apaiser le tourment intérieur. Parfois, il s'agit simplement d'une résolution personnelle qui n'implique pas l'autre, parfois il faut reprendre contact avec quelqu'un pour résoudre concrètement certains conflits restés en suspens.

Cet examen permet de retrouver la tranquillité de l'âme par rapport à tout ce qui s'est passé dans sa vie. Il donne l'occasion de faire la paix avec ses parents, avec les accidents de parcours, les événements difficiles et les relations tourmentées. Il permet d'évaluer comment tout cela a contribué et contribue encore à former ce que l'on est. Et il permet de savoir à quel point tout cela nous ressemble.

En faisant un tel examen, j'ai pu comprendre, par exemple, que certaines de mes partenaires connaissaient un réel problème d'expression qui, de mon point de vue, avait foutu notre vie commune en l'air. Mais ce problème d'expression, je le retrouve parfaitement chez moi. Mes choix amoureux m'ont permis pendant de nombreuses années de me décharger de ma propre incapacité, en rendant mes partenaires responsables de mes malheurs. Jusqu'à ce que la souffrance occasionnée par les ruptures m'aide à retrouver le fil de ma propre histoire. Je ne cherchais pas seulement à me comprendre, je voulais aussi passer à l'action pour régler mon problème. J'ai fermé mon cabinet. J'ai commencé à écrire, à donner des conférences, et j'ai repris la musique et la poésie. Toute ma vie me semble plus forte et plus heureuse depuis.

Il ne s'agit là que d'un simple exemple. Mais en passant en revue culpabilité, ressentiment, attachements et jugements, on se comprend mieux et on s'allège. À mesure qu'on laisse tomber des pans de soi-même, la légèreté vient et, avec elle, la joie du cœur qui s'incarne de plus en plus au présent.

Se rendre disponible au réel constitue le but de l'exercice; être *ici et maintenant* comme le dit si bien une expression trop souvent galvaudée. On ne peut pas être présent à soi, à l'autre et au monde si on a les tripes et le cœur tiraillés par des relations non résolues. Il faut donc résoudre et clore chacune d'elles. Alors la joie de vivre naît dans la paix de l'âme et du cœur.

Vous objecterez que c'est faire là bien des simagrées pour trouver le chemin de la liberté mais, lorsque ce travail n'est pas réalisé, le bonheur apparaît comme un accident de parcours. Il ne s'enracine pas profondément dans l'être et il peut être balayé par le moindre destin adverse. Le travail sur soi représente le seul moyen de gagner une liberté face aux conditionnements qui nous enchaînent. Oui, vraiment, intimité bien ordonnée commence par soi-même. C'est une forme de charité que chaque être se doit d'avoir envers lui-même.

LA VOIE, C'EST LA JOIE

Dans un monde en perpétuel changement, la seule solution réside dans l'intériorité, là où les choses ne changent pas aussi rapidement. Confrontés que nous sommes à tant de changement et d'instabilité, nous devons cultiver en nous ce qui dure, ce qui est permanent. En installant dans son être le plaisir de vivre et d'exister, on commence à toucher à l'immortalité de sa propre essence. Je parle ici de l'expérience d'un appui intérieur, dans une profondeur d'être qui à la fois embrasse, contient et dépasse la contingence de notre vie actuelle.

Notre vie doit commencer et se terminer dans le simple plaisir d'exister. Il s'agit donc de le cultiver chaque jour le plus simplement du monde en acceptant d'orienter ses choix en fonction de ce qui garde vivant. Si un être osait utiliser réellement ce barème, un décapage incroyable surviendrait dans sa vie, un décapage douloureux certes, car il l'amènerait à rompre avec bon nombre d'habitudes et de responsabilités dénuées de sens. Lorsque j'évalue chaque chose que je fais en me demandant si cela avive mon plaisir de vivre ou l'amoindrit, je me rends compte alors que je possède une mesure étalon qui me pousse à agir dans le sens d'un changement positif.

Nous traitons l'amour comme un événement heureux qui devrait nous arriver un jour. Cela ressemble à la loterie; mais peu de gens gagnent à la loterie. La solution durable ne se trouve pas de ce côté. Il faut plutôt chercher à cultiver l'amour en soi, indépendamment des conditions du couple, pour être capable d'offrir quelque chose de consistant à notre union au lieu de toujours attendre que cela vienne d'elle. Comment une chose qu'on ne prend pas la peine de soigner pourrait-elle nous nourrir indéfiniment? Ce que chacun est prêt à offrir pour conserver l'union est donc au cœur de toute relation. La qualité de l'énergie qui y est investie compte beaucoup. Si nous offrons toujours au couple de l'énergie épuisée, nous ne recevrons en retour que fatigue et irritation.

Passer d'un monde où je suis tout pour l'autre et où l'autre est tout pour moi, à un monde où j'aime que l'autre existe et où, finalement, j'aime exister, le défi est là. L'amour émotif est un amour d'actions et de réactions toutes inscrites dans la passion et les jalousies. Mais l'amour du cœur est un amour fondé sur la joie, la joie profonde d'exister et de voir l'autre exister. Cet amour existe dans l'amour de soi et dans l'amour de la vie en soi et dans l'autre.

La joie n'enchaîne pas, ne prescrit pas, ne condamne pas. Elle est toujours libre et disponible, accessible à quiconque veut la fréquenter. Elle est la meilleure maîtresse intérieure. Conséquemment, l'être qui vit dans la joie représente le meilleur partenaire possible. La joie à deux est apprentissage de la liberté, culture d'un état d'âme empreint d'ouverture et d'harmonie. Elle culmine dans la communion avec la légèreté et la douceur de vivre.

La meilleure chose que nous puissions faire pour nous-mêmes et pour nos partenaires est de fixer en nous des états de joie. Lentement, ces états abolissent le sentiment d'être séparé d'autrui et du monde. Nous cherchons désespérément la joie et l'harmonie dans le couple parce que nous ne les connaissons pas à l'intérieur de nous. Comment deux êtres pourraient-ils connaître une joie durable, par quelle improbable faveur leur plaisir d'être ensemble pourrait-il durer si chacun d'entre eux n'entretient pas la joie profonde d'exister?

L'intimité avec soi-même permet l'accueil de l'autre dans la communion profonde. Un poème du Belge Émile Verhaeren en témoigne admirablement. Il s'intitule: *Chaque heure où je pense à ta bonté*[3].

Chaque heure où je pense à ta bonté
Si simplement profonde
Je me confonds en prières vers toi

Je suis venu si tard
Vers la douceur de ton regard
Et de si loin, vers tes deux mains tendues
Tranquillement, par à travers les étendues!

J'avais en moi tant de rouille tenace
Qui me rongeait, à dents rapaces,
La confiance:

J'étais si lourd, j'étais si las,
J'étais si vieux de méfiance,
J'étais si lourd, j'étais si las
Du vain chemin de tous mes pas.

Je méritais si peu la merveilleuse joie
De voir tes pieds illuminer ma voie,
Que j'en reste tremblant encore et presqu'en pleurs,
Et humble, à tout jamais, en face du bonheur.

Conclusion

*À cause de l'amour,
nous sommes ensemble!*

OSHO

L'AMOUR N'EST PAS UNE RELATION, C'EST UN ÉTAT

Nous sommes de la matière brute, mal préparée pour le bonheur et l'extase de vivre. Nos expériences difficiles, qu'elles aient été vécues durant l'enfance ou dans le couple, servent à notre épuration. Elles nous ouvrent et nous rendent capables du sublime. Elles révèlent notre substance intime, nous forçant à abandonner une à une nos carapaces et nos visions limitées.

Pour les alchimistes qui cherchaient à transformer le vulgaire plomb en or, la première phase de l'épuration s'appelait la *nigredo,* c'est-à-dire l'œuvre au noir. Putréfaction, calcination et démembrement constituaient les principales opérations de cette phase. Nous avons là une bonne métaphore de la vie à deux et de la vie en général. Lorsque ça sent mauvais, lorsque ça chauffe, lorsque ça brûle, lorsque ça se défait, la *nigredo* est en train d'accomplir son œuvre de purification. Le danger est alors que le feu de l'émotion soit trop fort et qu'il précipite l'explosion. Dans ces moments-là, une mère et un fils se blessent, un père écrase sa fille, un couple se sépare. Par contre, lorsque le feu est trop faible, il n'y a pas de transformation. Les individus restent ensemble dans une sorte de confort indifférent où la communion ne peut avoir lieu. Tout l'art réside donc dans la production du feu adéquat.

Il en va de même avec la crise. Il n'est pas grave que nos relations soient dans le four alchimique de la transformation, c'est même nécessaire. Nous ne pouvions pas faire l'économie de la crise. Celle-ci permet de créer de nouvelles valeurs. Elle est un processus naturel de purification.

Un tel processus a pour but de nous faire abandonner l'illusion d'un bonheur qui se trouverait dans l'autre, dans le bon partenaire, dans l'être parfait que nous pourrions rencontrer et qui viendrait tout régler à notre place. Cette prise de conscience est essentielle, car elle est la condition *sine qua non* d'une découverte encore plus importante, à savoir que l'Amour n'est pas une relation, mais un état. La visée secrète de ce processus de transformation est de nous faire comprendre que l'Amour existe déjà en nous. Il préexiste à toute relation, et nous pouvons nous y nourrir sans cesse.

L'épreuve de la relation amoureuse provoque un retour sur soi qui permet à la longue l'union de deux êtres souverains qui célèbrent ensemble la joie d'exister. Car voilà ce à quoi nous sommes conviés par les forces vives de l'existence: la célébration consciente et partagée de la joie de vivre. Beaucoup de sages ont pu réaliser l'identification suprême avec l'Un, dans la solitude d'une caverne ou d'un monastère; il est maintenant temps d'étendre cette réalisation à la vie collective en passant par la vie à deux et par la vie de famille.

Tant que ce but ne sera pas reconnu et poursuivi, la Terre risque de demeurer un lieu de perdition. Les véritables cadeaux que sont la sensualité et la sexualité ne servent alors à rien. Ils sont perçus comme des tentations qui retardent l'évolution de celui qui s'y attache. Mais s'il s'agissait tout simplement de célébrer la Vie à travers la sexualité et la sensualité? S'il s'agissait de jouir sans culpabilité de notre capacité de transformer la matière physique et psychique? S'il s'agissait de prendre pleinement plaisir à exercer notre capacité de ressentir et de nous exprimer en retour? S'il s'agissait simplement de participer à l'extase de vivre en communion avec tout ce qui est?

La planète se meurt de notre absence. La vie terrestre a besoin de notre présence et de notre pleine attention. L'Incarnation est le prochain paradigme, la prochaine étape de l'évolution, le défi que nous devons relever. L'interprétation que nous avons faite des paroles de sages comme Jésus ou Bouddha a entraîné une dévalorisation de la vie dans le corps au profit de la vie de l'esprit. Une telle conception de la vie spirituelle est limitative et blessante pour l'intégralité de l'être. L'individu qui a fait l'expérience de l'Unité de toutes choses sait qu'il n'y a pas d'autre endroit où aller, que la réalisation recherchée existe tout autant ici que sur d'autres plans de conscience. L'énergie est la même partout. L'énergie d'amour qui tient toutes choses unies est semblable à elle-même sur tous les plans d'existence. Ce que nous cherchons est déjà ici.

Et Dieu dans tout ça?

Dieu est cette matière indéfinissable, cette énergie qui dans son amour infini répond à tous nos caprices sans jamais juger, sans jamais se refuser. Notre destin est donc entre nos mains. Rien, absolument rien, ne peut empêcher un être de se détruire s'il le désire. C'est là l'étendue de la liberté de chacun. Il n'y a même pas de jugement à poser sur de telles expériences. Peut-être même que chacun de nous a besoin de les vivre en partie pour se connaître et entrer en contact avec l'énergie d'Amour. De la même façon, rien, absolument rien ne peut empêcher un être d'aller vers sa joie et sa libération en prenant en main son pouvoir personnel.

Tout est Dieu. La vie est divine et parfaite dans sa manifestation intelligente, consciente d'elle-même et joyeuse. Le mot Dieu exprime simplement l'incapacité de notre langage à dire ce qui ne s'enferme pas dans les mots. Dieu est cette capacité d'autogénération et d'autocréation de l'univers. Ce génie habite chaque cellule vivante, et l'être qui se reconnaît dans le miroir cosmique réalise sa souveraineté sur lui-même et son aptitude à créer sa vie à partir de ce champ de tous les possibles qu'est l'existence.

Nous communions sans cesse avec l'univers. Il n'y a pas de séparation. Par chacune de nos fibres, nous y participons. Nous sommes de la même nature. Nous sommes faits des mêmes matériaux. Nous sommes l'univers et pouvons en jouir profondément grâce à notre conscience; cette conscience qui en est pour ainsi dire la propriété émergente. Le défi de l'intimité serait de pouvoir célébrer cette jouissance à deux, à trois, à dix, à mille, à un milliard. Éveillés, nous deviendrons des cocréateurs conscients de la trépidante aventure de la création. Au lieu d'être des victimes du diable et du bon Dieu, nous deviendrons des êtres responsables de leur destin.

Le meilleur moyen d'être heureux...

Huit heures du matin. Je lève la tête au-dessus de mon ordinateur. Le printemps s'éveille dehors. L'arbre qui pousse devant mon bureau a de gros bourgeons qui attendent seulement la chaleur du soleil pour devenir des feuilles. Les oiseaux piaillent. Les rumeurs de la ville me font l'effet d'une mer sans fin avec ses vagues successives de clameurs. Le printemps est en moi aussi. Je sens un goût de vivre et une force inouïe couler dans mes veines. Assez pensé maintenant! La vie m'appelle de toutes ses forces. Je suis excité comme lorsque j'avais 10 ans et que, constatant au réveil qu'il faisait grand soleil, je sautais sur ma bicyclette et partais à l'aventure.

Une dernière chose pourtant avant de vous laisser, la plus importante bien sûr. J'entends encore Vlady, mon professeur de tai-chi, nous la répéter inlassablement: «Le meilleur moyen d'être heureux, c'est d'être heureux!»

Elle et Lui en vacances

ELLE

Enfin! les vacances! Compte tenu de vos antécédents avec *Lui*, ça se déroule plutôt bien. Petite station balnéaire aux États-Unis. Réservation à l'aveuglette juste avant de partir. Chambre minable avec ventilateur bruyant. Nourriture qui laisse à désirer. Tout pour vous irriter. Bizarrement, ça vous rapproche. Il y a quelque chose comme un renouveau amoureux dans l'air. Mais vous parlez trop vite... Le voilà en train de se dévisser la tête pour regarder passer une adolescente qui exhibe ses seins sur la plage. Vous vous sentez blessée instantanément. Vous allez lui passer une remarque, mais il est tellement drôle avec son air de petit garçon coupable, déjà prêt à jurer qu'il ne regardait pas, que vous pouffez de rire. Non, décidément, il ne s'en sortira jamais, de sa mère.

LUI

Vous étiez en train de courir après elle dans ce parking américain, sur de l'asphalte trop chaud, un Coke et un cornet de frites graisseuses à la main. C'est alors que cette déesse est passée... Wow! quels seins! Ça ne devrait pas être permis. Vous ne vous vouliez pas regarder, histoire de ne pas blesser *Elle*. Mais c'était plus fort que vous. Tout à coup, vous sentez vos jambes partir. Non, ce n'est pas possible, *Elle* s'est approchée de vous uniquement pour vous faire un croc-en-jambe et repartir au galop en vous criant à tue-tête: «Je t'aime, mon amour! Je t'aime, mon amour!» C'est bien beau, mais vous venez quand même d'échapper tout ce que vous aviez dans les mains! Pendant quelques secondes vous sentez une colère immense vous envahir. Elle n'arrêtera donc jamais de vous emmerder. Puis, c'est trop drôle. La situation vous apparaît soudain d'un ridicule consommé. Et là, sur cet asphalte trop chaud, les pieds englués dans les frites et dans le Coke, vous vous sentez transporté par une vague d'émotion si belle et si profonde que vous lui criez à tue-tête: «Je t'aime, mon amour! Je t'aime!» Assez fort pour que la moitié de la plage entende. Ce «Je t'aime», elle peut bien l'enregistrer sur cassette. Il vient de tellement loin en vous. Vous l'attendiez depuis si longtemps. Il vous fait tellement de bien que vous vous mettez à pleurer de joie comme un enfant. Vous la voyez qui sourit à travers vos larmes, et *Elle* vous prend dans ses bras doucement, si doucement...

L'AUTEUR

Je sais... je sais... vous pensiez que ça n'arrivait que chez vous. Désolé, ça arrive partout. C'est l'amour qui est comme ça. C'est l'amour.

Notes

INTRODUCTION

1. Je pense ici à la pièce de théâtre *Lysistrata*, où des femmes décident de faire la grève du sexe pour faire reconnaître leurs droits. L'auteur de cette pièce, Aristophane, a vécu de 445 à 386 av. J.-C, en Grèce.

2. Ce paragraphe et celui qui le précède sont largement inspirés d'un article intitulé «Le défi de l'intimité» que j'ai publié dans *Communiquer pour vivre,* sous la direction de Jacques Salomé, Paris, C.L.É.S. et Albin Michel, 1996, pp. 65-66.

3. La psychanalyste Jan Bauer est l'auteure d'un excellent livre sur l'amour: *Impossible Love, Why the Heart Must Go Wrong,* Dallas, Texas, Spring Publications, 1993.

4. Ariane Émond, *Les ponts d'Ariane,* Montréal, VLB Éditeur, 1994.

5. Guy Corneau, *Père manquant, fils manqué, Que sont les hommes devenus?,* Montréal, Éd. de l'Homme, 1989.

CHAPITRE 2
Naître homme ou femme

1. Heinz Kohut, *Le Soi, La psychanalyse des transferts narcissiques,* coll. Le fil rouge, Paris, Presses Universitaires de France, 1974, pp. 9-45. Cette formulation appartient à un ensemble de théories sur le narcissisme primaire de l'enfant. Kohut a ouvert la porte à ce qui s'appelle maintenant le mouvement de la psychologie du soi *(self-psychology).* À partir de l'étude des nourrissons, il a établi une psychologie qui ne repose pas sur les stades de développement (oral, anal, génital) définis par Freud mais plutôt sur les besoins des enfants tels qu'observés en clinique. L'analyste jungien Mario Jacoby a vu dans ces théories un pont possible avec la psychologie de Jung. Il a consacré un livre à ce sujet: *Individuation and Narcissism, The Psychology of Self in Jung and Kohut,* Londres, Routledge, 1990.

2. C'est le psychanalyste Erich Neuman qui parle de la cristallisation progressive du moi dans un livre intitulé *The Origins and History of Consciousness,* New York, R.F.C. Hull, 1954.

3. À propos du processus d'individuation et de ses différentes étapes, lire la deuxième partie du livre fondamental de Jung, *Dialectique du Moi et de l'inconscient,* coll. Folio/Essais, nº 46, Paris, Gallimard, 1973, pp. 155 et suiv.

4. Ces étapes sont mentionnées par Verena Kast dans un article intitulé "Animus and Anima: Spiritual Growth and Separation" publié dans le magazine *Harvest, Journal for Jungian Studies,* nº 39, C. G. Jung Analytical Psychology Club, London, 1993, p. 7.

5. C'est Jung qui a proposé le mot *complexe* à la suite de ses expériences sur les associations que produit spontanément le cerveau. Il s'est mis à s'intéresser en cours d'expérimentation à tout ce qui venait perturber le temps de réponse des sujets soumis à un test d'associations. Temps de réponse prolongé, éclats de rire, gênes, refus de répondre devinrent pour lui des indicateurs que certains centres émotifs avaient été touchés chez la personne. Il venait de découvrir les complexes. Pour une explication succincte, j'invite le lecteur à consulter l'ouvrage de Jolande Jacobi intitulé *La psychologie de C. G. Jung,* coll. Action et Pensée, Genève, Mont-Blanc, 1964, pp. 67-72.

6. Pour une compréhension approfondie de la notion d'archétype, je renvoie le lecteur à l'excellent livre d'Anthony Stevens: *Archetypes, A Natural History of the Self,* New York, Quill, 1983, pp. 21-79.

7. Pour un éclaircissement des notions classiques de la psychanalyse telles que *projection, refoulement, résistance, identité, moi, complexes,* consulter l'excellent ouvrage de référence de J. Laplanche et J. B. Pontalis: *Le vocabulaire de la psychanalyse,* Paris, Presses Universitaires de France, 1976.

8. L'*ombre* est un archétype universel qui rend compte de la propension de chacun à participer à ce qu'il est convenu d'appeler le *mal.* Au niveau personnel, il s'agit du petit frère obscur que nous portons en nous-mêmes mais que nous ne voulons pas que les autres voient. Par extension, l'ombre désigne parfois tout l'inconscient parce qu'il demeure sans cesse obscur. Dans les rêves, l'ombre est en général représentée par une personne du même sexe que soi. Finalement, l'ombre représente aussi les parties de soi qui sont très positives mais qui ont été refoulées ou négligées. Pour une explication plus approfondie, voir l'ouvrage de Jolande Jacobi, *La psychologie de C. G. Jung, op. cit.,* p. 171.

9. On peut approfondir la notion d'estime de soi en se référant au livre du psychanalyste jungien Mario Jacoby: *Shame and the Origins of Self-Esteem, A Jungian Approach,* Londres, Routledge, 1994, pp. 24-46. L'auteur se base sur les recherches effectuées auprès de nourrissons pour retracer les origines de la honte et d'une faible estime de soi.

10. Jacob et Wilhelm Grimm, «Blanche-Neige», *Contes I,* coll. Grand Format Flammarion, Paris, Flammarion, 1986, pp. 299-309. Dans ce conte, c'est la belle-mère de l'héroïne qui possède ce miroir magique. Elle deviendra mortellement jalouse de la beauté de la jeune fille, au point de la faire abandonner dans la forêt.

11. Pour la théorie de l'infériorité d'un organe, voir le chapitre que Henri Ellenberger consacre à Adler dans son livre *The Discovery of the Unconscious, The History and Evolution of Dynamic Psychiatry,* New York, Basic Books Inc., 1970, pp. 603-606. Cet ouvrage est remarquable. Il dresse le portrait des grands psychiatres et psychanalystes de notre temps tels que Freud, Jung ou Adler, en plaçant leurs théories dans le contexte de leurs biographies personnelles et des grands événements historiques.

12. Jacob et Wilhelm Grimm, *Contes II,* coll. Grand Format Flammarion, Paris, Flammarion, 1986, p. 232. Je tiens à remercier Lucie Richer, Daniel Bordeleau et Tom Kelly en compagnie desquels j'ai élaboré l'interprétation de ce conte lors d'un séminaire de formation offert par l'Association des psychanalystes jungiens du Québec.

13. Je dois ces idées sur l'identité sexuelle et sa construction à mes conversations avec les psychanalystes Tom Kelly et John Desteian. Ce dernier est l'auteur d'un livre sur le couple intitulé *Coming Together - Coming Apart, The Union of Opposites in Love Relationships,* Boston, Sigo Press, 1989.

14. Alfred Charles Kinsey *et al., Sexual Behavior in the Human Male,* Rapport Kinsey, 1953.

15. Christiane Olivier, *Les enfants de Jocaste, L'empreinte de la mère,* Paris, Denoël/Gonthier, 1980, pp. 53-72. Ce livre est un classique sur ce thème.

16. Nous sommes si peu habitués à la réalité d'hommes qui prennent soin des enfants que le mot maternage, qui désigne l'action de traiter maternellement, n'a pas sa contrepartie masculine dans le dictionnaire. J'introduis donc le néologisme *paternage* pour désigner l'action de traiter paternellement.

17. Pour être juste avec Jung, il faut dire que les archétypes ne sont jamais des représentations. Ce sont plutôt les structures psychiques qui organisent les représentations symboliques. Pour avoir une idée claire de la nature des archétypes, voir le texte théorique intitulé «Réflexions sur la nature du psychisme» que Jung leur consacre dans *Les racines de la conscience, Études sur l'archétype,* Paris, Buchet/Chastel, 1975, pp. 465 et suiv.

Pour ce qui est de l'archétype de l'animus et de l'anima, l'ouvrage de Jung intitulé *Dialectique du Moi et de l'inconscient, op. cit.,* pp. 143 et suiv., demeure une excellente source d'information.

18. Marie-Louise von Franz, «Le processus d'individuation», dans *L'homme et ses symboles,* Paris, Robert Laffont, 1964, p. 177.

19. Le masque que nous portons en société ou dès que nous sommes en présence d'un autre constitue notre *persona.* Jung a emprunté ce terme au grec. Il désignait le masque que portait le comédien pour mieux faire résonner sa voix *(per sonare)* dans l'amphithéâtre. La *persona* sert donc de pont vers les autres. Elle consiste en une mesure d'adaptation entre notre moi véritable et la société. Elle peut devenir rigide et maladive lorsqu'elle ne traduit plus aucun trait de la personnalité de base. Lorsqu'il n'y a pas de congruence entre notre *je* fondamental et notre apparence, nous *sonnons* faux et la

névrose nous guette. La *persona* est essentielle, elle sert la vie en société et le contrôle des pulsions, mais un être ne doit pas s'y identifier au point de penser que toute son individualité se trouve là représentée. Voir *Dialectique du Moi et de l'inconscient, op. cit.*, p. 81.

20. Khalil Gibran, *Le prophète*, Belgique, Casterman, 1986, p. 19.

Chapitre 3
L'amour en silence

1. J'emprunte cette appellation au best-seller international de Robin Norwood: *Ces femmes qui aiment trop, La radioscopie des amours excessifs,* Montréal, Stanké, 1986.

2. L'homme qui a peur d'aimer est aussi une image apparue dans la psychologie populaire, principale-ment grâce au livre de Julian Carter et Julia Sokol: *Ces hommes qui ont peur d'aimer, Ceux qui séduisent et ne s'engagent pas, Comprendre les hommes des amours impossibles*, coll. Bien-être, n° 7064, Paris, J'ai lu, 1994.

3. Christiane Olivier, *Les enfants de Jocaste, op. cit.,* p. 65.

4. Jacob et Wilhelm Grimm, *Contes I*, coll. Grand Format Flammarion, Paris, Flammarion, 1986, p. 184.

5. Marie-Louise von Franz, *La femme dans les contes de fées*, Paris, La Fontaine de Pierre, 1979, p. 147.

6. *Ibid.*

7. Réjean Simard, «Au delà de l'inceste. À la recherche de son identité», conférence présentée dans le cadre du 11e Congrès en analyse bioénergétique, Miami, mai 1992.

8. Lire le témoignage de Gabrielle Lavallée dans *L'Alliance de la brebis,* coll. Victime, éd. JCL, 1993.

9. Il n'y a pas de statistiques officielles sur l'inceste. Michel Dorais, un travailleur social qui intervient beaucoup dans le domaine de la prostitution et qui a écrit plusieurs livres sur le sujet, croit que jusqu'à 80 p. 100 des prostituées auraient été victimes d'inceste. Il est coauteur de plusieurs recherches sur la prostitution dont *Les enfants de la prostitution* (Montréal, VLB Éditeur, 1987) et *Une enfance trahie, Sans famille, battu, violé* (Montréal, VLB Éditeur et Le Jour, 1993).

10. «En direct», Société Radio-Canada, émission animée par Christiane Charette.

11. Certains travailleurs sociaux suggèrent une résurgence de la problématique de l'inceste dans le cadre des familles reconstituées, mais aucune statistique n'est encore disponible à ce sujet. Par contre, une répartition en pourcentage des cas d'agression physique et d'agression sexuelle contre des enfants enregistrés par la police en 1992 montre qu'elles sont à 45 p. 100 perpétrées par le père ou la mère, à 27 p. 100 par un membre de la famille immédiate et à 26 p. 100 par un membre de la famille élargie. (Source: Statistique Canada, *La violence familiale au Canada*, produit n° 89-5410XPF au catalogue.)

12. C'est la thèse que Freud développe dans *Totem et tabou.* Un patriarche cruel contrôle les femmes et exile les fils. Ceux-ci finissent par se révolter et par tuer le père primordial. Ils décident par la suite d'établir l'interdit de l'inceste pour qu'il n'y ait pas de rivalités qui éclatent entre eux pour le contrôle des femmes qui appartenaient au père. Ils décident aussi de porter allégeance au plus fort et de ne pas le tuer. Là résideraient l'origine de deux tabous fondamentaux de l'humanité: l'inceste et le parricide. Les ethnologues actuels mettent en doute cette histoire des tabous établie par Freud mais elle n'en demeure pas moins un mythe psychologique intéresssant. Les tabous, eux, sont tout à fait réels. Voir Henri Ellenberger, *op. cit.*, p. 526.

13. Je renvoie le lecteur à l'excellent ouvrage de Jan Bauer, *Impossible Love, Why the Heart Must Go Wrong, op. cit.,* où elle explore le sens psychologique de ces passions condamnées à l'avance par les tabous sociaux.

14. Hélène Pednault, «Mon père à moi», *La vie en rose*, Montréal, mars 1985.

15. Propos recueillis lors d'une rencontre avec le psychologue Dominique Hautreux.

16. Adolf Guggenbühl-Craig est l'auteur d'un livre sur le couple où il traite de ces questions: *Marriage Dead or Alive,* Dallas, Texas, Spring Publications, 1981.

17. Linda Shierse-Leonard, *La fille de son père, Guérir la blessure dans la relation père-fille,* Montréal, Le Jour éd., 1990, p. 63.

18. *Ibid.,* p. 63.

19. *Ibid.,* p. 66.

20. *Ibid.,* p. 66.

21. *Ibid.,* p. 75.

22. Richard Boutet, «Le spasme de vivre», documentaire sur le suicide des jeunes, prod. Vent d'Est, septembre 1991.

23. June Singer, *Androgyny*, New York, Anchor Books, 1977, citée par Linda Shierse-Leonard, *op. cit.*, p. 87.

24. Linda Shierse-Leonard, *op. cit.*, p. 91.

25. *Ibid*, p. 92.

26. *Ibid*, p. 96.

27. *Ibid*, p. 100.

28. *Ibid.*, p. 100.

29. *Ibid.*, p. 104.

30. C. S. Lewis, *Till We Have Faces,* Grand Rapids, W.B. Eerdman's Publishing Co., 1956, cité par Linda Schierse-Leonard, *op. cit.*, p. 105.

31. J'invite le lecteur et la lectrice intéressés à poursuivre l'exploration de ce thème dans le livre que lui consacre la psychanalyste Christiane Olivier: *Filles d'Ève,* Paris, Denoël, 1990.

CHAPITRE 4
Guérir du père

1. Alice Miller, *Le drame de l'enfant doué, À la recherche du vrai soi,* coll. Le fil rouge, Paris, Presses Universitaires de France, 1990, p. 24.

2. Marie-Louise von Franz, «Le processus d'individuation», dans *L'homme et ses symboles*, *op. cit.*, p. 191.

3. Paule Lebrun, «La rage au cœur», *Guide Ressources*, vol. 11 n° 8, mai 1996, Montréal, p. 35.

4. *Ibid.*

5. L'exposé qui suit est basé sur les remarques de Linda Lagacé dans son cours intitulé *Femmes et relations humaines*. Ce cours était offert dans le cadre du certificat en psychologie des relations humaines de l'Université de Sherbrooke.

CHAPITRE 5
Mère et fils : le couple impossible

1. Boris Cyrulnik, *Sous le signe du lien, Une histoire naturelle de l'attachement,* coll. Histoire et philosophie des sciences, Paris, Hachette, 1989, p. 64.

2. Guy Corneau, *Père manquant, fils manqué, op. cit.,* p. 18. Au Canada, au moins 20 p. 100 des enfants vivent en situation monoparentale; 80 p. 100 des familles à parent unique sont dirigées par une femme, et 10 p. 100 de ces enfants n'ont jamais connu la présence de leur père.

3. Ces détails sont extraits du livre d'Élisabeth Badinter, *XY, De l'identité masculine,* Paris, Odile Jacob, 1992, p. 83.

4. Selon l'enquête sur la violence envers les femmes menée en 1993 au Canada, «les femmes étant mariées ou qui vivaient en union libre depuis deux ans ou moins au moment de l'enquête étaient proportionnellement plus nombreuses à avoir été victimes d'actes de violence commis par leur conjoint dans les 12 mois ayant précédé l'interview (8 p. 100). En comparaison, 1 p. 100 seulement des femmes dont l'union libre durait depuis plus de 20 ans ont déclaré des actes de violence.» Extrait de «La violence conjugale au Canada» par Karen Rodgers, dans *Tendances sociales canadiennes,* automne 1994, n° 11-008F au catalogue, Statistique Canada, pp. 3-9.

5. Cela est également vrai pour les pères qui élèvent leurs enfants seuls. Ce sont alors eux qui sont en danger de créer un lien *fusionnel* avec leurs enfants et c'est la femme venue de l'extérieur qui devient l'élément séparateur et salvateur.

6. Je ne suis pas le seul de cet avis. La psychanalyste Christiane Olivier en parle dans tous ses livres, dont le dernier, *Les fils d'Oreste, ou la question du père*, Paris, Flammarion, 1994, p. 117.

7. Cette formulation me vient d'une conversation avec la psychologue Lucie Richer.

8. Jung en parle abondamment dans son livre *Métamorphose de l'âme et ses symboles,* Genève, Librairie de l'Université, 1967, pp. 677-721.

9. À propos des rites initiatiques, voir "Betwixt and Between: The liminal period in rites of passage" de Victor Turner, pp. 3-23 dans *Betwixt and Between,* sous la direction de Louise Carus Mahdi, Steven Foster & Meredith Little, La Salle, Illinois, Open Court, 1987.

10. Gail Sheehy, *New Passages, Mapping your Life Across Time*, Random House, New York, 1995, pp. 10-11. La journaliste y note une révolution importante dans l'espérance de vie des gens. Selon ses recherches, l'adolescence se prolonge dans un âge adulte provisoire qui va de 18 à 30 ans; le premier âge adulte va de 30 à 45 ans et le second âge adulte, une innovation dans le monde de la psychologie, irait de 45 à 60 ans.

11. Cette donnée vient du psychologue et chercheur Camil Bouchard qui s'exprimait ainsi lors de l'émission *J'veux de l'amour,* un documentaire télévisuel animé par Claire Lamarche, produit et diffusé par le Réseau TVA le 28 février 1994.

CHAPITRE 6
Les coûts de l'inceste affectif

1. J. D. Lichtenberg, *Psychoanalysis and Infant Research,* Analytic Press, Hillsdale, N.J., 1983.

2. J'ai recueilli ce jeu de mots de la bouche d'un participant dans un séminaire. Le psycho-sociologue Jacques Salomé l'utilise régulièrement dans ses communications lui aussi; qui sait si cela ne venait pas de lui!

3. Boris Cyrulnik, *Les nourritures affectives*, Paris, Odile Jacob, 1993. Il tenait ces propos en entrevue avec Robert Blondin, animateur de l'émission radiophonique «L'aventure», diffusée les 2, 3 et 4 mai 1994, à Radio-Canada.

4. Élizabeth Badinter, *op. cit.,* p. 128.

5. Saint Thomas d'Aquin, *Somme théologique, Tome III,* question 154, art. 11, nouvelle traduction française, Paris, Éd. du Cerf, 1985, p. 882. Je tiens à remercier le père Benoît Lacroix, dominicain, qui m'a fourni cette référence.

6. Michel Tremblay, *Les belles-sœurs*, Montréal, Leméac, 1972, p. 101-102.

7. Adrianne Rich, *Of Woman Born,* New York, W.W. Northern & Co, 1986, p. 278.

8. Joëlle de Gravelaine, *La Déesse sauvage, Les divinités féminines: mères et prostituées, magiciennes et initiatrices,* France, Dangles, 1993, p. 79-105.

CHAPITRE 7
Le drame du bon garçon

1. Alexandro Jodorowski, film *Santa Sangre,* Italie, 1989.

2. Nikos Kazantzakis, *Alexis Zorba,* Paris, Plon, 1994, p. 336.

CHAPITRE 8
Réflexions sur la mère

1. Au sujet de ce conte, voir le livre que lui a consacré le poète américain Robert Bly, *Iron John, A Book About Men*, Massachusetts, Addison-Wesley Publishing Company, 1990. Voir aussi l'interprétation que j'en fais dans mon livre *Père manquant, fils manqué, op. cit.,* pp. 113-115.

2. Voir "Fatherhood: Implications for child and adult development", de Henry B. Biller, dans *Handbook of Developmental Psychology,* publié sous la direction de Benjamin B. Wolman, Englewood Cliffs, N.J., Prentice-Hall, 1982, p. 709.

3. Carl Gustav Jung, *Les racines de la conscience, op. cit.,* p. 106.

CHAPITRE 9
L'amour en peine

1. L'expression est de la psychologue en relations humaines Line Corneau.

2. La culpabilité implique l'autre: on se sent coupable envers quelqu'un; la honte, de son côté, est ressentie par rapport à des représentations plus ou moins conscientes qui servent de valeurs de référence au moi. Quand le moi est faible, ces représentations peuvent l'écraser. Il croule alors sous le poids de la honte. Ces représentations coïncident avec ce que la psychanalyse appelle *le sur-moi* et *l'idéal du moi.* Mario Jacoby distingue très bien la culpabilité de la honte dans son livre *Shame and the Origins of Self-Esteem, op. cit.,* pp. 1-4.

3. Edmond Rostand, *Cyrano de Bergerac,* Paris, Gallimard, 1990.

4. Carl Gustav Jung, *Les racines de la conscience, op. cit.,* p. 117.

5. August Strindberg, *Père, Tragédie en trois actes,* coll. Répertoire pour un théâtre populaire, Paris, L'Arche, 1958.

6. *Ibid,* p. 73.

7. *Ibid,* p. 53.

8. Huguette O'Neil, «Santé mentale: les hommes, ces grands oubliés...» , dans *L'actualité médicale,* 11 mai 1988, p. 27.

9. Heinrich von Kleist, *Penthésilée,* traduction et adaptation de Pierre Voyer, Montréal, inédit, p. 87. Voir aussi la traduction et adaptation de Julien Gracq, librairie José Corti, Paris, 1970.

10. Comme je l'ai mentionné plus haut, pour Jung l'ombre est une structure archétypale de notre psychisme, ce qui veut dire que chaque être a tendance à dissimuler les côtés moins reluisants de sa personnalité. Bien que ce ne soit pas une tâche facile, un être ne peut pas «devenir complet» sans assumer cette part d'ombre.

11. Paule Lebrun, «Face à l'ombre», entrevue réalisée auprès de la psychanalyste jungienne Jan Bauer, magazine *Guide Ressources,* vol. 11, n° 8, mai 1996, Montréal, p. 41.

12. Leonard Cohen, «Anthem», tiré du disque *The Future,* Colombia Records, 1992.

CHAPITRE 10
L'amour en joie

1. Cette idée a été élaborée par le psychanalyste jungien Michel Cautaerts dans une conférence intitulée «I love you. Let's separate!», présentée au 13ᵉ congrès de l'Association Internationale de Psychologie Analytique (AIPA), à Zurich, en août 1995. Inédit.

2. Je tiens à remercier le kinésithérapeute François Dufour pour avoir introduit cet exercice dans mes ateliers et pour m'avoir initié à l'haptonomie.

CHAPITRE 11
L'intimité avec soi-même

1. Sur la question du retrait des projections, voir l'ouvrage de Jolande Jacobi, *La psychologie de C. G. Jung, op. cit.,* pp. 146-148.

2. Lire à ce propos le livre de Jacques Salomé et Sylvie Galland: *Si je m'écoutais... je m'entendrais,* Montréal, Éd. de l'Homme, 1990.

3. Émile Verhaeren. *Les Heures claires,* 1896, Épuisé.

Bibliographie

BADINTER, Élisabeth, *XY. De l'identité masculine.* Paris, Odile Jacob, 1992 314 p.

BAUER, Jan. *Impossible Love, Why the Heart Must Go Wrong,* Dallas, Spring Publications, 1993, 207 p.

BILLER, Henry B. «Fatherhood: Implications for child and adult development», dans *Handbook of Developmental Psychology,* publié sous la direction de Benjamin B. Wolman, Englewood Cliffs, N.J., Prentice-Hall, 1982, 960 p.

BLY, Robert. *Iron John. A Book About Men,* Massachusetts, Addison-Wesley Publishing Company, 1990, 269 p.

CARTER, Julian et Julia SOKOL. *Ces hommes qui ont peur d'aimer. Ceux qui séduisent et ne s'engagent pas. Comprendre les hommes des amours impossibles,* coll. Bien-être, n° 7064, Paris, J'ai lu, 1994, 318 p.

CHEVALIER, Jean *et al. Dictionnaire des symboles. Mythes, rêves, coutumes, gestes, formes, figures, couleurs, nombres,* Paris, Robert Laffont et Jupiter, 1969, 844 p.

CORNEAU, Guy. *Père manquant, fils manqué. Que sont les hommes devenus?* Montréal, Éd. de l'Homme, 1989, 187 p.

CORNEAU, Guy. «Le défi de l'intimité», dans *Communiquer pour vivre,* publié sous la direction de Jacques Salomé, Paris, C.L.É.S. et Albin Michel, 1996, pp. 63-69.

CYRULNIK, Boris. *Sous le signe du lien. Une histoire naturelle de l'attachement.* coll. Histoire et philosophie des sciences, Paris, Hachette, 1989, 319 p.

CYRULNIK, Boris. *Les nourritures affectives,* Paris, Odile Jacob, 1993.

D'AQUIN, Saint Thomas. *Somme théologique, Tome III,* nouvelle traduction française, Paris, Éd. du Cerf, 1985.

DESTEIAN, John A. *Coming Together - Coming Apart. The Union of Opposites in Love Relationships,* Boston, Sigo Press, 1989, 185 p.

DE GRAVELAINE, Joëlle. *La Déesse sauvage. Les divinités féminines: mères et prostituées, magiciennes et initiatrices,* France, Dangles, 1993, 291 p.

DORAIS, Michel et Denis MÉNARD. *Les enfants de la prostitution,* Montréal, VLB Éditeur, 1987, 139 p.

DORAIS, Michel et Christian André SEGUIN. *Une enfance trahie. Sans famille, battu, violé,* Montréal, VLB Éditeur et Le Jour, 1993, 146 p.

ELLENBERGER, Henri. *The Discovery of the Unconscious. The History and Evolution of Dynamic Psychiatry,* New York, Basic Books Inc, 1970, 932 p.

ÉMOND, Ariane. *Les ponts d'Ariane,* Montréal, VLB Éditeur, 1994, 252 p.

FRANZ, Marie-Louise von. «Le processus d'individuation», dans *L'homme et ses symboles*, Paris, Robert Laffont, 1964.

FRANZ, Marie-Louise von. *La femme dans les contes de fées*, Paris, La Fontaine de Pierre, 1979, 316 p.

GIBRAN, Khalil. *Le prophète*, Belgique, Casterman, 1986, 95 p.

GRAVES, Robert *et al. New Larousse Encyclopedia of Mythology*, London, Hamlyn, 1983, 500 p.

GRIMM, Jacob et Wilhelm. *Contes I*, coll. Grand Format Flammarion, Paris, Flammarion, 1986, 521 p.

GRIMM, Jacob et Wilhelm. *Contes II*, coll. Grand Format Flammarion, Paris, Flammarion, 1986, 526 p.

GUGGENBÜHL-CRAIG, Adolf. *Marriage Dead or Alive*, Dallas, Texas, Spring Publications, 1981, 126 p.

JACOBI, Jolanda. *La psychologie de C. G. Jung*, coll. Action et Pensée, Genève, Mont-Blanc, 1964, 259 p.

JACOBY, Mario. *Individuation & Narcissism. The Psychology of Self in Jung & Kohut*, Londres, Routledge, 1990, 267 p.

JACOBY, Mario. *Shame and the Origins of Self-Esteem. A Jungian Approach*, Londres, Routledge, 1994, 131 p.

JUNG, Carl Gustav *et al. L'homme et ses symboles*, Paris, Robert Laffont, 1964, 320 p.

JUNG, Carl Gustav. *Métamorphoses de l'âme et ses symboles*, Genève, Librairie de l'Université, 1967, 770 p.

JUNG, Carl Gustav. *Dialectique du Moi et de l'inconscient*, coll. Folio/Essais, n° 46, Paris, Gallimard, 1973, 311 p.

JUNG, Carl Gustav. *Les racines de la conscience. Études sur l'archétype*, Paris, Buchet/Chastel, 1975, 629 p.

KAST, Verena. «Animus and Anima: Spiritual Growth and Separation», dans *Harvest, Journal for Jungian Studies*, n° 39, London, C. G. Jung Analytical Psychology Club, 1993, p. 7.

KAZANTZAKIS, Nikos. *Alexis Zorba*, Paris, Plon, 1994, 348 p.

KINSEY, Alfred Charles, B. Pomeroy WARDELL, Clyde E. MARTIN. *Sexual Behavior in the Human Male*, Rapport Kinsey, 1948.

KINSEY, Alfred Charles, B. Pomeroy WARDELL, Clyde E. MARTIN. *Sexual Behavior in the Human Female*, Rapport Kinsey, 1953.

KLEIST, Heinrich von. *Penthésilée*, traduction et adaptation de Julien Gracq, Paris, Librairie José Corti, 1970, 123 p.

KLEIST, Heinrich von. *Penthésilée*, traduction et adaptation de Pierre Voyer, Montréal, inédit, 89 p.

KOHUT, Heinz. *Le Soi. La psychanalyse des transferts narcissiques*, coll. Le fil rouge, Paris, Presses Universitaires de France, 1974, 376 p.

LAGACÉ, Linda. *Femmes et relations humaines*. Cours donné à l'Université de Sherbrooke dans le cadre du Certificat en psychologie des relations humaines, Notes de cours inédites, 1994.

LAPLANCHE, J. et J. B. PONTALIS. *Vocabulaire de la psychanalyse*, Paris, Presses Universitaires de France, 1976, 523 p.

LAVALLÉE, Gabrielle. *L'alliance de la brebis*, coll. Victime, Éd. JCL, 1993, 445 p.

LEBRUN, Paule. «Face à l'ombre», Entrevue réalisée auprès de la psychanalyste jungienne Jan Bauer, *Guide Ressources*, vol. 11 n° 8, mai 1996, Montréal, pp. 37-41.

LEBRUN, Paule. «La rage au cœur». *Guide Ressources*, vol. 11, n° 8, mai 1996, Montréal, pp. 32-36.

LEWIS, C. S. *Till We Have Faces,* Grand Rapids, W.B. Eerdman's Publishing Co. 1956.

LICHTENBERG, J. D. *Psychoanalysis and Infant Research,* Hillsdale N.J., Analytic Press, 1983.

MILLER, Alice. *Le drame de l'enfant doué. À la recherche du vrai soi,* coll. Le fil rouge, Paris, Presses Universitaires de France, 1990, 132 p.

NEUMAN, Erich. *The Origins and History of Consciousness,* New York, R.F.C. Hull, 1954, 234 p.

NORWOOD, Robin. *Ces femmes qui aiment trop. La radioscopie des amours excessifs,* Montréal, Stanké, 1986, 376 p.

O'NEIL, Huguette. «Santé mentale: les hommes, ces grands oubliés...», *L'Actualité médicale,* 11 mai 1988.

OLIVIER, Christiane. *Les enfants de Jocaste. L'empreinte de la mère,* Paris, Denoël/Gonthier, 1980, 202 p.

OLIVIER, Christiane. *Filles d'Ève,* Paris, Denoël, 1990, 218 p.

OLIVIER, Christiane. *Les fils d'Oreste, ou la question du père,* Paris, Flammarion, 1994, 200 p.

PEDNAULT, HÉLÈNE. «Mon père à moi», *La vie en rose,* Montréal, mars 1985.

RICH, Adrianne. *Of Woman Born,* New York, W.W. Northern & Co., 1986, 322 p.

RILKE, Rainer Maria. *Lettres à un jeune poète,* Paris, Bernard Grasset, 1937.

RODGERS, Karen, «La violence conjugale au Canada», *Tendances sociales canadiennes,* no 11-008F au catalogue, automne 1994, Statistique Canada, pp. 3-9.

ROSTAND, Edmond. *Cyrano de Bergerac,* Paris, Gallimard, 1990, 337 p.

SALOMÉ, Jacques et Sylvie GALLAND. *Si je m'écoutais... je m'entendrais,* Montréal, Éd. de l'Homme, 1990, 329 p.

SHEEHY, Gail. *New Passages. Mapping your Life Accross Time,* New York, Random House, 1995, 498 p.

SHIERSE-LEONARD, Linda. *La fille de son père. Guérir la blessure dans la relation père-fille,* Montréal, Le Jour, 1990.

SIMARD, Réjean. *Au-delà de l'inceste. À la recherche de son identité,* présentation faite dans le cadre du 11ᵉ Congrès en analyse bioénergétique, Miami, mai 1992.

SINGER, June. *Androgyny,* New York, Anchor Books, 1977.

STEVENS, Anthony. *Archetypes. A Natural History of the Self,* New York, Quill, 1983, 324 p.

STRINDBERG, August. *Père. Tragédie en trois actes,* coll. Répertoire pour un théâtre populaire, Paris, L'Arche, 1958, 78 p.

TREMBLAY, Michel. *Les belles-sœurs,* Montréal, Leméac, 1972, 156 p.

TURNER, Victor. «Betwixt and Between: The liminal period in rites of passage», dans *Betwixt and Between,* publié sous la direction de Louise Carus Mahdi, Steven Foster & Meredith Little, La Salle, Illinois, Open Court, 1987, pp. 3-23.

Table des matières

imprimerie gagné ltée

IMPRIMÉ AU CANADA